LES SECTIONS ADMINISTRATIVES SPÉCIALISÉES EN ALGÉRIE

ENTRE IDÉAL ET RÉALITÉ
(1955 - 1962)

© L'Harmattan, 1998
5-7, rue de l'Ecole Polytechnique
75005 Paris – France

L'Harmattan, Inc.
55, rue Saint-Jacques, Montréal (Qc)
Canada H2Y 1K9

L'Harmattan, Italia s.r.l.
Via Bava 37
10124 Torino

ISBN : 2-7384-6669-9

LES SECTIONS ADMINISTRATIVES SPÉCIALISÉES EN ALGÉRIE

ENTRE IDÉAL ET RÉALITÉ
(1955 - 1962)

Avec la collaboration de
l'Institut d'Etudes Africaines d'Aix-en-Provence
(IHCC)

L'Harmattan

REMERCIEMENTS

Je tiens à remercier toutes les personnes qui m'ont aidé, conseillé et encouragé au cours de cette enquête : Daniel Hick, Jean-Charles Jauffret, Jean Monneret. Je remercie le CDHA d'Aix-en-Provence, l'association des Anciens des Affaires algériennes et son président Daniel Abolivier qui m'ont mis en contact avec d'anciens officiers SAS ; les anciens officiers SAS qui m'ont accordé une partie de leur temps pour évoquer leurs expériences, et qui ont répondu avec beaucoup de patience à toutes mes questions.

Je tiens particulièrement à remercier mon directeur de recherche, Jean-Louis Triaud, pour le suivi et les conseils qu'il m'a prodigués tout au long de cette recherche.

Toute notre gratitude va enfin à Odile Couture, secrétaire à l'Institut d'Histoire Comparée des Civilisations, pour sa contribution à la mise en forme de ce travail.

AVANT-PROPOS

Une génération s'est écoulée depuis la fin de la Guerre d'Algérie. Les silences restent encore lourds et les mémoires sont parfois bétonnées dans leurs certitudes. Cependant, le travail de l'histoire commence à trouver toute sa place. Du côté algérien, la crise du régime a remis en cause l'histoire officielle. En France, non sans une timidité que certains ont relevée, les archives s'ouvrent aux chercheurs - au Centre des Archives d'Outre-Mer d'Aix-en-Provence et au Service Historique de l'Armée de Terre. Le livre de Gregor Mathias, issu d'un beau travail universitaire, est le produit de cette conjoncture nouvelle.

L'auteur s'est intéressé à un service spécialisé, qui ne constitua jamais un corps, mais qui recrutait ses membres parmi des officiers de toutes origines : les Sections Administratives Spécialisées (S.A.S.). Il y eut ainsi, à travers toute l'Algérie, jusqu'à 700 S.A.S., et quelques dizaines de S.A.U. dans les villes, et, comme Grégor Mathias nous le rappelait, des hommes aussi différents que l'écrivain Vladimir Volkoff, le Père Alain Maillard de la Morandais, Jean-Pierre Chevènement et Mgr Gaillot y servirent. Les officiers SAS, qui étaient des militaires, se virent remettre, dans leurs circonscriptions sous-administrées, les pouvoirs des fonctionnaires civils. Cette position intermédiaire entre l'armée et l'administration créait une première ambiguïté, source de conflits et de tensions. D'une certaine manière, les S.A.S. étaient chargées de réussir dans les campagnes la "bonne colonisation" que l'on avait manqué depuis un siècle. Seconde ambiguïté majeure : par leur rôle social, les S.A.S. jouaient le rôle d'organisations humanitaires, mais elles constituaient aussi, sur une base décentralisée, un instrument de reprise en main des populations civiles. Nul ne s'y trompa. Du moins faut-il reconnaître que, pendant un temps, les meilleures S.A.S. retardèrent l'échéance. Ecartelées entre la pression du F.L.N. et celles de l'armée française, les populations profitèrent des services des S.A.S. et se maintinrent souvent dans une position d'attentisme. C'est dans les S.A.S. également que se noua la relation difficile entre la France et un certain nombre d'auxiliaires algériens - plus moghaznis que harkis - dont on connaît les dramatiques conséquences.

Le nom de Jacques Soustelle domine la création des S.A.S. : en lui converge l'expérience des services secrets de la France Libre et celle de l'ethnologie de terrain. S'y ajoutent le souvenir et le modèle des Bureaux Arabes et des Affaires Musulmanes dont les S.A.S. sont également les héritières. Grégor Mathias montre comment le nouveau service monte en puissance, parfois avec les moyens du bord, et il suit son cheminement jusqu'à l'indépendance. Combinant les rapports d'archives à des enquêtes personnelles auprès des anciens des S.A.S., il rend bien l'atmosphère et les enjeux du moment. Une étude de cas, qui porte sur la S.A.S. d'Alma, dans le département d'Alger, permet de rapprocher l'analyse du terrain quotidien de l'officier S.A.S.

Le 19 mars 1962, le cessez-le-feu est proclamé. Dès le mois de mai est constitué une Association des Anciens des Affaires Algériennes qui se consacre au sauvetage des moghaznis et de leurs familles. Par contre, les anciens du service ne cherchent pas vraiment, alors, à conserver leur mémoire : reflet de la crise morale et aussi de l'hétérogénéité du corps. Il faut attendre plus de trente ans pour que, avec le recul et le passage des générations, l'exemple d'autres "mémoires" de la Guerre d'Algérie aidant, l'association publie un Bulletin, "Les SAS" (n° 1, octobre 1994), où la préoccupation de mémoire passe au premier plan. C'est assurément l'une des raisons de l'aide que l'Association a bien voulu apporter dans ses recherches à Grégor Mathias, excellent résultat d'une collaboration, parfois plus rugueuse, entre acteurs ou témoins, et historiens.

Le travail de Grégor Mathias ouvre un chantier que l'on espère fécond dans l'avenir. Déjà, en juin 1997, une maîtrise sur "Les SAS en Kabylie" vient d'être soutenue par Sylvain Bartet à l'université de Provence. L'intérêt de ces recherches tient à ce que les archives des SAS constituent un moyen d'observation de l'opinion algérienne sur le terrain, et d'une histoire, si l'on ose dire, "décentralisée", comme les SAS le furent elles-mêmes dans le cadre de l'administration française en Algérie.

Jean-Louis Triaud
Professeur à l'Université de Provence

LISTE DES ABRÉVIATIONS

AA	Affaires algériennes
AI	Affaires indigènes
AMG	Assistance médicale gratuite
ASSRA	Adjointe sanitaire et sociale auxiliaire
BCRA libre	Service d'action et de renseignement de la France
CAA	Centres d'aides administratives (destinées à remplacer les SAS en 1962)
CAPER	Caisse d'accession à la propriété et à l'exploitation rurale
CDHA	Centre de documentation historique sur l'Algérie
CFJA	Centre de formation de la jeunesse d'Algérie
CRHR	Commissariat à la reconstruction et à l'habitat rural
CSP	Comité de salut public
CTT	Centre de transit temporaire (centre de détention)
DEL	Développement et équipement local (crédit)
DPU	Dispositif de protection urbaine (structure de contrôle de la population)
ELA	Echelon de liaison de l'arrondissement (sous-préfecture)
EMSI	Equipe médico-sociale itinérante
FM	Fusil mitrailleur
FSE	Français de souche européenne (dénomination utilisée par les autorités en Algérie)
FSNA	Français de souche nord africaine (dénomination utilisée par les autorités en Algérie)

GAD	Groupe d'autodéfense (mis en place par les SAS ou l'armée)
GMPR	Groupe mobile de protection rurale (harkis)
GMS	Groupe mobile de sécurité, ex GMPR
HLL	Hors la loi (dénomination utilisée par les autorités pour désigner les groupes armés du FLN)
IGAME	Inspecteur général de l'Algérie en mission extraordinaire (préfecture)
JO	Journal Officiel
JOA	Journal Officiel de l'Algérie
JMO	Journal des marches et opérations
MNA	Mouvement national algérien
OPA	Organisation politico-administrative (structure du FLN implantée dans les douars)
ORSA	Officier de réserve en situation d'active
PC	Poste de commandement
PFAT	Personnel féminin de l'armée de terre
PPA	Parti populaire algérien
R(P)IMA	Régiment (parachutiste) d'infanterie de marine
SAP	Société agricole de prévoyance
SAR	Société d'amélioration rurale
SAS	Sections administratives spécialisées
SAU	Sections administratives urbaines
SDECE	Service secret Français
TIC	Travaux d'intérêt communal (crédit)

INTRODUCTION

Les Sections Administratives Spécialisées (S.A.S.) ont été créées en 1955. Largement méconnues, elles ont pourtant été l'un des piliers essentiels de la politique de "pacification" et de "reconquête" en Algérie.

Les SAS ont représenté la réalité de la politique d'intégration de l'Algérie à la métropole. Par leurs missions civiles et militaires, elles ont voulu réaliser l'idéal de faire des Algériens des citoyens semblables à ceux de métropole. A petite échelle, sur deux, trois, voire quatre douars de quelques communes perdues au fond du bled, cela ne représente pas grand chose. Pourtant, à l'échelle de l'Algérie, chacune de ces sections représente un changement révolutionnaire que l'on a pu qualifier de "civilisation" des SAS.

Cette politique s'est appuyée sur le recensement, c'est-à-dire sur le dénombrement de toute une population que l'administration civile n'avait pas réussi à réaliser en 85 ans : par l'octroi de la carte d'identité, la population algérienne obtenait une personnalité civile qui lui donnait accès à un certain nombre de droits (pension d'ancien combattant, pension d'invalidité, allocation familiale...).

Cette politique d'intégration s'est poursuivie par la scolarisation, c'est-à-dire l'ascension sociale par l'éducation, ainsi que par la médecine gratuite qui permettait à tout un peuple de profiter des progrès de la métropole.

Des avantages matériels ont été accordés aux musulmans dans le but de les faire accéder au même niveau de vie que celui de la métropole : l'officier SAS, par ses contact directs avec les administrations, construisait des maisons salubres, améliorait les infrastructures en employant la main d'oeuvre au chômage.

L'officier SAS, d'autre part, avec son maghzen protégeait les populations en luttant contre l'ALN par des opérations et des embuscades, traquait l'organisation politico-administrative (OPA). Par des informations, il fournissait à l'armée les renseignements pour détruire l'ALN ainsi que les caches d'armes et de ravitaillement. Les détracteurs des SAS ont vu surtout en eux les agents de la répression, négligeant leur rôle économique et social au profit de leur rôle militaire et de surveillance. Ils les ont perçus comme des "propagandistes de l'Algérie Française, des recruteurs de harkis et des agents de renseignements"[1].

En effet les missions civiles et militaires des officiers SAS, ne sont pas exemptes d'ambiguïtés (voire de contradictions) : construction de villages et destruction de l'adversaire, dons gratuits de denrées et contrôle de l'alimentation, tentative de faire participer la population à la réforme communale et tentative de briser l'activisme de l'OPA, ouverture ou réaménagement de routes et contrôle de la circulation. De plus ces réalisations ont été l'oeuvre d'officiers SAS, plus ou moins bien formés, plus ou moins volontaires, agissant en fonction de leurs propres personnalités. Isolé en pleine campagne, aidé de quelques attachés civils ou militaires, l'officier SAS était la seule autorité en contact avec les populations déshéritées du bled. On peut comprendre la mauvaise volonté, l'inertie, la désillusion ou encore la corruption de certains de ces milliers d'officiers qui se sentaient abandonnés ou démunis au contact de la réalité algérienne.

Le choc a été rude entre les idéaux et les réalités. Les officiers ont dû accomplir cette mission d'intégration sur le terrain contre certaines autorités militaires, contre l'apathie des

---

[1] H. ALLEG, 1981, p. 497.

administrations, contre le FLN, contre l'inertie, l'attentisme et la peur des populations musulmanes, contre l'égoïsme de certains Européens d'Algérie ou de métropole. Ils ont mis au service de leur idéal leur énergie, leur intelligence, pour certains leur sang ; ils ont été jusqu'à donner leur honneur : promettant que la France resterait, qu'elle protégerait les habitants, compromettant ainsi une partie de la population : maghzen, autodéfense, harkas, informateurs, délégation spéciale, douars, mechtas, tribus entières. Ils se sont donnés à fond et ont exigé en contrepartie des responsables politiques de la IVe république une politique courageuse. Ne voyant pas de résultat concret, les officiers SAS ont été, pour certains, la courroie de transmission, à travers les C.S.P. (comité de salut public), des événements du 13 mai 1958 à Alger en prenant les pouvoirs civils et militaires locaux. Ils ont fait l'Algérie Française dans chaque douar. Ils ont espéré, douté et finalement désespéré au cours des années 1955 à 1962 de la confirmation par les gouvernements de la IVe et V^e république de leurs engagements personnels physiques et moraux vis-à-vis des populations.

Les négociations avec les autorités politiques du FLN, les moyens débloqués avec difficultés, les réticences à aller plus loin dans l'intégration politique de tout un peuple, le coût d'une politique pour laquelle la métropole refusait de se sacrifier ont été ressentis comme des trahisons successives par les officiers SAS qui s'étaient engagés auprès des populations. Chaque officier SAS a alors réagi selon son caractère, dans son action envers les populations.

Certains ont obéi le doigt sur la couture du pantalon et ont gardé pour eux leur amertume, d'autres encore sont devenus des "soldats perdus" en basculant dans l'OAS. Certains ont démissionné en coupant tout lien avec les populations, d'autres ont tenté, envers et contre tout, de rapatrier ceux qui le voulaient.

N'y avait-il pas une ambiguïté à vouloir rattraper en quelques années un siècle d'inaction ? Cette "bonne colonisation" n'arrivait-elle pas trop tard malgré les efforts des officiers SAS, alors même que les clivages entre musulmans et Européens étaient déjà en place.

Le système des sections administratives spécialisées (S.A.S.) n'a jamais laissé indifférent la presse et les observateurs extérieurs : Pour *Le Monde* "l'officier SAS est en quelque sorte le militant de base de la pacification"[2.] Y. Courrière compare la SAS à une sorte de "mi-bureau de bienfaisance ou mi-bureau des pleurs"[3], tandis que le Bachaga Boualam perçoit les officiers SAS comme "les meilleurs artisans de l'Algérie fraternelle"[4].

Faut-il voir dans l'officier SAS un simple officier chargé de faire de la charité ou plutôt un officier chargé de mener des réformes structurelles ?

Faut-il voir dans les SAS plutôt des efforts financiers et humains insurmontables pour la métropole, une sorte de "calvaire du régime et cancer de la métropole" selon le discours d'un sénateur (07/12/60)[5] ou l'occasion de réaliser "un idéal de fraternité humaine et d'amour" dans le but de faire des musulmans non plus des sujets mais des citoyens[6] ?

Ces perceptions contradictoires sont à relier à la tradition à laquelle se réfère les SAS : celle des Bureaux arabes de l'Algérie et des Affaires indigènes du Maroc[7].

Les Bureaux arabes ont été créés par le général Trézel en avril 1833 et confiés au général Lamoricière[8]. Le rôle des

---

[2] *Le Monde*, 24 juillet 1957.
[3] Y. COURRIERE, 1990, 1, p. 479-480.
[4] B. BOUALAM, 1963, p. 89.
[5] 5. SAS 45, cité rapport moral ELA Bordj Menaïel du 04/02/61 pour l'année 1960.
[6] B. BOUALAM, 1963, p. 121.
[7] *Esprit*, novembre 1961, n° 300, p. 575-615.
[8] J. FREMEAUX, 1976, p. 13-18 et p. 213-278.

Bureaux arabes dans la province d'Alger était d'être en liaison avec la population indigène et de contrôler l'administration des tribus. Mis officiellement en place en février 1844, les compétences des Bureaux arabes s'étendent dans les domaines politique, économique, social, religieux et culturel : ils font un travail de police (surveillance des routes et des marchés), un travail d'inspection (surveillance des institutions publiques, des cultes, de la justice musulmane, des contentieux administratifs), un travail judiciaire (enquête sur les crimes, les délits, les complots contre l'autorité française), un travail administratif (contrôle des dépenses des travaux d'utilité publique, l'état civil, établissement du rôle des impôts), mobilisation des ressources du cercle (circonscription de base de l'administration englobant un ensemble de tribus) et de l'annexe (cercle plus réduit) au profit de l'armée et de la colonisation, au niveau économique (police des marchés, construction de pistes, distribution de nourriture) et un service de santé gratuit.

Un bureau arabe était composé d'un officier (chef de bureau), d'un officier adjoint, d'un secrétaire français, d'un interprète ainsi que d'un chaouch (à la fois huissier, garde du corps et commandant le maghzen), un khodja (qui rédige la correspondance en arabe, traduit les listes d'impôts, règle les problèmes entre caïds et administrés) ; on y trouve aussi des chefs indigènes (agha, caïd). Une force militaire défend le bureau, elle est composée de 30 cavaliers et 10 moghaznis. Plus tard, un médecin sera rajouté à l'effectif du bureau[9].

En 1865, on comptait 41 bureaux et 5 annexes qui tentèrent des améliorations de l'agriculture, de l'élevage (défrichements, prêts, nouvelles méthodes de travail, nouveaux matériaux, forages de puits) et même de l'habitat. Ce sera un échec par manque de moyens[10].

---

[9] X. YACONO, 1953, p.12-14 et p. 30-79.
[10] C. MARTIN, 1979, p. 213-227 et p. 233.

A la fin de l'année 1870, prenant prétexte de la désorganisation des Bureaux arabes durant la période 1866/1867, face à la famine, les épidémies et l'exode des populations musulmanes, les colons obtiennent un gouvernement civil en Algérie[11].

L'idée des Bureaux arabes n'est pas morte, en 1907, à Casablanca au Maroc, est créé le service de renseignement de l'état major du corps de débarquement. En 1909, ce service devient autonome, le chef de bataillon Simon prend la direction du service. En 1926, ce service prend le nom des Affaires indigènes (A.I.)[12], M. Méraud définit l'officier AI comme "un officier détaché provisoirement de son arme pour administrer, contrôler et impulser"[13]. En 1913, les bureaux des A.I. étaient au nombre de 74, en 1953, ils sont au nombre de 123[14]. On retrouve les mêmes préoccupations que les Bureaux arabes mais adaptées au Maroc : contrôle de la juridiction chérifienne, des pachas et des caïds, préoccupations administratives, règlement des chicayas, action économique, recherche de renseignements, contrôle des chefs de tribus, relation avec les services techniques (instruction publique, hydraulique, travaux publics, eaux et forêts, santé, ...)[15].

L'officier A.I. dispose pour accomplir sa mission d'un officier adjoint, d'un khodja (secrétaire interprète), d'un secrétaire comptable, d'un secrétaire greffier, d'une force militaire (le goum) et d'une force de police (le makhzen) qui peut se transformer en maçons ou en jardiniers(15). L'indépendance du Maroc sonne le glas des affaires indigènes.

---

[11] M. MERAUD, 1990, p. 57.
[12] Ibid, p. 15.
[13] Ibid, p. 61.
[14] Ibid, p. 173 et p. 207-321.
[15] Ibid, p. 84.

Les SAS se veulent les fidèles héritières de ces 120 années d'expérience (1833/1953) des Bureaux arabes d'Algérie et du service des Affaires indigènes du Maroc.

Cet héritage est constamment réaffirmé, que ce soit sur un plan matériel : l'insigne des SAS est composé du Khendjar syrien (couteau) (en référence aux troupes du Levant), de la croix du sud (en référence aux Affaires sahariennes), mais surtout de la Koumia (la cordelière) des Affaires indigènes et des goums marocains (paradoxalement, les deux premières traditions sont rarement évoquées !). On le retrouve sur le plan humain : les anciens A.I. sont très présents durant la période des SAS que ce soit dans l'entourage de J. Soustelle (V. Monteil), ou dans la mise en oeuvre de l'expérience pilote des SAS (le général Parlange et une majorité d'anciens A.I.). Est-ce une simple coïncidence que les trois inspecteurs généraux des SAS aient été trois anciens A.I. : le général Parlange, le général Partiot, le général Teranier[16] ?

Même au moment de la formation des officiers SAS, le colonel Schoen (ancien A.I.!) rappelle en novembre 1955 en première partie de son intervention la tradition des Bureaux arabes[17]. Le gouverneur général Robert Lacoste ira jusqu'à écrire dans une préface d'un article du général Boucherie consacré aux Bureaux arabes "les SAS mis en place continuent la tradition des Bureaux arabes"[18].

Pourtant, l'unanimité ne règne pas à l'époque sur "l'officier rétroactif" (P. Mus)[19]. J. Servier, ethnologue, voit dans l'officier SAS une réussite à condition qu' "il ne donne pas l'image réduite

---

[16] *Esprit*, novembre 1961, n° 300, p. 577.
[17] DOC. SAS 3, Causerie du colonel Schoen, 15/11.1955.
[18] *Esprit*, novembre 1961, n° 300, p. 576, cité le général Boucherie "Les Bureaux arabes : leurs rôles dans la conquête de l'Algérie" *Revue de la défense nationale*, juillet 1957.
[19] Ibid, p. 601, cité P. Mus.

d'un Lyautey anachronique"[20] ou encore, à l'occasion du rapport moral de 1958 dans l'échelon de liaison de l'arrondissement (E.L.A.) du Bordj Menaïel, le capitaine Belval écrit "le haut commandement ne croit pas à la mission présente et future d'un service dont on veut faire l'héritier des anciens services de renseignements ou des A.I. du Maroc (...) et qui est en réalité une pâle caricature", suit une série de propositions pour redresser la situation, et il termine "sans ces conditions, le service des A.A. est un leurre"[21].

Rétrospectivement, J. Frémeaux dans *Histoire et défense* écrit "les officiers SAS, lieutenants ou capitaines, retrouvent la tradition des Bureaux arabes transmise par d'anciens officiers des affaires indigènes du Maroc"[22] ce que résumait à l'époque, *Le Monde*, en ces termes : "l'officier SAS est à l'Algérie de 1957 ce qu'était l'officier des A.I. au Maroc des années 1925/1930"[23]. Comment allait se transmettre le flambeau de la tradition des Affaires indigènes à ce que l'on allait appeler les sections administratives spécialisées ? Face aux interprétations contradictoires des missions des SAS qui ont donné lieu à des critiques virulentes ou à des louanges excessives ; cet ouvrage a pour objectif de montrer ce que fut réellement l'action des 700 SAS en Algérie en s'appuyant en cela sur les témoignages écrits et oraux des acteurs des SAS que furent les sous-préfets, les officiers SAS et les attachés civils, de ceux qui ont côtoyés les SAS (officier de régiment, médecin, ethnologue...), mais également sur les archives de l'époque (rapports, journaux de marches et d'opération, et monographies) concernant l'ensemble de leurs missions civiles et militaires.

---

[20] J. SERVIER, 1958, p. 134.

[21] 5. SAS 45, cité rapport moral ELA Bordj Menaïel du 04/02/61 pour l'année 1960.

[22] J. FREMEAUX, "Vision et perspective sur la guerre d'Algérie" *Histoire et défense*, n° 25, 01/1992, p. 55-56.

[23] *Le Monde*, 24 juillet 1957.

1. Création des SAS et formation des officiers SAS

Comment a pu naître l'administration décentralisée que furent les SAS ? Cette naissance s'appuie sur un certain nombre d'éléments qui constituent la conjoncture de l'époque, la personnalité de J. Soustelle et de son entourage mais aussi les missions définies ou redéfinies par les décrets et les arrêtés des journaux officiels.

Le cadre étant alors fixé, il fallait trouver un personnel à la fois motivé et énergique pour vivre dans les campagnes déshéritées de l'Algérie et désirant faire évoluer la situation politique, économique et sociale de la population. Ce personnel fut recruté dans l'armée parmi les officiers. Les Affaires Algériennes furent chargées de former ces cadres militaires et de leur donner les moyens financiers, matériels et humains pour permettre à l'officier SAS d'accomplir parfaitement les missions qui lui incombaient.

1.1 Circonstances de la création des SAS

Pour comprendre les raisons de la création des sections administratives spécialisées il faut s'arrêter sur la conjoncture de l'époque, les acteurs et leurs parcours personnels. Avant même la nomination de J. Soustelle au gouvernement général, on constate une convergence des opinions sur la solution à apporter au problème algérien.

G. Hirtz, administrateur en chef de Biskra, avait été prévenu le 24 octobre 1954 de l'imminence d'une insurrection dans le sud-est de sa circonscription par le Bachaga X. Il avertit les autorités en vain. Le 25 novembre 1954, il se rend à

M'Chounèche pour s'entretenir de la situation avec F. Mitterrand, ministre de l'intérieur. "Je lui ai dit que l'affaire était grave, il faut que le gouvernement fasse des réformes politiques et nous donne des moyens militaires sinon la situation ira en se dégradant. Le ministre de l'intérieur m'a répondu : vous croyez ? Nous verrons, nous verrons"[1]. Les demandes de réformes politiques et de moyens militaires supplémentaires de cet administrateur civil rejoignent les demandes de deux généraux : le général Spillman qui a fait la majeure partie de sa carrière au Maroc et commande en octobre 1954 un bataillon dans le Constantinois, décrit les imperfections du système militaire ; on notera son quatrième point "la pénurie des officiers des affaires militaires musulmanes se fait cruellement sentir"[2] .De même, le général Cherrière, commandant la dixième région militaire (Algérie), demande le 22 janvier 1955 non seulement des bataillons supplémentaires mais aussi "des bureaux militaires pour l'action et le renseignement". Il demande une vingtaine d'officiers A.I. du Maroc (10 pour les Aurès, 4 pour la grande Kabylie, 2 pour la région de Nedroma) car depuis longtemps, il préconise "un jumelage poussé jusqu'au plus bas échelon des autorités civiles et militaires"[3].

A la fin de l'année 1954 et au début de l'année 1955, trois personnes d'horizons différents préconisent des réformes politiques, des moyens militaires supplémentaires, la création de bureaux militaires ou d'officiers des affaires musulmanes, en fait des spécialistes arabisants du renseignement et de l'action et la coordination des autorités civiles et militaires au plus bas échelon (l'échelon communal).

Ces idées seront appliquées par J. Soustelle nommé le 26 janvier 1955 gouverneur général de l'Algérie par P. Mendès-France. J. Soustelle est normalien, agrégé de philosophie et ethnologue. En 1940, il rejoint la France Libre, membre du comité national de Londres, il dirige le BCRA (service de l'action secrète de 1943 à 1944). En 1945, il a été ministre des colonies ;

---

[1] G. HIRTZ, Luynes, 09/011995.
[2] C. PAILLAT, 1967, p.98-99.
[3] Ibid. p. 102-103 et p. 127.

à ce titre, il a été amené à se déplacer en Afrique du Nord[4]. Le 6 février, le gouvernement Mendès-France est renversé. J. Soustelle reçoit pourtant le soutien du futur président du conseil Edgar Faure. J. Soustelle arrive le 15 février en Algérie et constitue son cabinet. Parmi ses collaborateurs on trouve le colonel Constans (ancien d'Indochine, appelé "le vaincu de Lang Son") Germaine Tillion, ethnologue, qui a beaucoup étudié les Aurès, et le commandant V. Monteil (ancien A.I., figure progressiste en matière coloniale).

J. Soustelle entreprend une tournée dans les Aurès : à Batna, M'Chounèche, Baniane, Arris, Khenchela, Tebessa, puis en Kabylie et dans l'Algérois. Il constate rapidement l'existence de trois problèmes : la sous-administration de l'Algérie qui est sous le régime des communes mixtes (créées en décembre 1875), subdivisées en douars (territoire de la tribu) et en mechtas (fractions des tribus). Les communes mixtes sont gérées par des administrateurs aidés de caïds (fonctionnaires musulmans). Le statut de 1947 supprimait théoriquement les communes mixtes en réalité il ne réussit qu'à tarir le recrutement des administrateurs. L'administration caïdale devenait de plus en plus corrompue et se repliait sur les villes. A la même époque, le territoire de la commune mixte s'agrandit et devient ingérable. En conséquence, le travail administratif est inconsistant.

Le soulèvement n'a fait qu'aggraver le phénomène en faisant fuir les services administratifs (poste, école, ...) et en empêchant les administrateurs de circuler. J. Soustelle écrit "l'administration flottait comme un radeau sans gouvernail à la surface d'une mer profonde qu'elle ne savait pas sonder"[5].C'est ainsi que, pour les communes mixtes d'Arris, Khenchela, Tebessa, trois administrateurs s'occupent d'un territoire de 25.000 km² [6].

---

[4] Y. COURRIERE, 1990, 1, p. 15.
[5] J. SOUSTELLE, 1956, p. 16.
[6] *Historia magazine*, n° 197, 1971, p. 124.

Le deuxième problème qu'il constate, est l'échec des grandes opérations de ratissage chères au général Cherrière (commandant la Xième région militaire). Ces opérations sont critiquées par J. Vaujour, directeur de la sûreté en Algérie qui déclare : "envoyer des unités détruire les mechtas, bombarder certaines zones, c'est utiliser un marteau pilon pour écraser une mouche", et aussi par Germaine Tillion qui montre dans un rapport l'effet négatif de la répression sur la population. Soustelle écrit "l'action tendait à s'alourdir en se coulant dans un moule inadapté" et constate "le caractère imprécis est par là même nuisible de la répression commencée"[7].

Le troisième problème est le manque de renseignements, indispensables au succès de toute opération militaire. La raison en est l'absence de relation avec la population : les administrateurs n'ont plus de contact avec elle, tandis que l'administration caïdale repliée sur les villes est coupée des douars. J. Soustelle constate "le tarissement de l'information par l'administration et l'armée"[8]. Il écrit ainsi que c'était "le fruit d'erreurs accumulées depuis le début du siècle et la dernière guerre : suppression des Bureaux arabes et arrêt du recrutement des administrateurs"[9].

Ces trois problèmes sont à l'origine de la création des SAS. Ils sont clairement explicités dans le *Guide de l'officier des Affaires Algériennes* (édité le 1er octobre 1957). J. Soustelle résume en ces mots son objectif "notre mission est de rétablir l'ordre et la paix, non pas contre la population musulmane mais pour elle et avec elle"[10].

Au printemps 1955, les Aurès sont très instables, J. Soustelle décide la création d'un commandement civil et militaire de l'Aurès qu'il confie le 30 avril au général Parlange. Cette fonction lui permet de prendre sous ses ordres toutes les autorités civiles (sous-préfet, police, administrateur) et toutes les

---

[7] J. SOUSTELLE, 1956, p. 27.
[8] Ibid, p. 24.
[9] Ibid, p. 26.
[10] Ibid, p. 86.

troupes stationnées sur son territoire. J. Soustelle confie au général Parlange (ancien officier A.I.) la mission de mettre en place une opération pilote dans les Aurès avec une équipe de 14 anciens officiers A.I. et 9 officiers des Affaires sahariennes[11]. Deux mois plus tard, le général Parlange donne le bilan de la réalisation de la mission pilote : création d'une implantation politico-militaire, rétablissement du contact avec la population, tentative de transmettre un sentiment d'organisation face au désordre, tentative de remédier à l'asphyxie économique et sociale du pays, tentative de rapprocher Européens et musulmans. Le résultat est modeste : les officiers ont créé des groupes d'autodéfense (750 hommes), les renseignements commencent à affluer auprès de l'annexe, la population est lasse de l'asphyxie. Le général Parlange écrit : "certains résultats sont localement sensibles mais ne doivent pas pour autant nous faire crier au succès".

Le général Parlange s'est heurté à la préfecture de Constantine qui a mal accepté sa perte de pouvoir et aux unités militaires qui, par leurs grandes opérations, cassent le travail de pacification. Le préfet Dupuch, le colonel Ducourneau, les notables locaux ont fait des difficultés au général Parlange qui, excédé, a menacé de démissionner[12].

Le bilan de l'action des SAS dans les Aurès démontre parfaitement l'état d'esprit du général Parlange : "le marchandage des moyens, le peu d'écho qu'ont eu certaines propositions, la lenteur pour obtenir des décisions, les ingérences de certaines personnes non responsables, le frein voire même l'obstruction apportée par certains organismes plus soucieux de leur survie que de l'intérêt général, n'ont pas permis de donner à mon action toute l'efficacité désirable et de créer le choc qu'aurait pu faire naître une application brutale et immédiate des principes et des mesures préconisées"[13].

---

[11] Bulletin de liaison saharienne n° 20, mai 1955.
[12] C. PAILLAT, 1972, p. 283-284.
[13] C. PAILLAT, 1967, p. 112.

Le Monde tire de cette expérience un bilan bien différent : "le général Parlange sait que ce qu'il a fait, il le doit à son expérience personnelle et à un effet de surprise et à ses compagnons" et affirme que "leur remplacement par des cadres recrutés en Algérie (...) ne permet pas d'affirmer que ce premier essai sera poursuivi ou le sera avec le même succès". Le journaliste ajoute que cette expérience ne peut être étendue aux provinces du nord du fait de la présence de nombreux colons[14].

L'expérience a donc réussi selon ce quotidien, en raison de la personnalité de Parlange, de l'effet de surprise et du rôle des officiers A.I. (on peut noter que le nom de SAS n'est pas cité). J. Soustelle ne partage pas la même opinion et pense qu'il faut généraliser l'opération en créant les SAS. D'où lui est venue l'idée ? On peut émettre l'hypothèse d'une convergence d'influence : son expérience au B.C.R.A. (service de renseignement et d'action de la France Libre) lui a appris les méthodes pour trouver le renseignement. L'ethnologie est un élément à ne pas négliger : G. Tillion (membre de son cabinet) et J. Soustelle y ont fait leurs carrières et ont compris l'importance de connaître et de savoir écouter les populations. De plus, J. Soustelle a été profondément marqué par son expérience mexicaine. En 1932, il s'était rendu au Mexique et avait participé au mouvement de "l'indigénisme" : sur l'initiative du gouvernement de Mexico, les instituteurs, les assistantes sociales et les professeurs se déplaçaient de village en village pour aider et éduquer les indiens (on retrouvera cette trilogie dans les SAS : L'instituteur, l'adjointe sanitaire et sociale rurale auxiliaire : les ASSRA, l'AMG). Par la suite, des centres culturels s'étaient constitués dans les villes (on retrouve les mêmes innovations en Algérie avec les centres sociaux de G. Tillion et les SAU - sections administratives urbaines). Le but de cette vaste entreprise était l'incorporation des Indiens dans la communauté mexicaine. En Algérie, ce sera l'intégration prônée par J. Soustelle qui n'aura qu'à transposer en Algérie, pour les musulmans, les innovations mexicaines pour les Indiens[15].

---

[14] *Le Monde*, 1 septembre 1955.
[15] C. PAILLAT, 1972, p. 125.

L'expérience des Affaires indigènes du Maroc est aussi un élément déterminant. Deux proches de J. Soustelle en ont fait partie, le commandant Monteil et le général Parlange. G. Hirtz, administrateur en chef de Biskra qui fut en contact direct avec le général Parlange explique que "le général Parlange a exercé une grande influence sur J. Soustelle. C'est le général Parlange qui l'a persuadé de renforcer l'administration. Il avait constaté que les communes mixtes étaient trop grandes pour l'administrateur et son personnel. Certains administrateurs étaient même sclérosés (ne sortant jamais), d'autres voulaient que tous aillent bien dans leurs circonscriptions (l'administrateur d'Arris!)"[16].

On peut ajouter à cet ensemble de convergences l'expérience de la guerre d'Indochine qui a été l'échec d'une guerre conventionnelle menée sans la population. Le général Constans (membre du cabinet de J. Soustelle) a été l'un des acteurs de cette guerre. C'est à ce dernier que revient la charge de "former d'urgence des officiers et d'élaborer une doctrine" pour mettre en place 400 SAS dans des zones de pacification[17]. Cette décision fut très mal acceptée par le général Parlange qui comptait diriger les SAS. "C'est lui ou moi", s'écrie-t-il à J. Soustelle[18]. Ces officiers SAS seront destinés initialement à être des adjoints de l'administrateur dans les communes mixtes, puis des antennes avancées dans les douars éloignés du chef-lieu de la commune mixte.

G. Hirtz, administrateur en chef à la commune mixte de Biskra explique : "Comme la plupart des administrateurs, nous étions enchantés, c'était une excellente idée, cela faisait des années que l'on demandait d'étoffer l'administration des régions que l'on administrait. Personnellement, je contrôlais 80.000 habitants!"[19]. Cet avis n'est pas partagé par le général de division Pédroma, commandant la division militaire d'Alger qui affirme le 4 février 1957 dans un rapport que le binôme administrateur-

---

[16] G. HIRTZ, Luynes, 09/01/1995.
[17] J. SOUSTELLE, 1956, p. 84-84.
[18] G. HIRTZ, Luynes, 09/01/1995.
[19] Ibid.

officier SAS n'a bien fonctionné que dans un tiers des circonscriptions[20]. Le rapport moral pour l'année 1958 adressé à la préfecture d'Oran par la sous-préfecture de Mascara confirme cette réflexion "Les administrateurs et les officiers SAS ne s'entendent guère à part quelques rares exceptions. Parmi trois administrateurs, l'un fait du chef de SAS un chef de chantier, l'autre un secrétaire particulier, le dernier freine ses activités"[21]. Ces trois points de vue montrent que la coopération entre les officiers SAS et les administrateurs n'est pas toujours évidente... Progressivement, ces derniers seront court-circuités par les officiers SAS et disparaîtront.

Le 5 septembre, un arrêté créait le service d'action administrative et économique (base de l'institution des SAS). Ce service a pour but selon le préambule de l'arrêté "d'étudier et de promouvoir toutes mesures tendant à établir ou restaurer l'organisation administrative et économique efficace dans les régions atteintes par les troubles actuels". Le service d'action administrative et économique dirigé par M. Vrolyck met en fait en place les moyens financiers et humains des SAS.

Les SAS voient officiellement le jour par l'arrêté du 26 septembre 1955 (publié le 30 septembre au JOA) qui crée le service des Affaires Algériennes, rattachées au cabinet militaire du gouvernement général. L'article 4 mentionne la mission des officiers SAS : "Ils sont destinés à assurer toutes missions d'encadrement et du renforcement des personnels des unités administratives et des collectivités locales. Ils peuvent, à cet effet, se voir investis des fonctions identiques à celles normalement exercées par les administrateurs des services civils". Cet article 4 est d'une grande importance puisqu'il remet entre les mains des officiers SAS qui sont des militaires, les pouvoirs civils des administrateurs.

Le décret n° 55.274 du 30 septembre 1955 (publié le 1er octobre au JO) semble modérer l'article 4 de l'arrêté du 26

---

[20] 1.H.1211.
[21] Ibid.

septembre, en effet, il spécifie que "les attributions dévolues (...) aux administrateurs des services civils peuvent être exercées sur décision *individuelle* par *certains* officiers spécialisés". L'ambiguïté semble régner sur le caractère individuel ou collectif de la dévolution des pouvoirs civils aux officiers SAS.

Aux pouvoirs civils de l'officier SAS va être ajouté, selon le décret du 8 juillet 1957 (publié le 12 juillet au JO), "l'attribution de la qualité d'officier de police judiciaire à certains officiers mis à la disposition du gouvernement général de l'Algérie pour servir dans le corps des AA". Ces officiers choisis par décision individuelle, après avis conforme du procureur général, doivent prêter serment devant le juge de paix. Le colloque de l'*Institut d'histoire du temps présent* (Paris le 15 et 17 décembre 1988) voyait dans ce décret le début de la subordination des pouvoirs de police au profit de l'armée[22].

Le décret n°59/1019, publié le 4 septembre au JO, donne à l'officier SAS un statut dans la hiérarchie civile. Il est "représentant du sous-préfet" et assure à ce titre la liaison entre le sous-préfet et le maire, facilite aux maires l'exercice de leurs attributions, coordonne les propositions de développement économique et social des communes de leur circonscription et veille à leur mise en oeuvre.

Les SAS auront une existence de 6 ans et 9 mois, existence à peine interrompue par la mise en place des centres d'aides administratives (C.A.A.) (décret du 1er février 1962). Les CAA devaient théoriquement remplacer les SAS en diminuant les pouvoirs civils des officiers SAS et en supprimant son rôle militaire. En réalité, les SAS continueront à fonctionner jusqu'à la dissolution, le 18 juin 1962, du service des Affaires Algériennes.

La conférence de presse du général Partiot du 24 mai 1960 jette un éclairage intéressant sur ce qu'aurait dû être l'avenir des SAS

---

[22] Colloque de l'*Institut d'histoire du temps présent* (Paris, 15-17 décembre), J-P. RIOUX, 1988. J. Julliard " Le mépris et la modernité ", p. 159. J. Delarue " Police en paravent et en rempart " p. 259.

"en temps normal". Le général Partiot explique que "c'est un corps qui doit à moyen terme disparaître dans 25 ans", c'est-à-dire normalement en 1985 ! [23].

---

[23] *Algérie d'Aujourd'hui*, mai 1960.

1.2 Recrutement de l'officier SAS

Il faut théoriquement faire acte de volontariat pour être officier SAS ; le recrutement se fait autant parmi les officiers d'active que de réserve provenant de toutes les armes.

La brochure intitulée *Français et Françaises de bonne volonté, l'Algérie a besoin de vous* (1er trimestre 1958) s'adresse aux officiers, sous-officiers d'active ou de réserve et aux jeunes, elle précise les modalités d'inscription et les indemnités des officiers SAS : Un officier d'active a une indemnité de grade, une indemnité exceptionnelle de zone opérationnelle (24.960 anciens francs). Devenant officier SAS, il obtient en plus une indemnité des AA, qui évolue en fonction du grade, entre 9 000 et 18 000 francs ainsi qu'une indemnité de représentation de 5 000 francs. Pour devenir officier SAS, un officier doit se porter volontaire. Aucune condition particulière n'est exigée. La demande doit être transmise à la hiérarchie militaire et au gouvernement général de l'Algérie (service des AA).

L'officier de réserve doit se mettre en situation d'active (ORSA) dans une période de 6 mois à 3 ans renouvelable, limitée à 15 ans de service au total, ou sinon, l'officier peut se faire rappeler sous le régime du décret n°56/374 du 12 avril 1956 pour une période de 6 mois à 8 mois renouvelable. L'officier de réserve perçoit les mêmes indemnités que l'officier d'active.

Le recrutement des sous-officiers d'active et de réserve, adjoints des chefs de SAS, se fait aussi par un acte de volontariat. Ils bénéficient en plus de l'indemnité de grade et de zone opérationnelle, d'une indemnité des AA de deux types : S'ils restent en poste moins de 2 ans, ils reçoivent une indemnité de 5 000 francs, en revanche si ils restent plus de 2 ans, ils reçoivent une indemnité de 7 000 francs.

Pourtant, malgré ces incitations financières, le nombre de volontaires est insuffisant, comme l'affirme A. de Montpeyroux (ancien combattant mutilé) qui fut lieutenant, chef de SAS, à la SAS de Massena après une dérogation pour raison d'âge (il avait 46 ans). Il écrit "la hâte à pourvoir les postes et à noircir les colonnes d'état administratif a pour but de rassurer l'opinion publique et le gouvernement (...) tant de postes créés, et tous pourvus, voilà qui devrait contenter tout le monde, les récalcitrants étaient bien obligés de prendre possession de leur SAS". Ainsi selon A. de Montpeyroux, sur les 650 SAS créées, 300 sont "des chefs imposés, désignés qui ne croient pas en leur mission" soit plus de 45 %. Bien qu'ils aient été nommés d'office et malgré leurs protestations et leurs demandes de mutation, ils donnent d'appréciables services[1]. Les chiffres avancés par A. de Montpeyroux sont à nuancer, à l'époque de la parution de son livre en 1957 on comptait 520 SAS en juillet (conférence de presse du général Partiot, mai 1960). Peut être faut-il voir dans le chiffre cité l'ensemble des officiers des AA (chef de SAS, adjoint du chef de SAS, officier à l'ELA).

L'ethnologue J. Servier évoque, dans son livre *Adieu djebels*, un de ces officiers désignés d'office. J. Servier demande à un officier SAS des nouvelles d'une confrérie de danseurs du village de la SAS. L'officier SAS lui répond qu'il ne la connaît pas car il ne sort jamais et déclare "J'en ai marre d'être ici, marre de ce métier idiot, j'ai voulu être militaire vous comprenez pas garde-champêtre. On m'a fichu ici sans me demander mon avis, vous êtes content vous à Alger, vos tableaux d'effectifs sont complets hein ? Et il y a un ballot qui se regorge dans son bureau en disant : J'ai 475 officiers SAS. Moi, je veux retourner à mon régiment" (au regard du nombre d'officiers cité, on peut penser que la conversation a eu lieu durant l'été 1956)[2]. Le lieutenant Chapuis fut l'un d'eux, il commande une batterie. Au retour d'une permission il apprend qu'il est muté aux AA alors qu'il ignore la raison d'être de ce service. Il sera officier à la SAS d'Azazga[3]. Le rapport moral de l'année 1956 de la sous-préfecture de Relizane adressé à la préfecture d'Oran montre que ceux-ci sont nombreux : "Les officiers AA presque tous non

---

[1] A. de MONTPEYROUX, 1957, p. 47 et p. 163.
[2] J. SERVIER, 1958, p. 110.
[3] P. PELLISSIER, 1992, p. 260.

volontaires (...). Ils travaillent avec conscience, sans enthousiasme, aspirent à aller dans une unité régulière"[4].

Le manque de volontaires a eu comme conséquence d'accepter tous ceux qui se présentaient, sans prendre en compte la qualité des personnes. P. Charié rapporte les conclusions d'un colloque d'officiers des AA qui eut lieu le 16 octobre 1958 à Pirette. Parmi les questions débattues, celle de la qualité du recrutement est évoquée : "Les anciens des Affaires indigènes se retirent de la galère que sont les AA, réceptacle, à de rares exceptions de tous les ratés du civil et du militaire"[5]. P. Charié en donne la raison, les militaires de carrière désignés ne peuvent pas refuser l'affectation aux AA, de même les civils sont volontaires car ils ne trouvent rien d'autre... Il affirme ainsi que "plus de 50% des officiers chef de SAS et 75% des civils sont des ratés contractuels"[6]. Même si P. Charié explique dans sa préface, qu'il a écrit son ouvrage sous le coup de la passion et qu'il n'a pas voulu retoucher ses propos, cette réflexion est révélatrice de l'état d'esprit de certains officiers SAS.

N. d'Andoque se pose la question de savoir la raison pour laquelle les militaires d'active répugnent à servir dans les SAS : "C'est un service marginal, en dehors des filières sûres, reconnues, balisées depuis Napoléon qui amène doucement les sujets de l'école d'élite de l'école interarmes de Saint Cyr au fauteuil rembourré de chef d'état major de l'armée"[7]. En conséquence, les chefs de corps désignaient les officiers les moins bons pour être volontaires aux AA. Prenons deux exemples concrets, en Grande Kabylie en janvier 1957 sur 79 officiers SAS on comptait 72 officiers d'active, en décembre 1958 ils n'étaient plus que 39 sur un effectif de 99. Le colonel Y. Niox explique en effet que la fonction d'officier SAS est occupée indistinctement par un capitaine, un adjudant ou un lieutenant du contingent quelque soit l'ancienneté au grade, avec

---

[4] 1.H.1211.
[5] Y. ROMANETTI-P.SAS, 1961, p. 167.
[6] Ibid, p. 174.
[7] N. D'ANDOQUE, 1977, p. 47.

peu de perspectives de promotion (rapport moral de Grande Kabylie de l'année 1958)[8]. Les AA sont donc composées d'une grande majorité d'officiers de réserve, c'est un inconvénient pour les AA, car ceux-ci servent sans contrainte et peuvent à tout moment résilier leur contrat pour partir dans le civil. C'est donc la continuité de la mission auprès de la population qui est remise en cause. La situation ne s'améliore pas avec le temps, en 1959 "seul 250 chefs de SAS sur 750 chefs de SAS sont de carrière"[9].

De quelles armes sont issus les officiers SAS ? L'étude de la rubrique des affectations aux AA dans les *Bulletins de liaison des AA* pour les mois d'octobre 1957, 1958, 1959, 1960 et 1961 montre une prédominance de trois armes : infanterie, arme blindée et cavalerie ainsi que l'air.

L'âge des officiers SAS n'est jamais mentionné dans les *Bulletins de liaison* sauf dans le n°°6 septembre-octobre 1956 dans la rubrique mort aux champs d'honneur. Les numéros suivants n'indiquent plus les âges des officiers, ce qui ne permet pas d'analyser une évolution sur une longue période. Sur les 9 lieutenants et capitaines décédés, cités dans le bulletin n° 6, trois grandes catégories de classe d'âge se dessinent : 3 officiers avaient entre 25/26 ans, 2 officiers avaient entre 34/36 ans et 4 officiers entre 44/47 ans.

Les carences de recrutement n'ont pas empêché un grand nombre d'officiers de se porter volontaires, on peut classer ces volontaires en sept catégories selon leurs motivations : les anciens AI du Maroc, certains ont fait parti de l'expérience pilote du général Parlange, le seul inconvénient qui touche ces officiers est la limite d'âge fixée à 45 ans, des dérogations ont été accordées. La motivation de ces officiers pouvait être le désir de continuer une expérience qui avait fait ses preuves au Maroc. Ils ont été mis dans les premières SAS, ils ont formé ensuite la hiérarchie des AA au niveau de la sous-préfecture et de la préfecture.

---

[8] 5.SAS.45.
[9] Y. ROMANETTI-P .SAS, 1961, p. 47.

La deuxième catégorie de volontaires est constituée d'officiers qui ont combattu en Indochine ; traumatisés par cette expérience, ils ont vu l'échec d'une guerre classique face à une guérilla qui a utilisé avec succès les principes maoïstes de la guerre révolutionnaire. Ils ont compris l'importance de la population dans ce type de conflit. La motivation de ces officiers était d'utiliser l'expérience acquise pour réussir en Algérie, là même où ils avaient échoué en Indochine. G. Vincent décrit la première promotion d'officiers SAS "pratiquement tous venaient de l'Indochine"[10], il écrit "l'expérience de l'Indochine était pourtant vivace en lui (...) dans cette guerre où tous les coups, même les plus retors étaient utilisés par les viêts (...) c'est cela, qu'ici, les fells lui préparaient"[11].

La troisième catégorie est fournie par les spécialistes du Maghreb de la langue arabe et du terrain, on peut les considérer comme des volontaires car leur formation les conduit automatiquement à être en contact avec la population. B. de Nanteuil à l'issu d'un stage au centre d'étude asiatique et africain sous la direction du colonel Lacheroy, reçoit l'ordre avec 10 autres officiers arabisants de rejoindre l'Algérie pour renforcer les communes mixtes. Après un court passage aux Affaires sahariennes, il est rattaché aux AA[12]. Le *Bulletin de liaison des Affaires sahariennes* n° 20 de mai 1955, nous indique que 9 de ses officiers ont été détachés dans le sud Constantinois pour occuper des postes de renseignement et de contact. Ils feront partie de l'expérience pilote du général Parlange.

La quatrième catégorie de volontaires peut être qualifiée d'idéaliste, la motivation de ces officiers étaient d'aider les populations, F-X de Vivie expliquait "avoir 25 ans, être tout pour ces populations, cela donne un sens à la vie"[13]. L'influence du scoutisme n'est pas à négliger pour cette catégorie. A. Maillard explique son engagement dans les SAS par la

---

[10] G. VINCENT, 1988, p. 33.
[11] Ibid, p. 58.
[12] COLLECTIF, 1991, p. 210-213.
[13] F-X. de VIVIE, Paris, 10/6/89 par CDHA.

fréquentation du scoutisme qui lui à donné un idéal chevaleresque. La Route (scout de plus de 17 ans) l'ouvre sur l'action sociale. Lorsqu'il lit dans le journal la création des SAS, il s'imagine "à cheval cambré, le regard fier, prêt à mourir sous les balles des barbares"[14]. Après son séminaire pontifical de Rome, il est appelé pour le service militaire. Officier, par respect de sa vocation ecclésiale "peu compatible avec la rage du baroud", il choisit les SAS[15].

La cinquième catégorie de volontaires se trouve parmi ceux qui ont déjà servi en Algérie dans un régiment et qui veulent continuer le combat contre le FLN par d'autres moyens : ce sont des rengagés. N. d'Andoque fut l'un d'eux, officier appelé, il sert au 16e dragon comme chef d'un peloton d'automitrailleuses à Ain Beida, il est aussi responsable d'un douar. Il est libéré de ses fonctions, il demande d'être maintenu dans son douar avec son peloton, le commandement refuse, il se porte volontaire pour être officier SAS en février 1960[16].

La sixième catégorie de volontaires sont ceux qui s'engagent pour de mauvaises raisons : trompés par la propagande, ils sont venus travailler dans une section administrative. Ce sont des comptables, des banquiers, des agents d'assurance et des représentants de commerce. Ils sont "étonnés quand on leur parle du commandement d'un maghzen, de convois, de sécurité, d'embuscade, de patrouille", ils pensaient "n'avoir qu'à s'occuper d'administration, de paperasserie, à diriger des adjoints ou des secrétaires confirmés. Pour la moitié d'entre eux c'est la déception. L'un d'eux apprenant qu'il est envoyé en Kabylie dit : J'ai 4 enfants, je ne voudrais pas qu'il m'arrive malheur". Le rapport moral de Grande Kabylie de l'année 1958 du colonel Niox explique, qu'au début leur moral est bas, ensuite ils réagissent au travail avec comme ambition de viser "une SAS au bord de la mer ou les SAU d'Alger" et de conclure "bourgeois la plupart, ils restent

---

[14] A. MAILLARD, 1990, p. 18-44.
[15] Ibid, p. 171.
[16] N. D'ANDOQUE, 1977, p. 15-36.

bourgeois". Parmi cette catégorie, on trouve aussi de hauts fonctionnaires et des banquiers, qui sont volontaires, car ils veulent obtenir une citation ! [17].

Une dernière catégorie de volontaires sont des officiers détachés dans une SAS mais qui gardent leurs fonctions d'officier de régiment. Cette dernière catégorie n'est pas marginale : l'aspirant Petitbois, chef de la SAS de Lefaa en juillet 1957, commande aussi une section d'artillerie. Il demande officiellement son affectation dans les SAS[18]. On trouve le même cumul de fonctions à Tazmalt Ayacha où J-Y. Alquier est chef de SAS, officier de renseignement et chef de commando d'octobre 1956 à août 1957[19]. A la SAS de Ksar Sbahi, un officier opérationnel occupe la charge de chef de SAS en juin 1958[20].

---

[17] 5.SAS.45.
[18] L. GUIFFRAY, 1959, p. 14 et p. 114.
[19] J-Y. ALQUIER, 1957, p. 4-10.
[20] *L'armée*, juillet-août 1960, p. 2-23.

1.3 Formations, informations et moyens

Les AA organisent pour les officiers SAS deux types de stage : le plus long stage concerne les officiers désirant servir longtemps dans les AA. Ce stage dure une année scolaire, les officiers y reçoivent une formation administrative spécialisée et acquièrent des connaissances d'arabe (apprentissage des caractères arabes), de kabyle et de sociologie musulmane. Des stages pratiques et des voyages d'étude complètent leurs formations. La conférence de presse du général Partiot nous donne des précisions sur le deuxième stage de formation, il dure un mois et est composé d'un enseignement général. Il y a possibilité pour ceux qui le désirent de suivre l'étude de l'arabe et du kabyle par correspondance. Le général Partiot admet "l'insuffisance de la formation", il compte sur l'action des officiers supérieurs à l'ELA pour pallier à ces insuffisances.

Le problème de la langue est évoqué par les journalistes, le général Partiot explique que 40 heures sont consacrées à l'apprentissage de la langue arabe pour les cours d'un mois, et complété par des cours par correspondance. Il donne les statistiques suivantes : 15% des officiers SAS connaissent l'arabe ou le kabyle, 50% sont capables de contrôler leur interprète, tous les officiers ont des rudiments d'arabe[1]. S. Jaubertie relativise l'obstacle de la langue, il explique qu'il avait appris 1300 mots qui lui suffisaient pour remplir sa mission et donc avait rarement besoin d'un interprète[2].

G. Vincent qui fait partie de la première promotion d'officiers SAS verra son stage supprimé en raison des troubles en Oranie. Affecté dans la commune mixte de Tarlat, il y fait son stage pratique en prenant contact avec l'administration, en circulant dans la région et en prenant contact avec les problèmes

---

[1] Algérie d'aujourd'hui, mai 1960.
[2] FNACA, 1989, p. 544.

généraux durant deux mois. Il est ensuite chargé d'établir sa SAS[3].

J. Derrien, affecté aux AA en décembre 1955, aura un stage théorique trop court et trop général. En revanche sa formation pratique est plus soignée à la commune mixte de Ras Debaa sous les ordres de l'administrateur, où durant trois mois il prend contact avec la population et prépare son implantation dans le bled[4].

Après ces cafouillages dans la mise en place des stages de formation, il semble progressivement que le système de formation se soit mis en place, prenons deux exemples de stages aux AA : Le lieutenant de Vivie est, en septembre 1958, en stage dans une SAU (section administrative urbaine) dans la casbah d'Alger durant deux mois. Il assiste à des cours d'arabe à Imena Tagara durant six mois et part ensuite deux mois en stage pratique aux portes de fer en Kabylie. En juillet 1958, après 10 mois de formations, il prend en main une SAS[5].

A. Maillard fait un stage de quatre jours en juillet 1960 à Arzew où il a sept heures de conférence par jour, composées de travaux pratiques d'organisation et de tir au pistolet mitrailleur ainsi que des visites de SAS et d'autodéfenses[6].

Mais les critiques ne manquent pas concernant l'absence de doctrine, comme le signale S. Jaubertie "Pendant la guerre d'Algérie, à ma connaissance, il n'y avait pas de document écrit sur les SAS, sur le fonctionnement, le règlement d'un tel bureau, il n'y avait rien"[7]. Il va y avoir deux attitudes face à cette situation : la doctrine personnelle, "Il manque une doctrine de pacification, en conséquence chaque échelon, du gouverneur au

---

[3] G. VINCENT, 1988, p. 31-40.
[4] COLLECTIF, 1990, p. 215-218.
[5] F-X. de VIVIE, Paris, 10/6/89.
[6] A. MAILLARD, 1990, p. 200.
[7] FNACA, 1989, p. 544.

chef d'échelon de la SAS a sa conception"[8] ou encore celle de la doctrine floue, "La mission des SAS ne se définit pas. Elles doivent là où elles sont tenter de faire ce qu'il y a à faire"[9]. Ces deux attitudes montrent que la mission des SAS est très subjective, les AA ont pris conscience de la nécessité d'une doctrine pour définir un cadre d'action des SAS. P. Quieffin fut nommé à un bureau d'étude aux AA de juillet à octobre 1959 pour élaborer une doctrine"Je devais trouver une doctrine pour les AA, le prétexte des AA de l'absence de toute doctrine était que les régions étaient tellement différentes, que la mise en place d'une doctrine ne s'avérait pas nécessaire"[10].

Les officiers ne disposaient pas seulement de cours théoriques de formation, mais aussi de plaquettes (répertoires administratifs) et un bulletin de liaison mensuel. Ces brochures mentionnent les décrets et les arrêtés concernant les SAS, mais aussi la manière de prendre contact avec la population, les actions à mener auprès de la population, des renseignements très détaillés concernant les problèmes administratifs, politiques et économiques.

L'officier SAS dispose d'un personnel pour accomplir sa mission, il dispose en théorie d'un adjoint (sous-officier), de trois attachés des AA : un secrétaire comptable, secrétaire interprète, un radio auxquels se rajoutent une ou plusieurs auxiliaires féminines des AA détachées si les conditions de sécurité le permettent. La compagnie militaire à proximité de la SAS peut détacher un médecin, un instituteur et un moniteur. La SAS dispose également d'un personnel militaire composé d'une trentaine de moghaznis.

Les fiches de renseignements sur les SAS remplies le 10 mai 1961 pour l'arrondissement du Bordj Menaïel en Grande Kabylie permettent de voir la réalité du personnel mis à la disposition des SAS d'un arrondissement : Sur les dix SAS de

---

[8] Y. ROMANETTI-P.SAS, 1961, p. 166.
[9] L'armée, juillet-août 1960, p. 2-23.
[10] P. QUIEFFIN, Aix-en-Provence, 26/1/95.

cet arrondissement, on compte au total 8 radios, 8 comptables, 6 moniteurs, 4 interprètes, 5 attachées féminines, 2 adjoints, un infirmier. Deux SAS ont 5 attachés, trois SAS ont 4 attachés, quatre SAS ont 3 attachés et une SAS a un seul attaché (dans ce dernier cas, la présence d'un important centre urbain d'Européens ne nécessite peut-être pas la présence de nombreux attachés). Il nous faut relativiser ces chiffres, en effet ils ne reflètent que le caractère officiel des fonctions, or certaines fonctions d'interprétariat ou de radio peuvent être exercées par un attaché civil, un moghazni, ou encore par l'officier SAS en plus de ses propres fonctions. La diversité des effectifs des attachés peut s'expliquer par différents facteurs : les besoins de la population, l'étendue du territoire de la SAS, l'existence d'un camp de regroupement, l'insécurité et l'isolement[11].

Les conditions de vie dans une SAS nouvellement créée ne sont souvent pas faciles : Quelquefois aucun bâtiment n'a été prévu pour l'installation de la SAS, comme à Oum Djerane : "La SAS campait sous des tentes, gelant et pataugeant dans la boue, l'hiver, et l'été, avec les vents de sable s'engouffrant par toutes les ouvertures"[12]. Les SAS pouvaient donc être installées dans n'importe quelle condition : "A Sebdou, c'était une ferme fortifiée, à El Bore une série de mechtas entourées d'un mur et à Djeballah un ancien fort évacué pour raison sanitaire"[13]. Sur les 10 SAS du Bordj Menaïel, deux sont installées dans des préfabriqués, deux dans des fermes louées, une dans un habitat amélioré, deux dans une construction en dur, deux dans des constructions nouvelles (bordj ?), la dernière n'a pas donné d'indication[14]. Le rapport moral du 13 mai 1957 du colonel Lamourere (chef du service des AA) écrit que "2/10 des SAS sont installés dans un Bordj définitif, 5/10 des SAS sont dans des installations provisoires satisfaisantes, 3/10 dans des conditions matérielles précaires". Il explique la raison de ces disparités par

---

[11] 5.SAS.45.
[12] A. MAILLARD, 1990, p. 274.
[13] C. HARY, Bouc Bel Air, 14/1/95.
[14] 5.SAS.45.

l'insuffisance de crédits, l'insécurité, l'éloignement des centres ainsi que les difficultés de communication et de transport[15].

Les AA ont progressivement amélioré les conditions de logement des SAS. En mai 1960 le général Partiot annonçait que 270 bordjs avaient été construits sur un effectif de 700 SAS[16]. C'est ainsi que G. Vincent construira un bordj avec bureaux, garage, salle de consultation, appartements pour les attachés et tour de défense[17]. En revanche, des officiers s'opposent à la construction d'un bordj : N. d'Andoque ralentit le projet car il y voit "un gaspillage pour élaborer un symbole"[18]. Tandis que P. Quieffin explique n'avoir jamais construit de bordj car "il y avait des choses plus importantes à faire"[19]. Malgré l'amélioration de l'habitat, les conditions de vie dans une SAS pouvaient être difficiles : "On n'avait pas de dimanche, pas de jour de fête, on vivait comme des troglodytes, comme des sauvages ; il me manquait d'entendre la sonnerie d'un clocher, le bruit des trains sur les rails, le bruit d'une chasse d'eau"[20].

Isolées dans le bled, ces SAS administraient des circonscriptions de tailles très diverses, sur un arrondissement tel celui du Bordj Menaïel, les 10 SAS s'occupaient d'une proportion d'habitants très variée : trois SAS ont moins de 2 000 habitants, une SAS a entre 2 000 et 3 000 habitants, deux SAS ont entre 3 000 et 4 000 habitants, quatre SAS ont entre 9 500 et 17 934 habitants[21], alors même que les moyens octroyés sont relativement proches. De même au niveau de la superficie d'une SAS, celle-ci peut varier de 150 km^2 [22] à 250 km^2 [23], les comparaisons avec des régions sont plus explicites que des

---

[15] I.H. 1096.
[16] *Algérie d'aujourd'hui*, mai 1960.
[17] G. VINCENT, 1988, p. 107.
[18] N. D'ANDOQUE, 1977, p. 62-63.
[19] P. QUIEFFIN, Aix, 26/1/95.
[20] C. HARY, Bouc Bel Air, 14/1/95.
[21] 5.SAS.45.
[22] F-X. de VIVIE, Paris, 10/6/89.
[23] L. GUIFFRAY, 1958, p. 38.

chiffres. Ainsi J. Bollon explique "J'ai été patron d'une région plus grande que la Corse en Kabylie en 1960"[24] ou encore C. Hary "C'était un territoire aussi grand que la moitié du département du Var"[25].

Le territoire d'une SAS pouvait être modifié en raison de l'insécurité ou de l'inaccessibilité, parfois pour de simples raisons administratives : à la commune mixte d'Aïn Boucif (département de Médéa) en juin 1957, deux SAS ont été créées, en août les deux SAS sont fondues en une seule. Fin 1957 une 4e commune est rattachée au trois existantes. Après ces modifications, une SAS située au chef lieu de la commune mixte contrôle 4 communes, soit 40 000 habitants[26].

Une fois l'officier SAS formé et les attachés civils et militaires recrutés, il se verra octroyer deux véhicules, un poste de radio et un budget de fonctionnement annuel de 15 millions d'anciens francs pour accomplir sa mission civile et militaire.

---

[24] P. ROTMAN-B.TAVERNIER, 1992, p. 196.
[25] C. HARY, Bouc Bel Air, 14/1/95.
[26] C. COLLOT, 1987, p. 14.

2. La mission civile des SAS

La mission civile des SAS est très variée puisqu'elle touche autant les domaines de l'administration, de l'assistance sociale, éducative et de l'économie. On peut considérer que la mission administrative est la plus importante, car elle a pour objectif de faire des musulmans des citoyens comme les autres. Cette mission nécessite, à la fois, beaucoup de patience et d'effort dans la mise en place de l'état civil, dans l'intermédiation entre la population et les administrations, dans les contacts avec la population, dans la préparation des élections et la mise en place de délégations spéciales et, plus tard, de maires.

L'officier SAS devait finalement rattraper en quelques années un travail qui avait été ou négligé, ou mal effectué par les administrateurs des communes mixtes.

2.1 La mission administrative

L'officier SAS : Officier d'état civil et intermédiaire des administrations

L'officier SAS dut recommencer tout le travail de l'administrateur pour donner une identité et un minimum de pièces administratives aux populations oubliées du bled, dont les administrateurs n'avaient pu s'occuper par manque de moyens, de personnels ou de convictions.

Les réflexions d'officiers SAS sur trois points du territoire algérien (l'Oranie, la Kabylie, la région de Tebessa à proximité de la frontière tunisienne) nous permettent de mieux saisir les dysfonctionnements de l'administration : C. Pothier explique ainsi "Venu du Maroc, je suis tombé dans un désert administratif.

C'était scandaleux qu'en 130 ans rien n'ait été fait"[1]. La corruption et l'inaction sont les principaux reproches : "En Oranie, non seulement l'administration de Nedroma ne sortait plus, mais elle s'appuyait sur les chaouchs (fonctionnaires subalternes musulmans) pour obtenir des bakchichs de la population. Le résultat de l'administration était qu'un musulman d'une quarantaine d'année n'avait encore jamais vu de blanc !"[2]. Les mécanismes de la corruption sont démontrés "Le système caïdal faisait payer la carte d'identité 500 (anciens) francs et les autres actes d'état civil 200 francs, toutes interventions auprès des autorités étaient payées en fonction du service". L'officier SAS installé, la population paye d'office les actes délivrés "et s'étonne que ceux-ci fussent délivrés gratuitement"[3]. Cette réflexion rejoint celle de F-X. de Vivie, installé dans la région de Tebessa, qui affirme que "L'officier SAS, personne désintéressée, change de l'administration des caïds, des petits fonctionnaires corrompus"[4].

L'officier SAS va remédier à cette situation en recensant la population pour lui donner un certificat de recensement ou des cartes d'identité. Le Bachaga Boualam comprend l'importance de ce travail de recensement à la fois concret et symbolique car "beaucoup ne pouvaient prétendre bénéficier des lois françaises faute de pièces d'identité"[5], il voit dans ce recensement "une grande date historique" car elle permet aux musulmans de "passer de l'état de sujets à celui de citoyens"[6].

Vouloir faire des musulmans des citoyens comme les autres, c'est vouloir donner une identité à tous, c'est à dire connaître le nom, le prénom, la date de naissance de chaque personne. Mais comment adapter des normes européennes à une réalité algérienne beaucoup plus complexe. Les trois conditions

---

[1] C. POTHIER, Marseille, 12/1/95.
[2] C. HARY, Bouc Bel Air, 14/1/95
[3] Y. ROMANETTI - P. SAS, 1961, p. 77 - 78
[4] F-X. DE VIVIE, Paris, 14/6/89
[5] B. BOUALAM, 1963, p. 119
[6] Ibid, p. 120

d'une identité ne sont pas si évidentes pour les musulmans. A. Maillard raconte une opération de recensement où il demande à chaque chef de famille sa filiation, son prénom et le nombre d'enfants. Il rapporte une de ses conversations qui montrent les difficultés du recensement : "Les enfants, combien ? R : Je ne sais pas ! Tu ne sais pas !... tu ne sais pas combien tu as d'enfants. R : Je ne sais pas! Et ces deux là ? C'est toi le père ? R : Oua (oui). Alors, tu as donc des enfants, deux ? C'est tout ? R : Non..." A. Maillard qualifie ce travail de patient, de long et d'ennuyeux et rajoute "Non seulement il faut un certain temps pour obtenir des réponses cohérentes aux questions les plus simples. Mais lorsqu'étaient atteintes les filiations au deuxième et troisième degré, l'affaire prenait l'aspect d'une irritante énigme"[7].

C. Hary rencontre les mêmes problèmes "Nous faisions des recensements mais nous nous heurtions à de nombreux obstacles. La personne était incapable de dire quand elle était née (elle donnait des indications du type : le jour où était tombé la grêle). Tous s'appelaient Mahomet et n'avaient pas de nom de famille, en conséquence tout le monde s'appelait S.N.P (sans nom patronymique). Le certificat de recensement était établi en trois volets : un pour la SAS, un pour l'autorité militaire, un pour la personne"[8]. F. Parisy, attachée dans une SAS du nord Constantinois, se heurte exactement aux mêmes difficultés dans l'établissement d'un fichier de suivi des malades : absence de nom patronymique, tous s'appellent Mahomet, personne ne connaît son âge[9].

Parfois dans les recensements, les femmes pouvaient être volontairement omises par les hommes en raison des coutumes. Un officier SAS qui faisait le tour des mechtas pour le recensement s'aperçoit que "Le père n'avait pas mentionné sa fille quand on avait fait l'inventaire de la famille, la raison en était que dans ce pays jamais personne n'avait déclaré une fille à l'état civil"[10]. L. Guiffray fait la même constatation : lors de

---

[7] A. MAILLARD, 1990, p. 258
[8] C. HARY, Bouc Bel Air, 14/1/95
[9] F. PARISY, 1992, p. 135
[10] J. POUGET, 1983, p. 148

l'inscription de la population sur les listes électorales, il s'aperçoit que les femmes n'ont pas de cartes d'identité[11].

En raison de tous ces dysfonctionnements, on peut comprendre les paroles de C. Pothier : "L'état civil c'était le foutoir"[12]. Le recensement ne demandait pas seulement des indications sur l'état civil des musulmans mais aussi des renseignements économiques, comme le montre l'instruction du général Partiot adressée aux préfets en octobre 1960, concernant les fichiers de population. Chaque famille dispose de deux fiches, la première comporte des renseignements généraux sur la famille et le chef de famille, la deuxième donne des renseignements pour l'identification de la famille (les photos d'identité, le prénom, le nom, le surnom, la filiation, le numéro de carte d'identité) et aussi des informations d'ordre socio-économique (niveau de vie, travail, employeur, lieu et nature du travail, instruction, fraction et douar d'appartenance, empreinte digitale)[13].

A. Maillard donne la précision des renseignements économiques demandés, ainsi les chiffres de feux devaient contenir des indications chiffrées sur le cheptel : "moutons, chèvres, bovidés, équidés, bourricots, dromadaires (...) les questions de troupeaux étaient encore plus complexes à tirer au clair, à traduire en chiffres simples et précis". Il en explique la raison par le désir de paraître toujours plus pauvre, le plaisir de marchander et "l'espoir de truander" et surtout la crainte de voir un jour la feuille d'impôt établie d'après ces déclarations, en conséquence "les chiffres concédés sont automatiquement rétrécis, coupés, diminués... parfois jusqu'à l'invraisemblable". A. Maillard nous donne l'exemple de ce propriétaire prétendant ne posséder que cent moutons et payant quatre bergers, camouflant la disproportion en prétendant garder également ceux de son frère et de son oncle. A. Maillard rapporte la conversation avec un fellah, démontrant la complexité pour obtenir la vérité sur le nombre de bêtes "Combien de chevaux ? R : zéro. Et çà,

---

[11] L. GUIFFRAY, 1959, p. 227
[12] C. POTHIER, Marseille, 12/1/95
[13] 5. SAS 45

regarde ! R : Oh ! Y-en a petit cheval... petit ! ; Et alors, y sera pas grand un jour ? R : Inch'Allah !". A. Maillard explique que "même le plus élémentaire calcul des proportions la révèle évidement comme fausse, mais la main lasse de l'inspecteur inscrit les chiffres écornés"[14], Contrairement à C. Pothier qui explique : "C'était fait sérieusement, on essayait de ne pas se faire avoir par les musulmans qui sous-déclaraient"[15].

Le recensement effectué, malgré les difficultés à obtenir des réponses cohérentes et à adapter l'identité des musulmans aux normes de la métropole, permettait de distribuer des cartes d'identité ou des certificats de recensement et d'obtenir par là les mêmes droits que les citoyens de métropole.

L'officier SAS installait ensuite une annexe de l'administration dans les locaux de la SAS où se réglaient les formalités administratives. L'administration à travers les SAS se rapprochait des populations qui n'avaient plus à aller au siège de la commune rechercher les papiers indispensables. A la SAS de Magerit, la population était à moins de 10 kilomètres de la SAS contre 30 pour le chef-lieu, ce qui explique que "rapidement ce fut la ruée, les secrétaires étaient débordés". Cette SAS effectue essentiellement les formalités suivantes : déclaration de naissance ou de décès, carte d'identité, demande de prêt à la SAP (société agricole de prévoyance) ainsi que les problèmes de terrains, des pensions, des retraites non réglées[16]. De même J-Y. Alquier écrit "Je règle les questions financières, les allocations familiales, la sécurité sociale"[17].

Représentant des administrations, les officiers SAS rédigent les papiers pour celles-ci. Prenons plusieurs exemples d'administrations : Pour la SAP, les officiers SAS rédigent des formulaires très importants concernant des prêts de semences, d'engrais et d'équipements. Pour les anciens combattants, les

---

[14] A. MAILLARD, 1990, p. 258 - 259
[15] C. POTHIER, Marseille, 12/1/95
[16] G. VINCENT, 1988, p. 42 - 43
[17] Ibid, p. 127 - 128

officiers SAS font partout le même constat : "les anciens combattants étaient tous oubliés à la Meskiana : anciens tirailleurs, spahis de l'armée d'Afrique, des campagnes d'Italie et du Rhin"[18] ou encore "les anciens combattants n'ont pas eu de pension depuis 6 ans"[19]. Les officiers SAS ou leurs attachés civils font les démarches administratives pour remédier à cet état de faits, ainsi F. Parisy, attachée médico-sociale à la SAS de Mechta Berra, explique "Je fais un rapide passage à la SAS pour remplir quelques papiers de demande de pension"[20]. Pour l'administration des Eaux et Forêts, la SAS surveille les infractions : charbonnières clandestines, pacages des chèvres[21], quand ce n'est pas, le cas inverse pour protéger les musulmans de cette même administration : "A Aïn El Ibel, un fellah avait coupé un arbre, les Eaux et Forêts ont porté plainte mais celui-ci ne pouvait pas payer l'amende. J'ai fait un rapport au colonel Katz qui a tout arrangé"[22].

La présence d'une SAS permettait de fournir une aide dans les démarches administratives car "Le fellah du bled perdu dans les démarches bureaucratiques, souvent illettré, a des difficultés à rédiger un dossier"[23]. Parfois, l'officier SAS n'est pas toujours apte à répondre aux demandes des musulmans : "Bon nombre de fellahs se présentent avec un papier administratif à la main : convocation, correspondance en retard, attestation diverse... nous constatons souvent notre impuissance"[24].

Etre citoyen français, c'est être aussi astreint à un certain nombre de devoirs, parmi les plus importants, on trouve la conscription et l'impôt.

---

[18] N. D'ANDOQUE, 1977, p. 55
[19] Y. COURRIERE, 1990, II, p. 33 - 34
[20] F. PARISY, 1992, p. 214.
[21] G. VINCENT, 1988, p. 69
[22] P. QUIEFFIN, Aix en Provence, 26/1/95
[23] G. VINCENT, 1988, p. 152
[24] Y. COURRIERE, 1990, II, p. 34 - 37

L'officier SAS représente le bureau du service militaire, en conséquence il transmet les convocations du conseil de révision. A. Tazmalt Ayacha, J-Y. Alquier explique que le nombre de conscrits présents oscille selon les douars entre 70 à 100% "c'est un succès car les absents sont à Paris ou Alger", alors même qu'en 1956, il n'y avait que 40% de présents[25]. L. Guiffray constate seulement deux absences parmi les appelés, absents qui sont passés dans les rangs de l'ALN[26].

L'impôt est la deuxième obligation, mais on peut constater une grande diversité de perception selon les SAS. A. Tazmalt Ayacha, c'est le percepteur qui vient à la SAS pour percevoir l'impôt "L'impôt perçu est supérieur aux années normales"[27]. A la SAS de L. Guiffray, à la frontière tunisienne, c'est la SAS qui transmet les feuilles d'impôt aux douars et perçoit l'impôt (janvier 1958). Certains n'ayant pas payé d'impôt depuis 3 ans, la SAS trouve la solution pour faire payer l'arriéré, alors même que la population vit au jour le jour, de demander le paiement du dixième de la somme due chaque mois[28]. C. Pothier n'a pas le même souci de percevoir l'impôt "On percevait l'impôt, la rentrée était plutôt aléatoire mais le rôle d'imposition n'était pas pour nous quelque chose de majeur. Nous n'avons jamais saisi si la personne ne payait pas"[29].

D'autres comme Y. Combette acceptent mal la perception de l'impôt, ayant fait rouvrir un marché, il s'aperçoit que l'adjudicataire a fait payer la taxe sur les marchandises, que les commerçants avaient eu le courage d'apporter. Il proteste dans un rapport "Au moment où la population commence à sentir peser lourdement les impôts et les exactions des rebelles et, où pour y faire face, elle tend à revenir vers nous, une des activités principales de l'administration (...) est de percevoir l'impôt"[30].

---

[25] J-Y. ALQUIER, 1957, p. 218
[26] L. GUIFFRAY, 1959, p. 129
[27] J-Y. ALQUIER, 1957, p. 229
[28] L. GUIFFRAY, p. 115 - 116
[29] C. POTHIER, Marseille, 12/1/95
[30] Y. COURRIERE, 1990, II, p. 34 -37

D'autres ne protestent pas mais ne perçoivent pas l'impôt. A la SAS du Bordj de l'Agha, les sommes évoluaient entre 10 et 1000 anciens francs, la SAS ne perçoit pas l'impôt[31]. Mais cela pouvait avoir des répercussions pour la SAS, ainsi une SAS qui n'avait pas collecté les impôts directs s'était vu refuser un mandat municipal par le receveur municipal[32].

D'autres SAS, comme celle de C. Hary, n'ont eu aucune consigne pour prélever l'impôt : "Je n'ai jamais perçu l'impôt en trois ans et demi de SAS"[33].

L'ouverture d'une annexe de l'administration et le règlement des problèmes administratifs par l'officier SAS et son personnel ont fait beaucoup dans la reprise du contact avec la population. Mais l'officier SAS est allé beaucoup plus loin dans les relations avec la population que le simple règlement des dysfonctionnements de l'administration.

Les relations avec la population

Les relations avec la population peuvent se résumer en trois domaines différents : "les chicayas" (règlement des disputes, des conflits), les discussions et les fêtes (14 juillet, 11 novembre).

Pour régler les "chicayas", J. Forestier, officier SAS, dut prêter serment devant un juge de paix de Philippeville pour devenir officier de police judiciaire[34]. C'est le seul cas rencontré dans mes recherches d'un officier SAS qui prête serment, en effet comme l'affirme G. Hirtz, sous-préfet de Tebessa, à propos du serment pour être officier de police judiciaire "Tout cela était très théorique, même en cas de crime ou d'affaire grave, c'était l'officier SAS qui faisait le travail soit avec le gendarme, soit avec

---

[31] J. POUGET, 1983, p. 144 - 146
[32] *L'Armée*, juillet-août 1960, p. 2-23
[33] C. HARY, Bouc Bel Air, 14/1/95
[34] A. CARINI, 1993-1994, p. 157

le secrétaire de la commune mixte. Je n'ai pas connu d'officier SAS investi des pouvoirs de police judiciaire"[35].

La plupart des officiers SAS réglaient les "chicayas" sans être investi d'un quelconque pouvoir de police judiciaire.

Les officiers SAS évoquent les genres de litiges qu'ils réglaient : J-Y. Alquier règle un conflit entre deux familles sur une affaire d'évacuation d'eau ou encore le règlement d'une vache achetée pour "l'ordinaire", une pension insuffisante et la réclamation d'un médecin[36], A. Maillard explique "Moutons et femmes sont les motifs principaux de conflits ordinaires"[37]. G. Vincent se souvient d'une telle affluence de fellahs venant non seulement pour des problèmes administratifs mais aussi pour soumettre de vieux litiges, qu'il dut prévoir deux jours par semaine pour régler "les chicayas" pour éviter d'être débordé[38]. Parfois les "chicayas" ne sont pas si nombreuses que cela : "Je réglais les chicayas avant que celles-ci aillent devant le juge, mais celles-ci étaient rares parmi les Kabyles"[39].

Cette autorité des officiers SAS pouvait susciter des convoitises parmi la population pour tenter d'avoir des privilèges. J. Forestier est la cible des convoitises : une file se forme attendant son jugement, les premiers étant les plus chargés d'offrandes. Il réagit en faisant passer une pauvre femme du dernier rang au premier rang et dit "à partir de maintenant, ceux qui m'apporteront un cadeau pour que je m'occupe d'eux seront reçus les derniers et de toute façon, ils remporteront leurs cadeaux"[40]. N. d'Andoque subit les mêmes approches, mais de la part d'un notable, qui lui offre un tapis dans le but d'établir une amitié intéressée entre le chef SAS et lui. N. d'Andoque ne pouvant renvoyer le cadeau, envoie un sujet en bronze beaucoup

---

[35] G. HIRTZ, Luynes, 9/1/95
[36] J-Y. ALQUIER, 1957, p. 94 et p. 189
[37] A. MAILLARD, 1990, p. 216
[38] G. VINCENT, 1988, p. 43
[39] C. POTHIER, Marseille, 12/1/95
[40] A. CARINI, 1993-1994, p. 157

plus cher que le tapis : "Le chef SAS est la cible des tentatives diplomatiques de rapprochement ou d'accordement de la part des féodaux", qui donne un cadeau pour dire : "Je te paye pour que tu me payes"[41].

La discussion avec les populations est la deuxième manière de reprendre contact, J-Y. Alquier discute avec la population à propos des familles, des cultures, des troupeaux, mais il ne dit pas un mot sur le soulèvement : "C'est un sujet encore interdit ; nous l'aborderons plus tard"[42]. J. Pouget, commandant de quartier (circonscription régional militaire), conseille à l'officier SAS Collin : "Vous acceptez tous les sujets de conversations sauf deux formellement interdits : 1° les impôts, 2° la rébellion (...). Il y a des sujets de conversation qu'on aborde pas pour éviter les discussions et les disputes"[43]. Les discussions portent sur les problèmes quotidiens : G. Vincent discute avec les principales familles et demande leurs besoins "Il vit seul au milieu d'eux, parle avec eux de leurs mille problèmes"[44]. C. Pothier explique la raison de ces discussions "nous étions un intermédiaire, une aide pour la vie quotidienne"[45].

La troisième occasion de reprendre contact avec la population était à l'occasion de la célébration de la fête nationale du 14 juillet : A la SAS d'Aïn Chedjra, c'est la population qui demande à organiser un méchoui [46], à la SAS de Lefaa, la SAS et la population organisent ensemble la fête nationale en faisant un méchoui, des danses locales, des jeux collectifs réunissant 200 personnes[47]. A la SAS de Taguine, la commémoration est plus symbolique, puisque ce sont les enfants qui se réunissent pour le

---

[41] N. D'ANDOQUE, 1977, p. 70-80
[42] J-Y. ALQUIER, 1957, p. 112
[43] J. POUGET, 1983, p. 147
[44] G. VINCENT, 1988, p. 41
[45] C. POTHIER, Marseille, 12/1/95
[46] N. D'ANDOQUE, 1977, p. 77
[47] L. GUIFFRAY, 1959, p. 213-215

14 juillet 1959, versant de l'eau de Cologne sur le drapeau et demandant spécialement pour eux la levée des couleurs[48].

Pourtant, malgré la meilleure volonté de l'officier SAS, les fêtes ne sont pas toujours un succès : J-C. Sancan organise une prise d'arme, un concours de tir et une fantasia mais il constate amèrement que la population est absente[49]. Inversement, un officier SAS peut bénéficier d'une telle confiance qu'il peut être invité par la population à des fêtes traditionnelles. N. d'Andoque est invité par l'intermédiaire de ses moghaznis à une Zerda (rémanence païenne très vivace dans le sud Constantinois) organisée par les anciens pour provoquer la pluie, un taureau est égorgé et partagé entre toutes les familles. N. d'Andoque interprète sa présence comme "la preuve la plus éclatante des succès de notre action, le lieutenant chef de la SAS partageait le sacrifice immémorial pour éloigner le malheur. Les chaouias misérables se disent que l'officier qui représente la France était de plain pied avec eux"[50].

Le contact ayant été repris avec la population lors des discussions, des règlement des "chicayas", des fêtes. La population ayant été, de plus, identifiée par les recensements l'officier SAS peut passer au stade suivant, faire du musulman un citoyen en lui donnant le droit de vote et en l'encourageant à prendre des responsabilités municipales.

---

[48] J. TALTAVULL, Paris, 20/6/89 par CDHA
[49] COLLECTIF, 1991, p. 266-276
[50] N. D'ANDOQUE, 1977, p. 104-105

Préparation des élections générales et élections municipales

L'officier SAS est chargé de préparer des élections. Le recensement allait dans ce sens puisqu'il permettait de mettre à jour les listes électorales en y inscrivant d'office les populations recensées.

Pour les scrutins nationaux et cantonaux, les officiers SAS devaient convaincre la population d'aller voter en leur expliquant le sens du vote, ce qui n'allait pas sans difficulté : N. d'Andoque raconte que les élections cantonales n'intéressaient personne hormis quelques notables, il multiplie les tournées pour inciter les populations des douars de voter. Les réponses qu'il obtient sont du genre : "Si tu veux", "Comme tu voudras", "Tu es le chef, tu n'as qu'à commander". Cette tournée de conviction est qualifiée de temps perdu devant l'immaturité politique de la population[51]. A la SAS El Hannser, c'est "l'aspirant de l'action psy (qui) a expliqué plusieurs fois au village comment s'y prendre pour voter"[52]. Dans une autre SAS proche de Kasdir pour le référendum de janvier 1961, le capitaine de la SAS a réuni les chefs de douars pour leur expliquer le sens de la consultation[53].

Le message ne semble pas toujours bien passer au regard de la description du vote par F. Parisy "A chaque femme, il faut expliquer les procédures de vote, pourtant succinctes. Certaines nous donnent leur bulletin à découvert sans passer par l'isoloir, ni utiliser l'enveloppe remise avec le bulletin. D'autres sortent de l'isoloir, triomphantes mais sans le bulletin : elles l'ont précautionneusement glissé sous le papier kraft qui recouvre la tablette de l'isoloir"[54].

Dans le domaine de la préparation et du déroulement des élections, C. Pothier explique "Les listes électorales étaient

---

[51] Ibid, p. 64
[52] F. PARISY, 1992, p. 179-180
[53] A. MAILLARD, 1990, p. 306
[54] F. PARISY, 1992, p. 179-181

préparées avec beaucoup d'attention ; nous étions très pointilleux sur l'inscription, les votes et le transport des urnes. C'était de la haute administration"[55]. Pourtant, les élections ne sont pas toujours organisées innocemment : par exemple l'utilisation de la couleur mauve sur certains bulletins, cette couleur est symbole "du mauvais oeil", on trouve ces bulletins, non seulement aux élections cantonales (le candidat Terronova l'utilise pour les bulletins sans nom)[56], mais aussi au référendum de 1958 comme le signale L. Guiffray qui écrit : "Nombreux sont ceux qui ne veulent prendre que le bulletin blanc car ils votent oui"[57]. Comment faire la distinction dans ces attitudes, de ce qui relève du libre choix politique, de la superstition ou de l'absence de formation sur la manière de voter ?

L'officier SAS, par sa personnalité, et le personnel de la SAS peuvent aussi influencer de manière décisive une élection. A la SAS El Hannser, c'est le maghzen qui fait la propagande de bouche à oreille et rameute les indécis durant les élections au bureau de vote, contribuant à la victoire du candidat Terronova qui remporte 95% des suffrages[58]. A la SAS de Zardezas, selon A. Carini, J. Forestier refuse de soutenir le candidat de l'UNR aux élections cantonales malgré les pressions du responsable politique de l'UNR Tomasini, promettant un galon supérieur ou la légion d'honneur. Il est assigné à résidence durant la campagne électorale, ce sera sa femme, qui par ses affinités avec la population, fera échouer l'élection. "La SAS de Forestier est aussi la seule où un candidat de l'UNR est battu"[59].

Inversement même, lorsqu'il y avait influence de l'officier SAS, celle-ci pouvait complètement échouer "Lors du référendum du 28 septembre 1958, le sous-préfet et la hiérarchie des AA avaient demandé de faire oui. Un drapeau oui à de Gaulle avait été accroché. Nous étions passés dans les douars à l'occasion de

---

[55] C. POTHIER, Marseille, 12/1/95
[56] F. PARISY, 1992, p. 179-181
[57] L. GUIFFRAY, 1959, p. 255-257
[58] F. PARISY, 1992, p. 179-181
[59] A. CARINI, 1993-1994, p. 168-169

l'AMG, des distributions de blé, des séances de cinéma, pour expliquer le sens du vote". C. Hary prévient la sous-préfecture que tout irait bien, cette dernière annonce l'arrivée de deux hélicoptères remplis de journalistes. Le matin de l'élection, le bureau de vote est désert, il fait sortir de force les habitants des maisons, fait éloigner les femmes hurlantes et demande aux personnes âgés de faire la queue devant le bureau de vote, le Cheikh en tête. "Les journalistes arrivent et prennent des photos : le Cheikh et moi d'un côté et de l'autre de l'urne, le Cheikh tenant une enveloppe au dessus de l'urne. Les photos prises, le Cheikh remet l'enveloppe sur le tas de la table et repart..."[60]. Dans ce cas précis, l'officier SAS avait tous les atouts de son côté : le soutien de la sous préfecture et des AA, la conjoncture favorable du 13 Mai, une tournée de conviction appuyée sur une aide alimentaire et médicale. Le résultat est un échec flagrant...

Tous les officiers SAS n'ont pas influencé le vote, tel C. Pothier qui déclare "Je n'ai pas voulu donner la moindre consigne de vote. Il n'y en avait pas non plus de la part du sous-préfet"[61].

Tous ces exemples montrent que l'officier SAS, en raison de sa proximité avec la population et de sa position d'intermédiaire local incontournable, peut influencer ou non les élections avec plus ou moins de succès. Les autorités en sont très conscientes puisqu'elles font appel aux SAS. Les autorités ont voulu trouver des parades dès le référendum janvier 1961, en organisant des réunions d'officiers SAS à la sous-préfecture pour leur demander d'appuyer le point de vue gouvernemental "malgré les incertitudes et les cas de conscience que cela pouvait poser à certains"[62]. Une autre solution consistait à court-circuiter les SAS : Ce fut le cas à la SAS de Chedjra où la sous-préfecture s'adressa directement aux maires, leur assurant qu'un vote convenable de la population leurs vaudrait l'entière responsabilité

---

[60] C. HARY, Bouc Bel Air, 14/1/95
[61] C. POTHIER, Marseille, 12/1/95
[62] G. VINCENT, 1988, p. 236

de leur commune et N. d'Andoque conclut "L'administration avait agi comme si elle avait craint que la SAS fasse voter non"[63].

Comment évaluer dans ces élections libres ou sous pression, avec ou sans influence de l'officier SAS ou de la sous-préfecture, la conscience politique des populations ? Le sous-lieutenant F. Eymard analyse le vote de quatre tribus des Ouled Nails de février à octobre 1960. Sur 100 chefs interrogés, 36 n'ont jamais voté. Sur 64 votants, 32 ont voté sans savoir pour qui et pourquoi, les réponses obtenues de leur part sont : "J'ai voté parce que les autres allaient voter", "On m'a dit d'aller voter", et "Un civil m'a donné un papier, on m'a dit de mettre le papier dans la boîte, j'ai mis le papier dans la boîte". Sur les 32 restant qui ont voté avec conscience : 20 ont voté pour de Gaulle, 8 pour la France, 4 pour le FLN[64].

Si l'on analyse ces résultats, plus d'un tiers n'a pas voté, sans que la raison en soit indiquée : Pas intéressé ? non informé ? pas eu de temps disponible ? éloignement ? Un autre tiers fait preuve d'une immaturité politique complète, soit parce que ces chefs ne font que suivre le mouvement, ou parce qu'ils suivent sans comprendre les mots d'ordre de participation, ce qui expliquerait qu'ils ne puissent dire pour qui ils ont voté. Pour le dernier tiers, comment comprendre la phrase "voter pour la France", est-ce une manière de dire qu'ils ont voté de Gaulle ou une manière subtile de ne pas dévoiler son vote ?

Dans cette même région des Ouled Naïls, P. Quieffin était officier SAS à Djelfa, il raconte : "A la première élection (septembre 1958), la population n'a rien compris. Tout le monde était venu voter. Un fellah était venu à pied parcourant 40 kilomètres. Ayant voté, il vint me voir et me dit: Qu'est-ce que tu me donnes ? Je lui réponds : rien, et qu'il n'avait plus qu'à rentrer chez lui. Il me répondit qu'on ne l'y reprendrait plus!"[65]. Ce "sondage" et cette anecdote montrent parfaitement

---

[63] N. D'ANDOQUE, 1977, p. 123
[64] 1.H.1214 n°1
[65] P. QUIEFFIN, Aix, 26/1/95

l'incompréhension des enjeux nationaux parmi certains fellahs du bled.

En août 1956 et à la fin de l'année 1957, 1 468 communes sont créées. En 1956-1957 toutes les communes sont pourvues d'une délégation spéciale, à la suite du décret du 17 mars 1956 repoussant les élections et mettant en place un régime transitoire constitué de délégations spéciales. Au cas où il serait impossible d'en former, le chef SAS fait office de président de délégation spéciale lorsque l'insécurité règne et que la SAS n'a pas les moyens de protéger la délégation spéciale.

Les témoignages de la part des officiers SAS abondent à propos de l'assassinat des délégations par l'ALN : A la SAS de Pirette "les délégués spéciaux nommés en 1957 avaient été assassinés par les hors-la-loi au lendemain même de leur désignation. Il était impossible d'installer un conseil municipal régulier"[66]. Le lieutenant Lion écrit pareillement "Après la désignation de trois délégations spéciales des trois villages regroupés à Ksar Sbahi : deux sont égorgées au début 1958, une troisième refuse de se réunir"[67]. La situation des délégations spéciales au niveau d'un arrondissement nous est donnée, par le *Parisien Libéré* du 6 avril 1959 "Dans les 26 communes de Fort-National en Kabylie, il y eut 25 assassinats de délégués spéciaux. Les officiers SAS les remplacent comme maire"[68]. Ces trois exemples dans trois lieux différents montrent à trois dates successives (1957, 1958, 1959), que les délégations spéciales sont un échec.

Certains officiers SAS ont tenté de s'opposer à la mise en place de délégations spéciales, en vain : G. Chapuis écrit qu' "il laissera le sous-préfet créer contre son avis des délégations spéciales dont les membres sont immédiatement désignés aux tueurs du FLN et parfois exécutés"[69]. Mais ces exécutions ne

---

[66] Y. ROMANETTI-P.SAS, 1961, p. 87
[67] *L'Armée*, juillet-août 1960, p. 2-23
[68] 1.H.1146
[69] P. PELLISSIER, 1992, p. 262

semblent pas arrêter les autorités dans leurs projets. J-Y. Alquier est convoqué au siège de l'IGAME en janvier 1957 avec d'autres officiers AA, des sous préfets et des administrateurs pour "une réunion de travail présidée par R. Lacoste sur la réforme communale malgré les assassinats de délégués spéciaux"[70]. En revanche, lorsque la pacification est avancée dans une région, la délégation semble fonctionner normalement. J-Y. Alquier constate qu'à 50 kilomètres à l'est de sa SAS, un officier SAS "conseille 4 délégations spéciales élues depuis plusieurs mois et qui gèrent l'intérêt de 4 communes"[71], alors que lui-même est devenu délégué spécial de ses 4 communes suite à l'enlèvement de quelques délégués spéciaux[72].

Le 31 décembre 1957, on comptait 356 officiers qui étaient présidents de délégations spéciales (soit sur un effectif total de 568 officiers SAS en novembre 1957, moins de deux tiers des officiers), ce qui représente le quart des communes d'Algérie. Le 1er juillet 1958, on comptait 261 officiers SAS, présidents de délégations spéciales (soit sur un effectif total de 592 officiers SAS en juillet 1958, moins de la moitié des officiers), ce qui représente le sixième des communes[73]. J. Servier rencontre l'un d'eux qui lui explique que "les villageois sont des citoyens et je ne suis que leur maire provisoire, aussi un peu leur moniteur. Je leur apprends à gérer un budget, à remplir diverses formalités d'une commune. Le conseil municipal n'a pas jugé utile de construire une mairie, le problème de l'eau étant plus urgent !"[74].

Les élections municipales se déroulent le 17 et 25 avril 1959 dans 1 217 communes (sur un total de 1 468 communes). Dans 877 communes, il n'y a qu'une liste. Dans 340 communes, il y a plusieurs listes, mais en général ce sont les membres des délégations spéciales qui sont élus. Les taux de participation oscillent entre 3% dans les Aurès et 98% à Bône, avec une

---

[70] J-Y. ALQUIER, 1957, p. 119
[71] Ibid, p. 242
[72] Ibid, p. 209-210
[73] C. COLLOT, 1987, p. 145
[74] J. SERVIER, 1958, p. 111

moyenne de 63% de participation. En novembre 1960, 57 communes connaissent des élections municipales avec un taux de participation de 49%[75]. Les fiches des 10 SAS du Bordj Menaïel nous donnent des indications sur les élections municipales d'un arrondissement : Une seule SAS ne donne aucune précision sur la municipalité. Sur les 9 SAS restantes (dont une englobe deux municipalités), 4 SAS ont des municipalités élues en mars ou avril 1959, 5 SAS ont des municipalités élues en novembre ou décembre, une SAS a comme projet de créer une municipalité. L'élection d'une municipalité dépend, bien entendu des particularités de chaque commune, puisque la SAS d'Horace Vernet a une municipalité élue le 25 avril 1959 et une autre élue le 27 novembre 1960.

La présence d'une mairie indépendante des locaux de la SAS est le symbole de l'autonomie de la mairie envers la SAS. Sur les 11 municipalités des 10 SAS, 9 sont dans des bâtiments en dur, une a ses locaux dans la SAS, tandis qu'une mairie est en construction[76]. Le 31 décembre 1960, 600 mairies ont été construites par les SAS sur 1 156 nouvelles communes[77]. La présence de nouvelles mairies est-elle suffisante ? Les élections de nouvelles municipalités ayant été effectuées, quelles seront les relations entre les maires, nouveaux pouvoirs municipaux, avec les officiers SAS, anciens pouvoirs locaux toujours en place ?

Les relations avec les maires

Les nouvelles élections ont eu des conséquences très diverses selon les SAS. Dans le Zorg, elles se sont faites au détriment de l'officier SAS : "L'administration avait supprimé la délégation spéciale contre l'avis de la population du douar (...) cette élection avait eu lieu sur ordre, la sous-préfecture avait monté une liste de commande"[78]. C. Hary lui, au contraire, explique "Nous n'avons jamais eu des instructions pour trouver à

---

[75] C.COLLOT, 1987, p. 151-152
[76] 5.SAS.45
[77] C. COLLOT, 1987, p. 157
[78] N. D'ANDOQUE, 1977, p. 109

tout prix des municipalités ; il n'était pas question de trouver des kamikazes"[79].

Les officiers SAS vont devoir former les nouvelles municipalités. A la SAS de Magerit la municipalité, composée selon la représentation numérique de chaque fraction, est formée par l'officier SAS : il explique le fonctionnement d'une commune de plein exercice, mais constate "Les mécanismes administratifs n'étaient pas faciles à expliquer"[80]. C. Pothier évoque "Le maire de Cap Djinet qui venait quotidiennement à la SAS pour apprendre son métier et signer les papiers nécessitant sa signature, l'officier SAS expliquait et commentait les papiers"[81]. R. Vermant écrit pourtant que la tutelle "était une des tâches la plus délicate car il n'y a guère de distance entre le conseil et le paternalisme (même éclairé) !"[82].

Les maires élus étaient de différentes qualités, N. d'Andoque décrit les quatre maires de ses communes. A Rahia, le maire était un jeune musulman très capable mais très paresseux. Le maire de Bir Bahir Chergui, incompétent notoire, traînait constamment dans les cafés et dédaignait l'administration : "il dilapide le budget en passant des marchés fantaisistes". La mairie du Zorg était administrée par un délégué spécial et fonctionnait normalement. La commune du Guern Ahmar avait un conseil municipal en conflit avec le premier adjoint[83]. A la SAS Oum Djerane A. Maillard nous livre ses réflexions alors qu'il est dans un méchoui assis à côté d'un riche propriétaire, intelligent et évolué, et du maire, analphabète et "chicayeur" : "Mais pourquoi n'est ce point le premier que nous avons comme maire, la réponse est évidente : sans doute ne l'a-t-il pas voulu, pas fou !"[84].

---

[79] C. HARY, Bouc Bel Air, 14/1/95
[80] G. VINCENT, 1988, p. 197-201
[81] C. POTHIER, Marseille, 12/1/95
[82] R. VERMANT, Carnoux-en-Provence, 10/2/95
[83] N. D'ANDOQUE, 1977, p. 82-84
[84] A. MAILLARD, 1990, p. 287

Les maires pouvaient être aussi des membres du FLN, C. Pothier explique "C'était une administration positive même si le maire fréquentait le FLN"[85], même constatation de C. Hary : "Officiellement nos relations étaient très bonnes. Certains jouaient sur les deux tableaux. Il était très facile de se faire assassiner ; ceux qui étaient vivants s'étaient dédouanés vis à vis du FLN"[86].

Comment pouvait se réaliser l'équilibre entre le maire nouvellement élu et l'officier SAS, ancien administrateur de la commune ? Le décret du 4 septembre 1959 se veut la législation qui établi l'harmonie entre les autorités locales : L'officier SAS devient "le représentant du sous-préfet (...), il doit faciliter aux maires l'exercice de leurs attributions, recueillir et coordonner les propositions de développement économique et social de la commune et veiller à sa mise en oeuvre". Le décret demandait à la SAS de "permettre le libre exercice des libertés communales" alors même que "Le chef SAS est le véritable chef de la commune"[87]. En effet dès la fin des élections d'avril 1959, les conflits entre les officiers SAS et les maires s'exacerbent dans les domaines mêmes où le décret voulait légiférer : les problèmes de pouvoir et de prééminence politique. Le décret, par son imprécision, ne satisfait personne...

Le 11 septembre 1959, le conflit obtient "une visibilité médiatique", *Le Monde* reproduit une lettre d'un maire de la région de Cherchell qui conteste le décret du 4 septembre car il y voit "une tutelle directe des officiers-chefs de SAS sous prétexte de coordination" et poursuit "entre nos tuteurs légaux que sont les sous-préfets et nous, vont maintenant s'interposer des officiers, dont les pouvoirs de police sont trop connus". Ce maire considère que le décret transforme l'officier SAS en commissaire de police exerçant les pouvoirs de tutelle sur la commune, et limite donc les pouvoirs municipaux. Il perçoit dans cette situation pour l'avenir "des maires aux rabais ou des demi-

---

[85] C. POTHIER, Marseille, 12/1/95
[86] C. HARY, Bouc Bel Air, 14/1/95
[87] C. COLLOT, 1987, p. 159

maires"[88]. Cette réflexion rejoint celle de C. Pothier : "Le maire musulman était une potiche, cela faisait bien dans le décor"[89].

Pourtant, même si le décret peut être considéré par le maire comme une perte de ses prérogatives, il peut être utilisé par le maire pour paralyser l'action de l'officier SAS. N. d'Andoque explique en effet : "La tutelle censée s'exercer sur les nouvelles communes était illusoire, faute de moyens pour l'imposer, n'ayant ni obligation, ni sanction pour faire imposer de nouvelles options", le résultat se traduit par un pouvoir de contrôle inefficace, une perte de temps, une multiplication des erreurs de la part des maires, une stimulation continue mais stérile des maires et le détournement des aides et des subventions[90].

Il ne faut pourtant pas généraliser les conflits entre l'officier SAS et le maire, car les contre-exemples abondent : le 23 septembre, *Le Monde* reproduit en réponse à la lettre du 11 septembre deux lettres. L'une provient de A. Bekhadi, maire et sénateur de Beni Mendis, qui écrit n'avoir pas eu connaissance de la moindre tentative d'un chef SAS voulant imposer une tutelle à un maire. Parlant de sa propre expérience, il écrit que l'officier SAS s'est toujours ingénié à lui "faciliter la tâche, à en multiplier l'efficacité au bénéfice des administrés. Jamais les agissements, les actions, les comportements du chef SAS n'ont été considérés comme les manifestations d'un super policier", de plus l'attachement de la population à l'officier SAS s'est concrétisé par la demande du maintien des officiers SAS à l'occasion des relèves, par des pétitions.

La deuxième lettre est celle d'un officier, chef de SAS depuis 4 ans, expliquant qu'il a "eu comme but de faire des municipalités de SAS des municipalités à part entière", il lance cet appel "donnez nous la preuve de votre aptitude à gérer vos affaires communales sans l'aide des chefs de SAS et ceux-ci seront les premiers à vous applaudir" et il termine par cette phrase

---

[88] *Le Monde*, 11 septembre 1959, p. 3
[89] C. POTHIER, Marseille, 12/1/95
[90] N. D'ANDOQUE, 1977, p. 81-121

"Nous ne sommes ni des commissaires de police, ni des militaires opérationnels. Nous sommes autre chose"[91].

L'aide aux municipalités semble être une mission importante, comme le signalent les officiers SAS : "l'officier AA est tantôt transformé en homme à tout faire, tantôt en adjoint au maire, quand ce n'est pas en secrétaire de mairie"[92]. C. Hary résume son action dans la gestion communale : "La SAS faisait tout"[93] ou encore C. Pothier évoquant les TIC (travaux d'intérêt communal) : "Il n'y avait pas de divergences fondamentales entre le maire et l'officier SAS sur les travaux à effectuer, il y avait accord parfait"[94]. A. Maillard fait le même constat : "Nous étions bien perçu par le maire musulman, il y avait accord mutuel. Il nous considérait comme des délégués efficaces"[95]. Lui-même fut soutenu par la population qui, par deux fois, s'opposa à sa mutation par des pétitions[96].

La mission de faire naître une troisième force composée de musulmans "fidèles", de susciter des élites que l'on formerait doucement, tranquillement jusqu'à leur confier la gestion et la direction politique, sorte de "nouvel évangile des SAS"[97], a-t-elle réussie ?

Le professeur de droit C. Collot affirme que la réforme communale dans les conditions où elle fut faite a échoué : "La réforme vient top tôt dans les campagnes qui n'y sont pas préparées, qui n'ont pas les cadres administratifs et techniques"[98]. Les officiers SAS pouvaient-ils en quelques années rattraper une situation de 130 ans qui consistait à exclure les musulmans de toute participation politique et surtout de toute

---

[91] *Le Monde*, 23 septembre 1959
[92] Y. ROMANETTI-P.SAS, 1961, p. 172
[93] C. HARY, Bouc Bel Air, 14/1/95
[94] C. POTHIER, Marseille, 12/1/95
[95] A. MAILLARD, Paris, 11/10/94
[96] A. MAILLARD, 1990, p. 310-316
[97] Y. COURRIERE, 1990, 2, p. 593
[98] C. COLLOT, 1987, p. 161

instruction. Les officiers SAS ont, dans certains cas, réussi à impliquer et motiver les maires, dans d'autres cas, ils ont échoué par manque de responsabilité des élus, par l'ignorance de la gestion communale mais surtout par la violence du FLN. C'est ce que constate A. Maillard : "Ce que nous n'avons pas su faire en fait de développement et de formation d'une élite locale responsable depuis 50 ans (en référence au statut de 1947), le FLN le fait et le fera demain"[99]. Mais peut on reprocher aux officiers SAS d'avoir au moins essayé ?

---

[99] A. MAILLARD, 1990, p. 287

2.2 La mission sociale et éducative

Les SAS avaient une mission socio-éducative importante : Faire accéder les musulmans du bled au même niveau de développement que la métropole, c'était ainsi leur permettre de profiter des progrès de la métropole et les faire bénéficier d'une aide médicale gratuite (AMG). C'était profiter de la solidarité nationale en leur procurant des vivres et des vêtements pour les nécessiteux ou les plus misérables. C'était permettre l'ascension sociale des musulmans en leur permettant d'accéder à la scolarisation. Et finalement, promouvoir l'évolution de la femme, c'était promouvoir l'évolution à long terme de leur mari et de leurs enfants.

N. d'Andoque écrit : "Pour ne pas décevoir le douar, il fallait coller aux tâches les plus discrètes et les moins ostentatoires, celles qui demandent un minimum de moyens mais qui étaient loin d'être moins inefficaces : la scolarisation et l'AMG"[1].

L'AMG

Les SAS, installées dans les campagnes, sont au contact avec des populations abandonnées qui n'ont jamais vu de médecin, dans certains cas depuis quelques années : "Nous étions un précurseur dans la région. Rien n'avait encore réellement été fait dans ce sens" écrit le docteur Mérignargues[2], ou encore "Au début de l'AMG, les douars n'avaient jamais vu ni un médecin, ni un infirmier"[3].

Les SAS tombent dans un vide sanitaire sans avoir obligatoirement les moyens immédiats d'y remédier, ainsi

---

[1] N. D'ANDOQUE, 1977, p. 59
[2] G. MERIGNARGUES, 1957-1958, p. 20
[3] N. D'ANDOQUE, 1977, 1977, p. 59

L. Guiffray explique "les SAS nouvellement créées ne possèdent ni médecin, ni infirmier, peu de médicaments"[4]. En effet, la SAS ne dispose pas en propre de moyens médicaux, la SAS ne fait normalement que coordonner un ensemble de moyens matériels et humains pour l'adapter aux réalités du terrain : "La SAS n'avait pas d'infrastructure d'AMG, tout était supporté par l'armée ainsi que par les ASSRA. Les SAS devaient demander à l'armée une équipe AMG"[5], de même toute action de l'AMG "dut donc s'intégrer à cette époque (...) dans le cadre administratif d'une SAS"[6]

Une antenne fixe est généralement installée dans la SAS et, si les moyens le permettent, une AMG itinérante est mise en place. Ainsi l'AMG itinérante de la SAS d'Aïn Chedjra est composée de camions et de conducteurs mis à disposition par la compagnie militaire d'Aïn Beida, l'infirmier est détaché par l'infrastructure médicale de la Meskiana tandis que l'interprétariat et la protection sont assurés par la SAS[7].

Les populations affluent en général à l'AMG : A la SAS Aïn Chedjra, 130 malades sont traités en un jour[8]. *Le Monde* signale en mai 1956, 80 consultations par jour à une SAS, indiquant même que certains viennent de plus de 20 à 30 kilomètres[9]. A la SAS de Magerit "Certains mois le nombre de consultations dépasse les 600"[10].

L'affluence des musulmans montre les besoins sanitaires de ces populations, alors même que les moyens médicaux peuvent évoluer d'une SAS à l'autre. Le local de l'AMG de la SAS peut être inexistant : "L'aide médicale fonctionne mais elle s'arrête en

---

[4] L. GUIFFRAY, 1959, p. 34
[5] C. HARY, Bouc Bel Air, 14/1/95
[6] G. MERIGNARGUES, 1957-1958, p. 29
[7] N. D'ANDOQUE, 1977, p.60
[8] Ibid, p. 60
[9] *Le Monde*, 4 mai 1956
[10] G. VINCENT, 1988, p. 151

hiver car le dur climat empêche tout travail sous la tente"[11]. A la SAS d'El Hannser, à ses débuts "L'AMG est une baraque en parpaings à peine terminée"[12], alors qu'à Tazmalt Ayacha "l'AMG est de grand luxe : douche, frigidaire, salon, bureau bien meublé"[13]. Si l'on observe la situation au niveau de l'arrondissement du Bordj Menaïel en 1961, on peut constater que les 10 SAS ont soit un service de santé soit une infirmerie. 4 SAS ont deux locaux de soins tandis qu'une SAS a même six infirmeries[14].

Les conditions matérielles d'exercice de l'AMG vont poser problème à de nombreuses SAS : F. Parisy décrit les trois SAS où elle exerça comme assistante médico-sociale, à El Milia "Nous travaillons sur le tas, précairement, impossible de faire autrement : nous ne disposons ni de laboratoire, ni de centre d'observation". A Mechta Berra "Ici ni eau courante, ni évier, ni armoire. Seules des caisses où sont stockés les médicaments, dans un coin, une table petite et bancale, avec quelques bocaux". A El Hannser, le médecin proteste contre le vide sanitaire et obtient un bureau, une table d'examen et tous les médicaments demandés, même les plus spécialisés[15].

Un autre problème, auquel vont se heurter les officiers SAS, est la pénurie de médecins. Les officiers SAS vont alors trouver diverses solutions pour y remédier, en général en utilisant du personnel médical non formé, ou en recrutant des médecins payés comme des moghaznis fictifs, dans le seul objectif d'assurer l'AMG : N. d'Andoque fait appel à un ami médecin pour assurer l'AMG[16]. G. Vincent utilise un moghazni comme infirmier[17], tandis que la SAS de A. Maillard utilisait un civil payé comme moghazni fictif, qui sera remplacé par un infirmier

---

[11] Y. COURRIERE, 1990, 2, p. 33-37
[12] F. PARISY, 1992, p. 131-132
[13] J-Y. ALQUIER, 1957, p. 26
[14] 5.SAS.45
[15] F. PARISY, 1992, p. 114, p. 206, p. 131-132
[16] N. D'ANDOQUE, 1977, p. 65
[17] G. VINCENT, 1988, p. 53

inexpérimenté qui se formera à la SAS[18]. Mais il ne faut pas généraliser le problème, ainsi sur l'arrondissement du Bordj Menaïel en 1961, sur les 10 SAS, seule une SAS n'a pas de médecin, dans les 9 autres SAS c'est un médecin militaire qui assure en général l'AMG[19].

L'officier SAS est donc obligé de se débrouiller par lui-même pour assurer la continuité de sa mission en utilisant des artifices budgétaires, en faisant appel à ses connaissances ou plus généralement en se plaignant de la situation auprès des autorités compétentes par des rapports.

Les chiffres des consultations médicales ne doivent pas faire oublier le poids des mentalités, qui peuvent se manifester par une totale incompréhension, comme l'explique la femme de J. Bollon : "Vous vous rendez compte que dans le bled de mon mari, ils ne savaient pas ce qu'était un savon. La première fois qu'on leur en a donné un, ils l'ont mangé"[20], ou encore la croyance en la supériorité d'une thérapie: "Il y a parmi les Arabes, un extraordinaire engouement pour les piqûres à tel point que les toubibs de l'AMG les font souvent sans utilité, de guerre lasse, pour avoir la paix et faire plaisir au malade. Dans leur esprit, la piqûre est la thérapie souveraine contre n'importe quoi"[21]. Inversement des thérapies peuvent susciter la méfiance : "Un vieillard meurt du paludisme, sa femme n'a pas eu confiance et n'a pas donné les cachets"[22].

L'établissement même du diagnostic est difficile, les patients disent qu'ils ont mal partout et lorsque le médecin demande d'énoncer un organe, ils répondent : besif (partout). Même l'auscultation est difficile, il est en effet impossible de

---

[18] A. MAILLARD, 1990, p. 275-276
[19] 5.SAS.45
[20] P. ROTMAN-B.TAVERNIER, 1992, p. 198
[21] A. MAILLARD, 1990, p. 250
[22] L. GUIFFRAY, 1959, p. 51-52

demander à une patiente de se déshabiller, l'auscultation se fait alors à travers les vêtements[23].

Un de ces problèmes peut être présent individuellement dans une SAS. Ils peuvent, en revanche, être tous présents au sein d'une SAS. C'est le cas pour la SAS de Wagram (ELA Saïda), où le docteur Mérignargues exerce de mai 1956 à juillet 1957. Il s'occupe des consultations trois fois par semaine à Wagram avec "du matériel varié, abondant, suffisant, des moyens de traitements limités, mais étendus (plus de 150 variétés de médicaments)". Pour l'AMG itinérante, les moyens sont plus modestes, il ne dispose en effet que d'un camion de transport blindé. Il aura "examiné et traité 5 500 malades dont 3 500 au seul dispensaire de Wagram".

Le docteur Mérignargues évoque les problèmes auxquels il s'est heurté : en premier lieu, les consultations inutiles pour des pseudo-malades qui viennent rechercher un réconfort, ou par simple curiosité quand ce n'est pas par oisiveté ou par amour immodéré des injections. La deuxième entrave est le problème de la langue : Malgré la présence d'un interprète, il lui était impossible d'obtenir des explications précises sur les symptômes. Ce qui fut la source de nombreuses erreurs de diagnostic. La troisième entrave fut l'absence d'infirmier, l'obligeant à effectuer lui même les soins courants.

Une autre entrave est l'étendue du territoire, qui s'étend sur un rayon de 30 à 50 kilomètres regroupant 20 à 30.000 habitants, réduisant l'AMG itinérante à un "traitement unique, non surveillé, insuffisant et inutile", qu'il qualifie "de parades médico-administratives, de démonstrations, d'illusions, moyens d'enregistrer les pulsions politiques". La cinquième entrave est la difficulté matérielle des sorties médicales (chaleur excessive, hiver rigoureux, incident mécanique) et les mauvaises conditions de consultations (à la lueur des bougies ou d'un feu, dans des tentes ou des écoles détruites). La dernière entrave est l'isolement intellectuel et professionnel (absence d'organisation sanitaire à

---

[23] F. PARISY, 1992, p. 136

Saïda, absence de revue sur les pathologies) ainsi que l'insécurité.

Malgré les obstacles cités, le docteur Mérignargues a pu soigner un certain nombre de pathologies : des affections ophtalmologiques, dermatologiques, gastro-antérologiques, vénériennes, des maladies infectieuses (coqueluche, rougeole), des aspects de chirurgie et d'obstétrique, ainsi que des états névropathiques liés à la guerre. Il conclut : "Le terrain souvent vierge de médicaments a permis d'aboutir à certains résultats pratiques et concrets"[24]. M-H. Warnery, infirmière à la SAS de la Baraque (ELA Aumale), indique sensiblement les mêmes pathologies: "Nous traitions au printemps essentiellement les épidémies, en général nous avions des malades ophtalmologiques (trachomes), des brûlures, des traumatismes et de la petite chirurgie"[25].

L'AMG permet aussi d'inculquer les principes élémentaires de l'hygiène, que ce soit par le savon : F. Parisy demande aux enfants de laver régulièrement leurs vêtements "Ils viennent demander le savon à l'AMG et le rapportent après utilisation"[26], ou encore en organisant des séances de douches pour les enfants, les femmes et les hommes[27], et en menant des opérations de désinfection antipoux[28].

Au niveau de l'Algérie, le plan de Constantine a permis de donner une nouvelle impulsion à l'AMG, d'atteindre des chiffres impressionnants : 700 médecins militaires ont fait passer les consultations de 12 millions d'unités en 1956 à 16,7 millions en 1959[29]. Les chiffres cités concernent l'ensemble de l'effort médical réalisé par les compagnies militaires, les EMSI et les SAS, mais ils donnent une idée de l'effort réalisé... Pourtant ils

---

[24] G. MERIGNARGUES, 1957-1958, p. 18-31 et p. 69
[25] M-H et D. WARNERY, Marseille, 8/2/95
[26] F. PARISY, 1992, p. 162
[27] Ibid, p. 247-248
[28] Ibid, p.272
[29] 1.H.1106

reflètent imparfaitement la réalité car derrière le mot de consultation, on trouve une grande diversité de soins : de la piqûre au liquide physiologique (répondant plus aux désirs de la population qu'a un réel besoin), au comprimé d'aspirine, en passant par la désinfection d'une plaie, un accouchement, quand ce n'est pas une évacuation sanitaire par hélicoptère sur un hôpital.

Mais derrière l'AMG ne se profile-t-il pas le désir de rallier la population? Deux vues antagonistes s'affrontent, celle de N. d'Andoque qui écrit "La politique et la santé sont bien séparées, il n'y a aucun risque à accepter les soins de la France"[30], et celle de J. Bollon : "Quand ils ont vu le savon, l'hygiène, quand ils ont vu qu'on les soignait, qu'on leur faisait la piquouse pour avoir des enfants, ils étaient vraiment d'accord avec nous, pour vivre avec nous"[31]. L'ambiguïté de l'AMG est totale dans ses objectifs : soigner les populations ou les rallier à la France. L'antagonisme existe mais on peut y trouver aussi une certaine complémentarité.

L'aide aux indigents

N. d'Andoque résume les préoccupations des officiers SAS à l'égard des indigents dans cette phrase : "La misère était notre premier souci et devait tenir ce rang jusqu'à la fin"[32]. En effet la population pouvait être très pauvre, C. Pothier parle d'une population indigente à 80% pour sa circonscription[33]. Le soulèvement et les regroupements organisés par l'armée sont responsables de la paupérisation de la population en leur faisant perdre les maigres terres et troupeaux qu'elle possédait. La SAS avec les moyens qui lui étaient octroyés ne pouvait pas résoudre durablement la situation.

---

[30] N. D'ANDOQUE, 1977, p. 117
[31] P. ROTMAN-B.TAVERNIER, 1992, p. 197
[32] N. D'ANDOQUE, 1977, p. 95
[33] C. POTHIER, Marseille, 12/1/95

Un témoignage provenant du nord Constantinois (aussi signalé par A. Maillard dans le sud oranais) nous donne la mesure de la situation : F. Parisy décrit l'antenne SAS de Maarka : "Une centaine de musulmans dans un délabrement humain total. Les adultes se terrent autour des canours (foyers creusés à même le sol), les enfants en haillons entortillés dans de vieux sacs à pommes de terre mendiant quelques besognes auprès des soldats"[34].

Les officiers SAS tentent de réagir contre ces situations en faisant des distributions de farine, de lait concentré, de bons de céréales, de vêtements. Mais cela ne suffit souvent pas, ainsi suite à l'action pacificatrice de Y. Combette, celle-ci "provoque l'arrivée de 4.000 réfugiés qui multiplie par cinq la population, on lui promet une subvention de 500.000 anciens francs pour les faire vivre soit 725 francs par personne (la somme serait plutôt 125 francs, c'est à dire 500.000 divisés par 4.000), somme qui n'est pas arrivée"[35]. La presse dénonce l'insuffisance de cette aide, ainsi *Le Monde* du 24 juillet 1959 écrit: "La population est uniquement nourrie de semoule par allocation distribuée par l'administration. Chacun des regroupés reçoit environ 120 grammes de semoule par jour. Le maire et le chef SAS aimeraient porter la ration journalière à 150 grammes mais ils ne le peuvent sans risquer la disette"[36].

Dans les deux cas cités, la volonté des officiers SAS et de leurs personnels n'est pas suffisante pour obtenir, de la part des autorités, davantage de moyens pour la population, alors certains officiers trouvent par eux-mêmes des solutions : J. Forestier n'hésite pas à inventer quelques ouvriers fictifs pour accroître les ressources distribuées à ses gens[37]. F. Parisy et l'officier SAS Dupuis mobilisent, de leur côté, leurs familles respectives. Comme cette aide est encore insuffisante F. Parisy n'hésite pas

---

[34] F. PARISY, 1992, p. 161
[35] Y. COURRIERE, 1990, 2, p. 36-37
[36] *Le Monde*, 24 juillet 1959
[37] A. CARINI, 1993-1994, p. 154

à rencontrer le sous-préfet qui débloque des crédits d'urgence[38]. J. Bollon trouve la solution de faire parrainer les 18 villages de son secteur par 11 communes de l'Isère, tandis que sa femme s'active à récolter des vêtements, des médicaments et des vivres[39].

Les populations regroupées sont tirées de la misère, mais tomberont progressivement dans l'assistanat. A. Maillard évoque cette dérive : "On me contraint à faire des distributions de farine aux attributaires du chantier rural : un sac de 50 kilos pour quatre, je suis contre ces gratuités, elles sont antiéducatives pour le sens du travail et de la dignité"[40]. Les conséquences de l'assistanat sont aussi remarquées par un haut fonctionnaire qui, dans un rapport sur les camps de regroupements, reproduit par *Témoignage chrétien* de juin 1959, écrit : "Atteints dans leurs revenus, les fellahs le sont aussi dans leur dignité. Ils sont placés vis-à-vis du commandement et du chef de SAS dans un état de dépendance totale"[41].

Cette charité spontanée devient progressivement organisée par les autorités transformant l'aide ponctuelle en assistanat. L'officier SAS est placé dans une position délicate : entre son désir de secourir les populations et d'éviter de les faire tomber dans l'assistanat ; mais lorsque les populations sont regroupées et donc privées de tout revenu, l'équilibre n'est plus possible... De plus, les moyens octroyés pouvaient sensiblement différer d'une SAS à l'autre : Un officier SAS distribue aux familles des paquets de semoule et de tissu, le lendemain il retrouve ses paquets alignés à droite et à gauche de la piste devant chez lui, les paysans n'en avaient pas voulu[42]. Dans ce cas, l'officier SAS dispose de moyens alimentaires et vestimentaires dont les populations n'ont pas besoin. Le cas inverse existe, comme l'écrit N. d'Andoque : "Jamais les secours dont nous disposions

---

[38] F. PARISY, 1992, p. 230
[39] P. ROTMAN-B.TAVERNIER, 1992, p. 198
[40] A. MAILLARD, 1990, p. 291
[41] 1.H.2485
[42] J. SERVIER, 1958, p. 68

ne nous permirent d'aller beaucoup plus loin que le maintien de la population au niveau minimum de l'équilibre vital"[43]. L'officier SAS ne peut que jongler entre des moyens surabondants ou insuffisants et des besoins inversement proportionnels...

La scolarisation

Lorsque les SAS sont mises en place, elles trouvent une situation désastreuse dans le domaine de la scolarisation : Alors qu'en 1954, seuls 15% des enfants du bled étaient scolarisés, le soulèvement porta un coup à l'infrastructure scolaire en détruisant les locaux et en faisant fuir le corps professoral[44].

La SAS doit recommencer la scolarisation d'"ex nihilo". Elle dispose pour cela de crédits pour construire ou reconstruire des écoles, tandis que la compagnie militaire à proximité lui fournit des instituteurs, et que le matériel scolaire est fourni par la sous-préfecture. La SAS se retrouve donc coordinatrice d'un certain nombre de moyen pour mettre en place la scolarisation, comme dans le cadre de l'AMG.

R. Vermant adopte le dispositif suivant : "construction et aménagement d'un local (crédits municipaux, travaux d'intérêts communaux, crédits militaires), équipement (système D), scolarisation soit avec un militaire, une épouse de militaire ou des bénévoles, compte-rendu à l'académie en demandant l'officialisation des lieux et des postes"[45]. M. Conejero profite "de la construction du gazoduc en direction d'Arzew pour faire niveler avec le matériel des ingénieurs 9 emplacements. Le nivellement a permis de faire accélérer les choses et de coûter moins cher. J'en ai profité pour faire construire sur les

---

[43] N. D'ANDOQUE, 1977, p. 99
[44] *Historia Magazine*, n°227, spécial Algérie
[45] R. VERMANT, Carnoux, 10/2/95

emplacements sept écoles de 14 ou 15 classes permettant de scolariser 350 enfants"[46].

Mais toutes les SAS n'ont pas les moyens matériels pour établir des locaux viables : G. Vincent écrit que plusieurs classes ont été construites dans des conditions précaires dans "de vieilles bâtisses, tentes militaires et locaux quelconques"[47]. Dans la SAS de Y. Combette "une école militaire fonctionnant en plein air, les soldats y donnaient des cours, l'hiver venu interrompt les leçons des 160 enfants car aucun local n'avait été prévu dans le plan de pacification du secteur"[48]. N. d'Andoque voudrait aussi étendre la scolarisation, mais faute de moyens de transport les enfants ne fréquentent pas l'école. Il demande donc l'attribution de carburant supplémentaire pour assurer le transport, les crédits ne seront pas accordés[49]. Ainsi les mauvaises conditions de scolarisation étaient dues à la fois à l'urgence de scolariser les enfants et aux imprévoyances matérielles.

Le personnel enseignant était fourni en général par la compagnie militaire basée à proximité de la SAS : A la SAS de Magerit, "l'enseignement est assuré actuellement par deux instituteurs militaires du contingent"[50]. Lorsqu'aucune compagnie militaire n'est présente à côté de la SAS, l'officier SAS choisit l'instituteur parmi son personnel. M. Conejero explique "A la SAS de Noisy, six métropolitains m'avaient été affectés pour la protection, critiquant l'armée et la SAS. Je les réunis et leur dis qu'ils pouvaient se rendre utiles et efficaces. Je leur montre six endroits, des classes sans professeurs et je leur propose : Si vous voulez être utiles, j'ai besoin d'instituteurs. Ils acceptent. Je leur fournis alors des vélos. Ils se sont radicalement transformés" [51].

---

[46] M. CONEJERO, Martigues, 2/2/95
[47] G. VINCENT, 1988, p. 18-19
[48] Y. COURRIERE, 1990, 2, p. 34-37
[49] N. D'ANDOQUE, 1977, p. 55-65
[50] G. VINCENT, 1988, p. 214
[51] M. CONEJERO, Martigues, 2/2/95

C. Hary a plutôt utilisé "un personnel féminin enseignant, c'était en général des femmes de colons. Elles dépendaient de la SAS"[52]

Si l'on regarde la situation du personnel enseignant au niveau de l'arrondissement du Bordj Menaïel, chaque SAS a, au minimum, une école : Sur les 10 SAS, 5 SAS ont moins de 4 écoles. On compte sur l'arrondissement 50 écoles, les instituteurs civils dominent, ils sont au nombre de 56, on compte 29 instituteurs militaires et 3 instituteurs de la SAS[53].

Une grande proportion d'instituteurs civils permet une stabilité dans la scolarisation, alors même qu'un recrutement exclusivement militaire peut arrêter brutalement la scolarisation au cas où une compagnie est déplacée, ce fut le cas à la SAS d'Aïn Chedjra, où le départ du 67ᵉ B.I provoque la fermeture de 3 écoles[54]. De plus, le problème de formation ne se trouve pas chez les instituteurs civils formés par l'académie, alors qu'il se pose pour les instituteurs issus de la SAS : J. Taltavull, instituteur à la SAS de Taguine, explique qu'il n'avait pas eu de formation, mais qu'il avait une disposition psychologique pour s'occuper des enfants. Il n'a eu ni inspection, ni note sur son travail, ni encadrement, il dépendait uniquement de l'autorité militaire et non de l'inspection académique[55].

Les conditions d'enseignement sont adaptées au grand nombre : J. Taltavull faisait trois classes en même temps aux 50 enfants, les uns font la lecture, les autres l'écriture, les derniers l'arithmétique. Il donnait des cours de français, de mathématique, d'histoire, des dictées et de l'instruction civique. Le matin, il faisait cours pour 50 garçons, l'après-midi pour 50 filles[56]. Les conditions d'enseignement sont aussi adaptées au retard scolaire des enfants. A l'école de Dra El Mekhazene l'officier SAS décide de ne pas tenir compte des vacances de la métropole, l'instituteur

---

[52] C. HARY, Bouc Bel Air, 14/1/95
[53] 5.SAS.45
[54] N. D'ANDOQUE, 1977, p. 115-116
[55] TALTAVULL, Paris, 20/6/89
[56] Ibid

arrivé le 8 juillet et commence ses cours pour les 70 enfants le 11 juillet[57].

Les officiers SAS doivent persuader les parents d'amener leurs enfants à l'école et empêcher l'absentéisme, c'est ainsi qu'à Tazmalt Ayacha après avoir convaincu les parents "en quatre jours, le nombre d'élèves passe de 20 à 80"[58], de même à la frontière tunisienne F-X. de Vivie veille à la fréquentation de l'école de sa SAS[59].

Ouvrir une école et veiller à sa fréquentation n'est pourtant pas suffisant... Il faut en effet que l'enseignement se fasse dans les meilleures conditions possibles, c'est à dire que les enfants soient propres, nourris et habillés, selon les moyens de la SAS l'un de ces facteurs était assuré. A l'école d'Aïn Chedjra "une cantine fonctionne sur une base de 25 anciens francs par jour et par estomac", somme malheureusement trop modeste pour les enfants[60]. A la SAS d'Oum Djerane, l'instituteur remet solennellement des vêtements aux enfants, puis les fait passer à la douche pour leur montrer comment se servir d'un savon, comment se rincer. Les enfants enfilent les vêtements neufs et font une partie de football pour salir les vêtements et éviter ainsi que les parents ne les vendent[61]. A la SAS La Baraque, "L'instituteur apprenait aux enfants l'hygiène de base, en organisant des séances de bain régulièrement"[62].

Les officiers SAS ont fait des efforts importants pour coordonner les moyens disparates en matériel et en personnel mis à leur disposition, permettant de construire et d'équiper une école et d'assurer la continuité de l'enseignement dans le but de faire accéder à la connaissance les enfants des fellahs du bled.

---

[57] N. D'ANDOQUE, 1977, p. 77-78
[58] J-Y. ALQUIER, 1957, p.33
[59] F-X. de VIVIE, Paris, 10/6/89
[60] N. D'ANDOQUE, 1977, p. 51
[61] A. MAILLARD, 1990, p. 272-273
[62] M-H. et D. WARNERY, Marseille, 8/2/95

On peut faire le bilan de la scolarisation à l'échelle d'une SAS : A la SAS d'Oum Toub, R. Vermant écrit "Avant les événements, il existait 4 classes gérées par la société d'exploitation des mines locales qui formait également des jeunes électriciens, des mécaniciens, des menuisiers et des maçons. Le FLN s'étant empressé de détruire les installations et d'empêcher la société d'exploiter le site. Il fallut attendre 1958 pour que reprenne la scolarisation. Fin 1961, il existait sur le territoire de la SAS 11 classes reconnues et gérées par l'académie (...), avec un effectif d'environ 900 élèves sur 3500 scolarisables" soit plus de 25% des enfants en âge d'être scolarisés. En revanche, si l'on observe le nombre de classes avant 1954, on constate un triplement des classes. Si l'on prend la situation en 1956-57, lorsque le soulèvement a détruit l'infrastructure scolaire, cela représente un énorme progrès. R. Vermant écrivait qu'il dut même "refuser des élèves, la demande étant trop grande, même pour les fillettes"[63].

Si l'on regarde la situation sur l'ensemble de l'Algérie, le commandant Florentin donne les chiffres concernant les populations regroupées (11 décembre 1960) : 1251 classes homologuées, 839 non homologuées. A propos de l'homologation, il faut retenir la réflexion de R. Vermant : "Je me souviens d'un premier refus d'homologation (sur plan car personne ne se déplaçait...) parce que la surface des fenêtres était inférieure aux normes... "[64]. La scolarisation est assurée par 1154 maîtres civils et 1100 maîtres militaires permettant de scolariser 50% des enfants[65]. Les statistiques des réalisations du plan de Constantine indiquent que 40% des enfants du bled étaient scolarisés, soit 625.000 dans le primaire et 10.300 dans le secondaire pour l'année 1959, ce qui représentait un doublement des effectifs pour le primaire et un triplement pour le secondaire par rapport à 1956[66]. Ces chiffres démontrent que les efforts de scolarisation menés par les SAS et l'armée ont permis des progrès indéniables dans le domaine de la scolarisation. Mais

---

[63] Ibid
[64] Ibid
[65] 1.H.2032
[66] 1.H.1106

malgré la volonté des officiers SAS et le plan de Constantine, une partie des enfants en âge d'être scolarisés ne put être scolarisée.

Foyer de jeunes, CFJA et activité féminine

Les SAS ont voulu combler le temps libre laissé par la scolarisation et ont désiré que la scolarisation soit suivie d'un lieu d'apprentissage professionnel. Une de ces structures fut le CFJA (centre de formation de la jeunesse d'Algérie). *La directive générale pour le recrutement et les règles d'emploi des moniteurs de la jeunesse* de P. Hosteing, directeur général des affaires politiques et de la fonction publique explique que le CFJA avait pour but d'encadrer les jeunes d'Algérie avant le service militaire en leur donnant une éducation physique, en les faisant pratiquer des sports collectifs et en leur donnant une instruction civique. Trois moniteurs s'occupaient des jeunes sous la direction de l'officier SAS. Le rôle de la SAS était d'"assurer la sécurité et pouvait lui (moniteur du CFJA) apporter des suggestions, mais nous n'avions pas d'autorité pour lui donner des ordres"[67]. N. d'Andoque accueille l'un des moniteurs du CFJA qui anime les équipes d'adolescents qui se rassemblent, jouent et chantent[68].

Le foyer de jeunes est une autre structure qui rassemble la dimension sportive (moniteur CFJA) et la dimension de formation professionnelle : La SAS de Magerit dispose d'un foyer de jeunes, il est dirigé par un aspirant du contingent et comprend deux moniteurs sportifs d'Issoire et trois moniteurs de formation professionnelle dans le domaine du bois, du fer et de l'agriculture[69]. Les foyers de jeunes sont beaucoup moins répandus que les foyers sportifs car ils dépendent de cadres professionnels et nécessitent pour la formation professionnelle de moyens matériels importants.

La SAS de R. Vermant dispose non seulement de 11 classes mais aussi "d'un centre de formation (C.A.P.), d'un

---

[67] M-H et D. WARNERY, Marseille, 8/2/95
[68] N. D'ANDOQUE, 1977, p. 126
[69] G. VINCENT, 1988, p. 214

foyer de jeunes et d'un foyer sportif, le tout (classes comprises) encadré par 23 personnes"[70]. Cette SAS semble privilégiée si l'on observe les indications concernant les 10 SAS du Bordj Menaïel : 8 SAS disposent d'un foyer sportif (une SAS a même 2 foyers sportifs), une SAS dispose d'un centre social, une SAS d'un foyer rural et une autre d'un centre professionnel. Ainsi le cumul sur une SAS d'un centre professionnel, d'un foyer de jeunes et d'un foyer sportif n'existe pas dans cet arrondissement, on peut émettre l'hypothèse que la présence d'un centre professionnel nécessitant des cadres et du matériel technique ne peut pas être développée à grande échelle. On peut aussi penser qu'un seul centre professionnel peut largement répondre à la demande sur un arrondissement. La fréquentation de ces divers centres oscille entre 30 à 80 personnes, seule la SAS qui dispose de deux centres sportifs indique une fréquentation de 300 jeunes. En moyenne, la fréquentation d'un centre est de 30 personnes[71].

L'exposé sur le regroupement des populations du commandant Florentin (décembre 1960) donne le chiffre suivant à la date de juillet 1960 : 350 centres sportifs[72]. Les statistiques du plan de Constantine (avril 1960) indiquent 400 centres d'apprentissage ainsi que 402 centres de formation pour adultes[73].

Il ne faut pas omettre de mentionner les associations sportives créées à l'initiative d'un officier SAS, ce fut le cas pour M. Conejero : "A Noisy, j'avais un stade mais pas d'équipe de football. J'arrive donc un jour en Jeep sur le stade et je laisse tomber un ballon, je repars, lorsque je reviens tout le monde jouait au ballon, j'arrive et je reprends le ballon. Je leur propose, s'ils veulent jouer au ballon, de désigner un président, un vice président et un secrétaire, tandis que je leur propose en contrepartie d'assurer les enfants et de leur donner un équipement. J'ai pu ainsi constituer une équipe de foot dont

---

[70] R. VERMANT, Carnoux, 10/2/95
[71] 5.SAS.45
[72] 1.H.2032
[73] 1.H.1106

s'occupaient mes adjoints. Cela m'a permis d'organiser des matchs contre les autres SAS et l'équipe de Mostaganem. J'ai même organisé un concours de pétanque en obligeant chaque groupe de trois à avoir au moins un musulman, ce qui permit de constituer 30 à 50 groupes"[74]. Ainsi, en dehors de toute structure, des officiers SAS ont organisé des associations sportives lorsque les conditions le permettaient. Ainsi, la SAS de Noisy les Bains du lieutenant Conejero était une SAS calme ne connaissant pas la rébellion.

Une des autres missions importantes des officiers SAS concernait les femmes, cette mission avait pour but de faire évoluer les femmes musulmanes en leur donnant l'occasion de se réunir et d'organiser leurs propres activités. La politique d'évolution de la femme reçoit une nouvelle impulsion avec les événements du 13 mai 1958, dont l'un des thèmes était l'intégration des femmes musulmanes dans la société moderne. Les fraternisations de mai 1958 eurent des répercussions à la SAS de Magerit : une femme musulmane PFAT qui dirige la section féminine de la SAS prend la parole devant la population en parlant du rôle des femmes dans la vie sociale et familiale et de l'importance d'instruire les femmes. Les hommes "semblaient étonnés mais non choqués"[75].

Concrètement, des lieux de réunion féminine ou des ouvroirs ont été créés. Ces innovations n'étaient pas négligeables car les musulmanes étaient pratiquement cloîtrées chez elles, en conséquence "sortir du douar, c'était les faire évoluer. Venir sans les hommes, c'était les faire évoluer"[76].

A la SAS de Magerit, les femmes venaient deux fois par semaine, à tour de rôle, dans une salle mise à disposition par la SAS. C'était un lieu d'échange de nouvelles, d'apprentissage de la couture, de confection de gâteaux[77]. D'autres comités féminins

---

[74] M. CONEJERO, Martigues, 2/2/95
[75] G. VINCENT, 1988, p. 180-181
[76] C. POTHIER, Marseille, 12/1/95
[77] G. VINCENT, p. 195-196

préfèrent se spécialiser dans une activité, à la SAS d'Aïn Chedjra, les femmes confectionnent des couvertures avec du matériel de couture et des pièces d'étoffes envoyées par les relations personnelles de l'officier SAS[78]. F. Parisy circule dans plusieurs SAS et décrit la diversité des activités féminines : A la SAS d'El Milia, les femmes fabriquent des vêtements sous la direction de la femme du sous-préfet[79], à la SAS d'El Hannser la femme de l'officier SAS fait faire de la couture et des scoubidous, qui sont vendus aux militaires[80], à la SAS de Catinat, le foyer féminin fabrique des objets artisanaux (cendriers, vases, pots, cruches, plats à galette...) vendus au foyer militaire[81]. Le caractère temporaire ou restreint à un petit cercle, classe les activités des comités féminins dans ce chapitre. En revanche, du moment où ces activités sont faites sur le long terme et dépassent le cadre de la SAS, ces activités entrent dans le cadre de l'action économique (un des cas sera étudié dans le chapitre 2.3).

D'autres SAS insistent plus sur l'instruction médicale et sociale : A la SAS de Cap Djinet "L'ASSRA faisait des réunions, discutait, faisait faire du tricotage, de l'hygiène pour les enfants, les femmes y exposaient leurs problèmes"[82]. À la SAS de La Baraque, M-H Warnery explique "L'éducation sanitaire était effectuée l'après-midi par des cours pour adolescentes en liaison avec l'école : Je faisais du tricotage, de la couture, de l'hygiène. C'était une éducation familiale de base. Les femmes mariées avaient des cours de puériculture"[83].

Sur les 10 SAS du Bordj Menaïel, 7 SAS disposent d'un centre féminin (une SAS en possède même deux), une SAS a le projet de créer un centre féminin. On peut constater que les centres féminins représentent une très grande proportion à l'échelle de cet arrondissement. La fréquentation de ces centres

---

[78] N. D'ANDOQUE, 1977, p. 54
[79] F. PARISY, 1992, p. 110
[80] Ibid. p. 179
[81] Ibid, p.200-201
[82] C. POTHIER, Marseille, 12/1/95
[83] M-H. et D. WARNERY, Marseille, 8/2/95

évolue entre 18 à 40 musulmanes, ce qui est modeste en comparaison du nombre total de femmes sur un douar[84].

Les raisons de la faible fréquentation des ouvroirs pouvaient tenir à plusieurs facteurs : L'obstruction des hommes doit être le facteur le plus déterminant "Les femmes ne répondent pas à l'appel de l'assistante sociale (village regroupé autour de Timgad) jusqu'au jour où le chef SAS rassemble les hommes et dans le haut parleur leur répète vertement qu'en interdisant à leurs épouses de se rendre au cercle, ils les maintenaient dans un état voisin de l'esclavage et que cela, lui, il ne le tolérait pas. Enfermées dans leurs maisons, les femmes entendirent parfaitement la semonce et le lendemain le cercle faisait salle comble"[85].

Le rapport de l'ELA de Paul Cazelles (département de Medea) rédigé par le sous-préfet (pas de nom, pas de date) concernant l'état de la pacification pour l'année 1961, constate à propos de l'action féminine : "L'aide aux mouvements de solidarité féminine dépend du milieu, de la qualité et des compétences des bénévoles, mais dans la plupart des SAS, on peut dire que le combat cessa... faute de combattantes. Cela tient certainement au milieu féminin local arriéré et à l'obstruction systématique du sexe fort et aussi des circonstances actuelles vraiment peu favorables au développement de semblables comités. Nous ne sommes plus au lendemain du 13 mai 1958!"[86]. Ce rapport montre que l'échec du mouvement féminin n'est pas dû seulement à l'opposition des hommes mais à l'absence de volonté délibérée de la part des femmes et aussi de la conjoncture politique. C. Hary indique aussi un autre obstacle : "Les ASSRA avaient mauvaise presse auprès des musulmanes qui les considéraient comme des femmes de mauvaises moeurs"[87].

---

[84] 5.SAS.45
[85] M. DEON, 1959, p. 139
[86] 1.H.1216 n°6
[87] C. HARY, Bouc Bel Air, 14/1/95

On peut se poser la question de savoir si les conseils donnés par les attachées féminines étaient compris et appliqués par les musulmanes qui avaient une mentalité différente de celle des Européens. Une anecdote de C. Hary est très éclairante sur cet état de faits: "La SAS avait perçu un carton de soutiens-gorge, les ASSRA avaient expliqué aux femmes comment mettre un soutien-gorge et les ont distribués. Je repasse 10 jours plus tard, chaque enfant avait un joli bonnet"[88]. En 1959, on comptait 300 équipes médico-sociales itinérantes (EMSI) animant une centaine de cercles féminins sur l'ensemble de l'Algérie[89], en avril 1960, on comptait 300 cercles féminins[90].

L'évolution de la femme a été promue par l'élan du 13 mai, mais comment les SAS pouvaient-elles passer sous silence une tradition millénaire de soumission de la femme à l'homme en milieu musulman ? Comment les SAS pouvaient-elles effectuer ce changement, alors même que l'Algérie glissait progressivement vers l'autodétermination ? N'était-ce pas irréaliste de vouloir faire évoluer la femme en lui faisant sauter brutalement toutes les marches de l'évolution vers la modernité en quelques années ?

La dichotomie entre la volonté de faire évoluer la femme musulmane selon les normes européennes et la réalité algérienne est bien entrevue par C. Hary qui explique : "C'était une population qui avait 150 ans de retard, même les femmes accouchaient debout suspendues par les mains"[91].

---

[88] Ibid
[89] P. TRIPIER, 1972, p. 329
[90] B. BOUALAM, 1963, p. 117-118
[91] C. HARY, Bouc Bel Air, 14/1/95

2.3. La mission économique

La mission économique est fortement imbriquée dans les autres missions de la SAS. En effet, comment pouvait-on faire évoluer toute une population sans lui donner les moyens financiers d'accéder au bien-être de la métropole ?

Cette mission économique des SAS prend une acuité nouvelle lorsque les militaires procéderont à des regroupements massifs de population. Selon les principes de Mao, "La guérilla devait se déplacer dans la population, comme un poisson dans l'eau", les militaires trouvent comme parade de "vider le bocal", c'est-à-dire de regrouper la population pour empêcher l'ALN d'y trouver des appuis et de l'approvisionnement. Le général Parlange avait lui-même constitué les trois premiers centres de regroupement de l'Algérie durant son expérience pilote dans les Aurès, à M'Chounèche, T'Kout et Bou Hamama. Le général Parlange demandait de ne plus créer aucune zone interdite sans avoir prévu auparavant une base d'accueil pour les personnes expulsées. Le général Parlange va entrer en conflit avec le général Vanuxem, qui procède à un regroupement de centaines d'habitants dans la région de Menaa sur sa propre initiative sans prévenir les autorités, sur une SAS sans avoir prévu ni abris, ni ressources[1].

En 1957-1958, les camps de regroupement se multiplient dans toute l'Algérie autour des compagnies militaires ou des SAS. En mai 1959, on comptait 1033 centres de regroupement comprenant un million d'habitants[2]. L'exposé du commandant Florentin du 11 décembre 1960 évalue à 1,5 million le nombre d'habitants regroupés[3].

Ces regroupements ont coupé la population de ses ressources naturelles (agriculture ou élevage) la plongeant dans la

---

[1] M. CORNOTON, 1967, p. 64-65
[2] P. TRIPIER, 1972, p. 328
[3] 1.H.2032

misère. Mais ils ont eu aussi des points positifs pour les SAS puisqu'ils ont permis à l'action administrative et médico-sociale, la scolarisation, et aux activités féminines de se diffuser plus efficacement que si cette même population était restée dispersée. L'action économique a pris dans ce cadre des formes multiples que ce soit par la construction d'un nouvel habitat (permettant de promouvoir le logement tout en fournissant un emploi temporaire) ou encore par des constructions variées (en général dans le domaine des infrastructures) mais aussi en améliorant l'agriculture et l'élevage. Tous ces efforts de développement économique se sont faits en relation avec les administrations, en les stimulant ou en les relançant constamment avec plus ou moins de succès.

Construction de l'habitat

Du 2 au 5 octobre 1958, le plan de Constantine est lancé par le général de Gaulle, il accorde 242 milliards d'anciens francs en 1959 et 326 milliards en 1960 pour ce plan. Ces sommes permirent de financer entre autres le programme des 1000 villages du délégué général P. Delouvrier permettant de réaliser 9000 logements dans les campagnes[4]. Les réalisations du plan de Constantine affirment qu'en avril 1960, 600 des 1000 villages étaient achevés[5]. En décembre 1960, l'exposé sur les regroupements du commandant Florentin explique que 60.650 maisons ont été construites[6].

Comment s'est déroulé dans le cadre des SAS le plan des mille villages ? Trois officiers SAS nous donnent des précisions sur les réalisations des mille villages dans leur SAS. Ces trois communes faisant parties des mille villages sont situées dans le Constantinois (SAS d'Aïn Chedjra), dans le nord Oranais (SAS de Magerit) et dans le sud Oranais (SAS d'Oum Djerane).

---

[4] P. TRIPIER, 1972, p. 397
[5] 1.H.2032
[6] 1.H.1106

N. d'Andoque, officier SAS à Aïn Chedjra, explique que le commissariat à la reconstruction et à l'habitat rural (CRHR) avait prévu un logement d'un coût de 2500 francs, comprenant deux pièces, une cuisine et une cour clôturée, mais n'avait pas prévu de dépendances, alors que les habitants étaient éleveurs. Il critique aussi les matériaux préconisés par l'habitat rural, qui ne sont pas adaptés aux conditions climatiques : murs de parpaings creux de 10 ou 15 centimètres sans enduit, les toitures sont faites de tuiles plates à simple recouvrement. Il constate "C'était fabriquer des glacières pour l'hiver et pour l'été des fours", alors même que les deux périodes de confort (le printemps et l'automne) sont les saisons les plus courtes sur les hauts plateaux[7]. Ces remarques sont en effet confirmées : les constructions de parpaings et de ciment n'ont pas les qualités isothermiques, de plus les maisons du CRHR sont sans plafond, sans cheminée, sans abri pour le bétail et sans emplacement pour conserver les récoltes[8].

N. d'Andoque et son architecte vont modifier les normes du CRHR en construisant le village de Draa El Mekhazène avec des murs de toub (mélange de paille hachée et d'argile) qui ont les conditions d'isolation thermique, et qui sont beaucoup moins chers que les parpaings. Les murs sont montés sur des bases en dur de manière à les garder stables en cas de ruissellement. La somme de 2500 francs par logement étant nettement insuffisante, selon N. d'Andoque, qui pallie cette insuffisance par l'aide matérielle et humaine apportée par l'armée. Les plans même des habitations ont été modifiés, ainsi chaque maison est prévue pour quatre familles avec quatre cours indépendantes et les ouvertures des maisons ont été élargies pour faire entrer plus de lumière dans les logements[9]. Les travaux seront ralentis par le départ de la compagnie militaire, par la langueur et les absences répétées des ouvriers, mais en février 1961 les premiers logements sont terminés[10].

---

[7] N. D'ANDOQUE, 1977, p. 90-91
[8] M. CORNOTON, 1967, p. 89-92
[9] N. D'ANDOQUE, 1977, p. 89-92
[10] Ibid, p. 110-130

G. Vincent, officier SAS en Oranie du nord, décide de créer un nouveau village à El Gat après 23 mois de regroupement. Une partie du village sera établie selon les plans de la SAS : des maisons de quatre à six pièces selon la richesse du propriétaire. Le terrain appartenant à la commune est gratuit, tandis que la SAS avec l'aide de l'armée fournit gratuitement tuiles, charpentes, ciment et chaux hydraulique et le transport des pierres. Le propriétaire ne paye que les ouvriers pour le ramassage des pierres de tuf dans les labours et pour les travaux de la maison, ainsi que le plâtre, les portes et les fenêtres. L'autre partie du village est établie selon les normes de l'habitat rural dans des maisons plus petites (deux pièces, une cuisine, une cour), les propriétaires doivent en contrepartie contribuer comme manoeuvres non rémunérés à la construction des logements. G. Vincent prévoyait la fin des travaux dans les deux-trois ans à venir, c'est à dire en 1962[11].

A ces deux expériences de modification complète des plans du CRHR ou de l'adoption d'un autre standard de maison à côté de celui du CRHR, il y a la solution d'adopter tel quel le standard du CRHR. A. Maillard, officier SAS dans le sud Oranais, est chargé de prendre en main le chantier de l'habitat rural de la SAS d'Oum Djerane de 44 maisons. Le CRHR fournit les matériaux, les moyens techniques et les maçons spécialisés, tandis que chacun des attributaires doit contribuer par des journées de travail. La liste des attributaires a été dressée par le capitaine parmi les chefs de douar peu fortunés et ceux dont les terres sont les plus proches pour éviter au moment du dégroupement l'abandon du village. Mais A. Maillard constate : "en principe, la désignation d'un attributaire, de l'heureux bénéficiaire d'une formule aussi avantageuse, —aurions-nous imaginé avec notre mentalité européenne— supposait l'accord libre et volontaire de celui-ci. Il n'y avait en fait aucun volontaire".

A. Maillard tente de persuader les musulmans de se porter volontaire pour la construction des maisons, en leur démontrant que les maisons les protègent des intempéries, en vain... Les

---

[11] G. VINCENT, 1988, p. 195-208

chefs de douar refusent l'embauche des vingt deux premiers attributaires. Voyant que la méthode de persuasion a échouée, il ordonne la présence pour le lendemain des attributaires. Le lendemain, personne ne se présente au chantier, A. Maillard va les réquisitionner de force, il conclut : "Délivré vis à vis de l'OPA, des mots d'ordre d'abstention par l'obligation matérielle dans laquelle je les ai placés. Ils ne rechignent point trop à travailler"[12].

Ces trois exemples montrent que la politique de construction de nouveaux villages s'est heurtée à un certain nombre de problèmes : l'éloignement des nouveaux villages de leurs douars d'origine, le désir de retourner sur leurs terres, le poids des mentalités, l'inadaptation du modèle d'habitat du CRHR aux conditions climatiques et de vie de l'Algérie et la pression de l'OPA et du FLN. Ces réalités ne transparaissent pas à travers les statistiques des résultats du plan de Constantine et du plan des mille villages. Malgré les efforts de certains officiers SAS de modifier les plans du CRHR et d'assurer la continuité des chantiers, ou de réaliser plus simplement l'objectif du CRHR en plus de toutes leurs missions, les nouveaux villages n'ont pas toujours été un succès. N. d'Andoque n'écrit-il pas qu' "Il est aujourd'hui de notoriété publique que la moitié des regroupements proprement militaires ont disparu dans les premiers mois de l'indépendance de l'Algérie", car c'étaient des villages construits pour la sécurité et le confort et qui manquaient d'"un minimum d'âme en oubliant les sentiments"[13]. F. Parisy décrit l'un de ces nouveaux villages : Sidi Salem, 10.000 personnes regroupées, ce sont "des baraques en dur : Quatre murs en parpaings, un toit de tôle, une courette, groupées par 10 (...) ce regroupement n'a aucun caractère : immense rectangle divisé en petits blocs, chaque rue se coupe en angle droit... pas un arbre, c'est sinistre"[14].

---

[12] A. MAILLARD, 1990, p. 224-230
[13] N. D'ANDOQUE, 1977, p. 93
[14] F. PARISY, 1992, p. 22

Le plan de Constantine n'a pas uniquement porté sur l'habitat mais aussi sur des domaines de constructions très variées.

Les réalisations des SAS

Le plan de Constantine a permis une accélération de la construction des infrastructures. Ce plan a été réalisé au fond des campagnes selon les désiderata des officiers SAS en contact avec les populations et donc mieux à même de prévoir les besoins de celles-ci.

Trois officiers SAS ont ressenti différemment la mise en oeuvre des prévisions financières pour les cinq ans à venir dans la circonscription de leurs SAS : P. Quieffin, officier SAS à Djelfa, explique : "J'ai eu environ un mois pour préparer le plan, cela visait des domaines aussi différents que l'hydraulique, les routes, les écoles, la santé. Tous y ont participé. A la sous-préfecture, j'ai fait la synthèse du plan de Constantine au niveau de l'ensemble de l'arrondissement. Il y avait des choses utiles mais aussi des choses inutiles telles que la construction de trottoirs qui aurait coûté des millions"[15]. En revanche, autre son de cloche, de la part de C. Hary, officier SAS d'Aïn Kebira : "J'ai reçu un soir un appel radio me demandant pour le lendemain mes besoins en construction dans tous les domaines (habitat, route, hydraulique...) pour les cinq ans à venir. En une nuit, on me demandait, à mon adjoint et à moi, de donner nos besoins dans tous les domaines. Mais nous n'avions pas les moyens matériels et intellectuels pour évaluer les besoins, Paris se donnait ainsi bonne conscience. De l'argent, il y en avait alors j'ai demandé un radier, une route, 1000 francs pour repeindre une école et 50.000 francs pour construire une école (en métropole, une école valait 10 fois plus chère). J'ai même vu deux sous-préfets se battre pour avoir des crédits pour construire des HLM pour y mettre... des semi-nomades"[16].

---

[15] P. QUIEFFIN, Aix, 26/1/95
[16] C. HARY, Bouc Bel Air, 14/1/95

A. Maillard, officier SAS dans plusieurs SAS des territoires du sud, affirme à propos du plan de Constantine que "Le sud était abandonné, il n'y a pas eu d'application du plan de Constantine auprès des populations nomades"[17].

Les communes disposaient auparavant pour leurs investissements de crédits TIC. Ces moyens ont été profondément augmentés par les crédits DEL (dépense d'équipement local), qui en 1959 remplacent les crédits TIC et sont mieux adaptés au développement économique des communes[18]. Les réalisations effectuées touchent divers domaines : "Construction d'édifices municipaux, des abattoirs, des agences postales, des écoles, des routes d'accès, des radiers, des ponts. Tout cela s'est fait dans la mesure où la dotation de crédits intervenait rapidement"[19].

Chaque SAS a fait des réalisations dans des domaines très variés. Pour mieux apprécier cette diversité arrêtons-nous sur quelques-unes des réalisations de certaines SAS : La SAS d'Aïn Chedjra, des drains latéraux sont creusés par le maghzen pour augmenter les capacités d'un puit. Des travaux sont même effectués pour retrouver les anciennes canalisations et le bassin d'accumulation de l'ancienne source datant de l'époque antique[20]. A la SAS de Tazmalt Ayacha, J-Y. Alquier fait empierrer un marché, reconstruit le système d'évacuation des eaux de l'abattoir et reconstruit une piste permettant de donner du travail à 200 ouvriers[21]. G. Vincent aide économiquement le regroupement en finançant les cueillettes d'alfa (servant pour la pâte à papier) ou des chantiers de déboisement[22].

---

[17] A. MAILLARD, Paris, 11/10/94
[18] C. COLLOT, 1987, p. 65
[19] R. VERMANT, Carnoux, 10/2/95
[20] N. D'ANDOQUE, 1977, p. 109
[21] J-Y. ALQUIER, 1957, p. 51 et p. 123
[22] G. VINCENT, 1988, p. 92

D'autres officiers SAS font porter leurs efforts sur l'artisanat local, ainsi J. Bollon explique "J'ai refait un café maure, j'ai redémarré le tissage, la poterie, tout s'améliorait"[23] ou encore à la SAS de Timgad : "L'officier SAS réveille l'artisanat local en faisant fabriquer des tapis, des poteries, des bougies qui trouveront de gros débouchés le jour où le tourisme renaîtra... "[24]. M-H. et D. Warnery décrivent la manière dont ils ont relancé l'artisanat : "Nous avons voulu développer l'artisanat, pour cela nous avons monté un réseau de vente à Alger et nous avons prospecté les magasins civils. Après avoir observé les productions locales : tissage, poterie et vannerie. On a commencé à encourager la poterie car cela ne nécessitait aucun investissement, ensuite nous avons développé le tissage de couvertures, de coussins et la confection de sacs. On orientait en douceur l'artisanat sur des bases traditionnelles. C'était un travail de valeur et tout partait. On payait les femmes qui travaillaient dans cette petite coopérative, en argent ou en nourriture"[25].

Les projets variés et nombreux n'empêchent pas les récriminations de la part des officiers SAS concernant le manque de moyens : "Il est absurde de donner les mêmes moyens financiers et techniques à une SAS importante et à de petites SAS", car les exemples ne manquent pas de moyens financiers insuffisants ou bloqués : une lettre de l'officier SAS de Pirette adressée à un général le 30 juin 1958 explique "La mise en place des crédits TIC au titre de l'exercice comptable 1958/1959 n'est toujours pas faite de sorte que nos chantiers sont fermés depuis 3 mois. Le programme général prévoyait 170 millions (anciens francs) pour l'arrondissement, 20 millions ont été accordés, il y a 11 SAS à alimenter avec cette somme"[26], ou encore le capitaine Combette constate "Les travaux restaient en panne : l'adduction d'eau cessait faute de crédits en place (...) tous les travaux étaient stoppés sauf le chantier de piste, mais celui là n'était pas payé"[27].

---

[23] P. ROTMAN-B.TAVERNIER, 1992, p. 197
[24] M. DEON, 1959, p. 149-150
[25] M-H. et D. WARNERY, Marseille, 8/2/95
[26] Y. ROMANETTI-P.SAS, 1961, p. 170 et p. 186-187
[27] Y. COURRIERE, 1990, 2, p. 34-37

Faut-il voir une contradiction dans les nombreuses constructions et les réalisations d'un côté, et l'absence ou le manque de moyens de l'autre ? Dans les faits, les deux situations sont imbriquées. L'officier SAS, pour mener à bien ses projets, a dû se débrouiller par lui-même. Parmi les moyens les plus utilisés, on trouve le système des moghaznis fictifs : A. Maillard décrit la manière de procéder "Si l'on avait le droit à un effectif de 30 moghaznis, il suffisait d'indiquer 30 noms sur les feuilles de soldes, quitte à ce que 3 ou 5 d'entre eux ne soient pas, en réalité, à la charge de la SAS, ce qui permettait à celle-ci d'encaisser l'intégralité de leurs soldes. Entre des mains honnêtes et laborieuses, cette caisse noire permettait d'utiles réalisations : Le capitaine Poujol pouvait payer de la sorte ses maçons"[28]. D. Warnery utilise ce système : "Nos projets étaient financés par le moyen des moghaznis fictifs : 40 étaient inscrits sur le budget, en réalité nous en avions 30. Ces 10 soldes permettaient de creuser des sources tous les 20 kilomètres pour les nomades, d'acheter du ciment pour les maisons des moghaznis et de développer l'artisanat"[29]. Un accord tacite semble exister entre les officiers SAS et la hiérarchie, comme le démontre l'entretien avec G. Hirtz, ancien sous-préfet de Tebessa "Les moyens financiers (des SAS) étaient malheureusement trop faibles. Q : Alors comment faisiez-vous ? R : Je leur disais, vous avez votre conscience pour vous, faites ce qu'il faut faire. Il y avait le système des moghaznis fictifs... "[30]. Pourtant dans certains cas, ce système ne servait pas les intérêts de la population, mais les propres intérêts d'officiers SAS malhonnêtes, comme le constate A. Maillard en prenant en charge la SAS de Mekmene El Mrir : "Les épluchages des comptes administratifs des comptes financiers me révèlent dans les jours suivants de graves malversations : soldes de moghaznis fictifs qui ont disparu dans la poche du lieutenant sortant"[31].

Un autre moyen utilisé est de prendre les ressources financières des chantiers en créant "des ouvriers fictifs". C. Hary

---

[28] A. MAILLARD, 1990, p. 219
[29] M-H. et D. WARNERY, Marseille, 8/2/95
[30] G. HIRTZ, Luynes, 9/1/95
[31] A. MAILLARD, 1990, p. 309

décrit la manière dont on procédait "Ainsi, pour un chantier, on donnait à l'officier SAS un crédit pour embaucher 100 hommes pendant 15 jours. Il pouvait en embaucher que 80... "[32].

Les officiers SAS recherchaient tous les moyens pour contourner l'obstacle financier : C'est ainsi qu'un officier SAS décide de se transformer en ingénieur des ponts et chaussées, suite au refus d'une entreprise de BTP de construire la route du Bordj. Cette solution lui permettra non seulement de construire pour 2 millions d'anciens francs au lieu des 10 millions prévus initialement, mais aussi d'embaucher de nombreux chômeurs[33].

Cette débrouillardise des officiers SAS devant les problèmes est démontrée par l'attitude de deux officier SAS, attitude qui peut friser l'illégalité : Le lieutenant Collin n'a pas les crédits pour étendre un réseau d'irrigation, il obtient de la commission hydraulique des buses de béton pour l'entretien de canaux, ils serviront en réalité à leur construction[34]. Ou encore, J. Forestier ira jusqu'à voler des buses sur des chantiers de travaux publics, afin d'installer un réseau d'égout et des fontaines alors qu'aucun crédit n'avait été accordé[35].

En revanche, certains officiers SAS ont attendu passivement que les crédits soient octroyés, tel cet officier SAS vilipendé par *L'Express* : "Le village des Hauts à Toudja est resté au même point qu'il y a deux ans, 25 maisons à peine ont été relevées sous l'oeil désabusé d'un adjudant qui n'a jamais réussi à émerger de ses tas de tuiles et de sacs de petits pois charançonnés. On a rien fait parce qu'on a attendu les papiers, les autorisations et les crédits. La foi aussi. Elle n'est jamais arrivée"[36].

---

[32] C. HARY, Bouc Bel Air, 14/1/95
[33] *Le Monde*, 4 mai 1956
[34] J. POUGET, 1983, p. 277
[35] A. CARINI, 1993-1994, p. 154
[36] *L'Express*, 10 mai 1962

Malgré les énormes moyens débloqués par le plan de Constantine, malgré la volonté des officiers SAS de remédier aux problèmes financiers par des subterfuges budgétaires et les efforts pour pallier aux insuffisances de l'administration, les témoignages abondent de l'insuffisance de ces travaux : G. Vincent constate qu'en dépit des chantiers, "les problèmes de subsistance de la population accablaient les tâches de la SAS (...). Les chantiers ne donnent pas de travail à tout le monde"[37], ou encore A. Maillard constate "Le malaise économique s'accroit dangereusement. Absence d'embauche et travail non payé accentuant le mécontentement"[38]. Alors l'officier SAS fait travailler chaque habitant un jour sur trois en raison des trop nombreux chômeurs[39], P. Quieffin a la même attitude, il créait "des chantiers pour les miséreux, malheureusement ils étaient insuffisants pour faire travailler tout le monde. Les gens travaillaient alors un jour sur deux"[40].

Les statistiques n'indiquent pas toutes les réalisations des officiers SAS, mais elles permettent d'appréhender l'effort fourni dans trois domaines : En septembre 1959, on comptait 1542 chantiers dont un tier ouvert par l'armée elle-même[41], les réalisations du plan de Constantine indiquent 2000 kilomètres de chemins départementaux et de voies de communication créées et que 729 communes ont été dotées d'une agence postale[42].

Amélioration de l'agriculture et de l'élevage

La situation de l'agriculture en Algérie est mauvaise : Suite aux conditions climatiques difficiles, les récoltes dans le territoire à la SAS d'Aïn Chedjra sont de quatre quintaux à l'hectare, c'est à dire les rendements de l'Europe de l'an mille. N. d'Andoque

---

[37] G. VINCENT, 1988, p. 104-105
[38] A. MAILLARD, 1990, p. 312
[39] L. GUIFFRAY, 1959, p. 74-75
[40] P. QUIEFFIN, Aix, 26/1/95
[41] P. TRIPIER, 1972, p. 329
[42] 1.H.1106

constate qu'avec quatre quintaux l'hectar, il est impossible de conserver les semences pour l'année suivante, ce qui veut donc dire la famine, et lui fait écrire "L'Algérie paysanne se traînait au Moyen-Age"[43]. La situation est la même à la SAS d'Oum Djerane, en raison de l'utilisation de méthodes si archaïques qu' "ils ne tirent de la terre pas plus de quatre à cinq quintaux à l'hectare"[44].

La SAS se mobilise pour tenter de modifier la situation. En développant notamment une intense activité de conseils sur les notions les plus élémentaires de conservation des sols, pourtant les habitudes ancestrales persistent. Ainsi toute reconstitution du tapis végétal est impossible à cause des chèvres et des moutons. Les terres céréalières souffrent du cheptel sous-alimenté qui se jette sur les chaumes après les moissons, et piétine la terre arable emportée ensuite par le vent[45]. Lorsque ce n'est pas un nomade qui laisse par négligence ses bourricots ou ses moutons saccager les champs de blé[46] Même les méthodes de moissonnage sont pernicieuses puisque dans certains cas les moissonneurs arrachent l'orge ou le blé avec les racines et la terre s'y accrochent[47].

L'amélioration de l'agriculture se traduira de la part des officiers SAS par une action conjointe sur l'amélioration des méthodes d'exploitation et sur la conservation des sols : G. Vincent prévoit un poste de moniteur du paysannat qui a pour but de favoriser l'effort de formation et d'équipement pour augmenter les rendements, tandis que la DRS (défense et restauration des sols) projette de créer des banquettes suivant les courbes de niveau pour éviter l'érosion des sols, et de planter un millier d'arbres fruitiers, amandiers et figuiers[48]. R. Vermant a eu des moyens mécaniques pour sa SAS de Oum Toub (tracteurs,

---

[43] N. D'ANDOQUE, 1977, p. 78
[44] A. MAILLARD, 1990, p. 215
[45] N. D'ANDOQUE, 1977, p. 100
[46] A. MAILLARD, 1990, p. 220
[47] Ibid, p. 100
[48] G. VINCENT, 1988, p. 215

charrues, épandeurs, etc...), gérés par la SAR (société d'amélioration rurale), permettant de créer une ferme modèle sous la direction d'un moniteur et de disposer d'infrastructure pour stocker les récoltes (une batterie de quatre silos à grain). La DRS et les eaux et forêts de leur côté améliorèrent les terres de la SAS d'Oum Toub en plantant 7000 eucalyptus, 6000 oliviers et en réalisant 12 kilomètres de banquettes[49]. D. Warnery ne tenta pas de faire adopter par les fellahs le tracteur, car son expérience marocaine lui avait que le tracteur retournait trop profondément la terre. En revanche il se procura des charrues (des casicra) à prix réduits, mieux adaptées aux sols et aux animaux de trait utilisés, qu'il diffusa après en avoir expliqué le fonctionnement[50].

Des efforts furent aussi effectués dans le domaine de l'irrigation, soit matériellement par des constructions, soit intellectuellement par les conseils d'un agronome : la SAS de Bou Alam fait construire une levée de pierre par 150 ouvriers pour retenir l'oued et irriguer les terres[51], ou encore à la SAS de Taguine, c'est un agronome breton qui apprend les notions d'irrigation à la population[52].

L'officier SAS est l'intermédiaire de la SAP, car il est en contact direct avec la population. Le rôle de la SAP est d'assister ses membres adhérents à tous les stades de la production et d'assurer la commercialisation des récoltes[53]. Mais cette SAP qui devait soutenir les agriculteurs n'est pas exempte de critique de la part de certains officiers SAS : la SAP est devancée par des entrepreneurs qui prêtent tracteurs et semis en contrepartie de l'achat des récoltes à 30% du prix de la récolte. N. d'Andoque critique aussi l'absence d'employés de la SAP sur le terrain et l'insuffisance des semences octroyées, alors même qu'il avait conseillé aux fellahs de vendre la totalité de la récolte[54]. Les cas

---

[49] R. VERMANT, Carnoux, 10/2/95
[50] M-H. et D. WARNERY, Marseille, 8/2/95
[51] F. PARISY, 1992, p. 328
[52] J. TALTAVULL, Paris, 20/6/89
[53] N. D'ANDOQUE, 1977, p. 116-117
[54] Ibid, p.100-117

inverses existent aussi où les fellahs ne respectent pas les règles de la SAP, c'est le cas du douar de Tamesna auquel la SAP avait prêté 1000 quintaux de semoule de blé contre la promesse d'un remboursement au moment des moissons. Mais le douar ne rembourse pas le prêt. L'officier SAS doit alors se déplacer et les menacer de saisir les récoltes pour obtenir ainsi le remboursement[55]. A la SAS de Mechta Berra, l'officier SAS se voit obligé de conserver les sacs de semences pour empêcher que la population ne les transforme en galettes en raison de la disette[56].

La redistribution des terres est une des mesures les plus importantes dans le domaine agricole du plan de Constantine, c'est à la CAPER (caisse d'accession à la propriété et à l'exploitation rurale) que revient le rôle de racheter des terres aux grands colons et de les redistribuer aux fellahs. A la SAS de Magerit, la redistribution des terres permit de donner des terres à 80 familles, soit 25 hectares par famille[57]. Quelquefois ces redistributions ont bousculé les coutumes locales par méconnaissance des traditions : Un officier SAS "partage des lopins de terre avec un bornage contradictoire opéré avec un grand souci d'équité mais aucun souci de légalité : L'officier ignore notamment que la part des femmes est de moitié inférieure à celle des hommes en droit musulman"[58].

M. Conejero décrit la redistribution des terres, mais en relativisant son succès : "A Wagram, le terrain communal fut partagé en parcelles de 3 hectares qui furent louées à 40 musulmans pour un franc symbolique. On a ensuite démembré la propriété d'un colon de 7000 hectares, 50 hectares furent donnés à 140 familles". Si l'on s'arrête à ces résultats, on pourrait y voir un succès mais M. Conejero explique : "Ce fut un échec ! Un européen obtenait 25 quintaux à l'hectare, tandis qu'un musulman obtenait 2 quintaux à l'hectare. Le fellah me disait :

---

[55] A. MAILLARD, 1990, p.246-250
[56] F. PARISY, 1992, p. 231
[57] G. VINCENT, 1988, p. 216
[58] 1.H.1146 ; *Le Monde*, 18 avril 1959

J'ai 50 hectares, j'ai un quintal par hectare pour vivre. Cela me suffit, pourquoi veux-tu que je travaille ? La première année il cultiva, la deuxième année il la loua..."[59]. Ainsi la redistribution des terres peut conduire à l'échec, s'il n'y a pas un suivi agricole pour soutenir le fellah à garder les mêmes rendements, mais comment conserver ces rendements, alors que le fellah ne dispose pas du matériel et de la compétence du colon ? Il aurait donc fallu que la redistribution des terres s'accompagne d'une aide matérielle et technique. Cette redistribution met en lumière la mentalité du fellah qui voit dans le travail un moyen de survivre à court terme et non un investissement pour le futur, ce qui contribue à annuler les effets de la redistribution. Cette mentalité se retrouve dans la réponse d'un fellah à A. Maillard "tu veux me forcer à travailler, quand j'ai bien assez pour manger. J'en ai assez aujourd'hui, je suis bien comme cela et demain... Inch'Allah"[60].

Les résultats de la redistribution et des améliorations des terres sont mentionnés dans les statistiques du plan de Constantine, en 1959 : 104.134 hectares ont été irrigués, 20.000 hectares ont été restaurés, 4.600 hectares ont été repeuplés, 4000 hectares ont été repris sur les friches, 152.000 hectares ont été acquis par la CAPER, 33,5 millions nouveaux francs ont été accordés par la SAP en prêt à court terme. En 1960, 10.000 hectares étaient irrigués, 20.000 hectares étaient aménagés à proximité des villages regroupés, 2.300 lots avaient été donnés aux fellahs et 4.000 lots étaient équipés pour l'année suivante (1961), 40.000 hectares étaient acquis par la CAPER[61]. Ces chiffres impressionnants du plan de Constantine sont relativisés par le lieutenant Lion qui écrit : "On parle d'usine, pas de réforme agraire. Les statistiques sont bonnes sur le plan de Constantine, mais on ne trouve pas de moniteur agricole"[62]. L'industrie fut en effet prioritaire dans le plan de Constantine alors même que l'Algérie avait une population à majorité agricole...

---

[59] M. CONEJERO, Martigues, 2/2/95
[60] A. MAILLARD, 1990, p. 290
[61] 1.H.1106
[62] *L'Armée*, juillet-août 1960

Dans le domaine de l'élevage, les officiers SAS ont fait de nombreuses réalisations, que ne mentionne aucune statistique. Les regroupements et les zones interdites avaient décimé les troupeaux, les officiers SAS s'efforcent de préserver les troupeaux restants par divers moyens. N. d'Andoque demande des laissez-passer auprès des autorités militaires pour les nomades et leurs troupeaux, leur demande de remédier aux problèmes d'eau et de pacage[63].

L'eau était très importante pour les populations nomades et leurs troupeaux, C. Pothier établit un réseau d'eau potable pour les nomades[64], de même D. Warnery explique qu'il mit en place tous les 20 kilomètres des puits pour permettre la circulation des caravanes de dromadaires transportant du sel[65].

Des séances de vaccination étaient organisées pour les troupeaux, ainsi dans l'arrondissement de Bou Saada (département de Médéa), les chefs de SAS font des vaccinations anticloverleux à 40.000 moutons tandis que 50.000 moutons sont traités contre le strongylone[66].

Les réalisations des SAS peuvent aller beaucoup plus loin, comme à la SAS d'Oum Toub, où la ferme pilote de la SAS procède non seulement à des désinfections de troupeaux dans la piscine à ovins, mais surtout "procède à l'amélioration de la race bovine grâce à un taureau sélectionné"[67].

Les SAS ont fait de gros efforts à l'égard des nomades des zones désertiques ou semi-désertiques, en mettant en place des zones de pacages, en fournissant des laissez-passer pour les troupeaux, en construisant une infrastructure de puits, en procédant à des vaccinations de troupeaux, voire même en

---

[63] A. MAILLARD, 1990, p. 312
[64] C. POTHIER, Marseille, 12/1/95
[65] M-H. et D. WARNERY, Marseille, 8/2/95
[66] 1.H. 1216 n° 3
[67] R. VERMANT, Carnoux, 10/2/95

sélectionnant les espèces. Dans leurs propres structures les SAS se sont adaptées à la vie itinérante des nomades en créant des SAS nomades en 1960.

Les réalisations des SAS encouragées par le plan de Constantine de 1958 se sont traduites par un certain nombre d'actions diverses et variées dans beaucoup de domaines économiques, ceux dont reflètent mal les statistiques. Ces réalisations avaient pour objectif de promouvoir le bien-être des populations, mais aussi, comme l'explique P. Quieffin : "Le plan de Constantine, c'était l'opposition d'une idée économique face à une idée politique"[68]. Dans ce contexte, seul compte alors l'impact psychologique des statistiques, au détriment de la réalité même de ses réalisations, de ses acteurs et des difficultés qu'ils rencontrèrent sur le terrain. La mission économique des SAS a eu pour conséquence immédiate de les mettre en relation directe et prolongée avec les administrations.

Les relations avec l'administration

Les relations entre l'officier SAS et l'administration sont très variées, il semble tout de même que les récriminations à l'égard de l'administration soient beaucoup plus nombreuses que ceux qui en ont trouvé un soutien.

N. d'Andoque écrit "les meilleures intentions sont dénaturées par la pénurie générale de moyens, diminuant la crédibilité des projets les plus sérieux. L'officier enseigne la patience à la population et réclame l'exécution des promesses et l'engagement des dépenses prévues officiellement", il rend l'administration responsable de la pénurie des moyens octroyés aux SAS[69]. D'autres officiers SAS perçoivent l'administration comme un obstacle : "Le travail de la SAS est rendu pénible sciemment ou inconsciemment par un léviathan administratif

---

[68] P. QUIEFFIN, Aix, 26/1/95
[69] N. D'ANDOQUE, 1977, p. 55

qui règle la vie du bled dont il n'a aucune connaissance"[70]. A. Maillard vilipende son inaction : "L'administration nous entrave par sa médiocrité, son insuffisance, son incapacité et sa mesquinerie"[71].

Le caractère paperassier de l'administration est unanimement condamné. N. d'Andoque écrit : "L'appétit paperassier de l'administration tendait à la névrose, l'état hybride des SAS militaires et civiles ne devrait pas fournir aux fonctionnaires prétexte de la liquidation des névroses"[72] ou encore P. Charié écrit : "L'administration papivore (...) enchaîne à son bureau l'officier SAS de moindre qualité et abâtardit l'action pure. Son enthousiasme fut peu à peu noyé sous les règles et les règlements"[73].

Les officiers SAS, par le contact avec la réalité du terrain et leur volonté de surmonter les difficultés et d'accomplir leurs objectifs, bousculent les administrations qui jugent "sévèrement les rapports qui demandent plus de rapidité d'exécution, plus de crédits, plus de matériel, plus d'hommes"[74], c'est pourquoi rapidement l'administration va percevoir comme des gêneurs certains officiers SAS, un officier SAS en poste à Tebessa (ancien AI) écrivait : "Dénigrés par les militaires, considérés comme des gêneurs par l'administration, nous n'avons que notre bonne volonté. Elle commence à s'user"[75]. Cette situation est aussi dénoncée par les autorités préfectorales. Dans un rapport sur le moral pour l'année 1956 de la sous-préfecture de Mostaganem adressé à la préfecture d'Oran, on trouve écrit : "Jalousés par l'administration, mal utilisés, critiqués chaque fois

---

[70] Y. ROMANETTI-P.SAS, 1961, p. 163
[71] A. MAILLARD, 1990, p. 291
[72] N. D'ANDOQUE, 1977, p. 63
[73] P. HEDUY, 1979, p. 257-259
[74] N. D'ANDOQUE, 1977, p. 62
[75] C. PAILLAT, 1972, p. 196

qu'ils (les officiers SAS) prennent une initiative. Ce climat de méfiance stérilise leurs activités"[76].

N. d'Andoque vitupère l'inertie et l'inefficacité des divers services techniques officiellement responsables de l'exécution du plan de Constantine[77], il donne des exemples précis de cette inertie : les services des domaines mettaient un mois pour rédiger une expertise qui demandait en réalité 10 minutes d'études, les ponts et chaussées se prenaient d'une ardeur inconnue à deux mois de la fin de l'exercice pour lequel les crédits avaient été accordés et à trois semaines de la saison des pluies car "Il fallait engager les travaux d'une année entière et dépenser les sommes correspondantes qui ne se retrouveraient plus"[78].

Il est symptomatique de retrouver en Oranie exactement le même problème, M. Conejero raconte "En octobre 1959, la sous-préfecture me demande si je ne peux pas employer cinq millions pour faire une mairie avant le mois de décembre sinon les crédits seront suspendus. Je demande rapidement à l'architecte des plans. Je vais voir le maçon pour lui demander les factures correspondantes. Ce qui me permit d'avoir les factures prêtes pour décembre et d'utiliser les crédits tout en construisant la mairie. Le système était risqué pour moi, si l'architecte ou le maçon faisait défaut..."[79].

Il ne faut pas généraliser les conflits entre les officiers SAS et l'administration, en effet C. Pothier raconte : "Nous avions une bonne collaboration avec l'administration, qui n'avait pas de réticences et avec laquelle nous entretenions de bons contacts"[80]. R.Vermant décrit ses contacts avec les différentes administrations dans les SAS de Betacha et Oum Toub : Avec l'éducation nationale "Toutes demandes d'ouverture de classe, de création d'école se heurtaient à une fin de non recevoir", mais il créait des

---

[76] 1.H.1211
[77] N. D'ANDOQUE, 1977, p. 65
[78] Ibid, p. 113-114
[79] M. CONEJERO, Martigues, 2/2/95
[80] C. POTHIER, Marseille, 12/1/95

classes malgré tout et persistait à demander l'officialisation des lieux et des postes créés, qu'il finissait par obtenir. Avec la SAP, la SAR, la DRS et les eaux et forêts : "Dans l'ensemble, les rapports étaient excellents, il y avait aide, conseil et intention...". Pour les diverses constructions (abattoirs, agence postale, gendarmerie, stade, voirie, ponts, route d'accès) "l'ensemble des services techniques a collaboré dans d'excellentes conditions, parfois avec courage dans les années 1957-1958", même avec les services de santé "Il n'y avait pas de difficultés majeures"[81]. En revanche d'autres officiers SAS n'eurent aucun contact avec l'administration, tel C. Hary qui affirme : "Les rapports avec l'administration (autre que préfectorale) étaient inexistants"[82].

Les relations de l'officier SAS avec l'administration étaient très fluctuantes, car elles dépendaient à la fois des personnalités des officiers SAS et des fonctionnaires des administrations concernées mais aussi du déblocage plus ou moins rapide des crédits demandés par l'officier SAS. Tant que l'administration voyait dans l'officier SAS une personne, à statut atypique, complémentaire de son action auprès des populations, les relations étaient cordiales, en revanche du moment où l'administration prenait l'officier SAS comme un simple agent d'exécution ou le percevaient comme un gêneur, alors les relations ne pouvaient que se dégrader...

---

[81] R. VERMANT, Carnoux, 10/2/95
[82] C. HARY, Bouc Bel Air, 14/1/95

3. La mission militaire

La mission des officiers SAS ne peut pas se cantonner dans un rôle purement civil, en effet, parmi les raisons de la création des SAS, on trouve les désirs de contrôler la population et de rechercher des renseignements. Pour cette mission de "police", l'officier SAS dispose d'un maghzen chargé à l'origine de sa protection.

La réalité du terrain va bousculer ces données : Lorsqu'une SAS est située dans une zone d'insécurité, peut-elle se cantonner uniquement dans son rôle civil et policier tout en refusant toute mission militaire ? Deux exemples nous montrent que cette attitude n'est pas possible...

Le capitaine Moreau commande la SAS de Pirette, titulaire de 13 citations, il était acquis aux idées de pacification et circulait seul et sans arme, proposant la réconciliation aux membres du FLN. Alors qu'il se rendait sans même un pistolet à Tizi Ameur, il fut arrêté par des membres de l'ALN qu'il connaissait pour leur avoir proposé de se rallier. Entraîné dans un buisson, le capitaine Moreau fut exécuté à bout portant le 5 janvier 1957, par ceux-là même à qui il avait fait confiance[1]. A Tanridj (frontière tunisienne), le secteur était considéré comme pacifié et la population vivait en bon terme avec la SAS implantée par le capitaine Audibert et le lieutenant Thomas (deux officiers AI du Maroc). Le 4 septembre 1956, le caïd Bachan entre en dissidence avec 200 hommes semant la terreur parmi la population "L'évolution pacifique qu'ils prônent depuis un an avec la volonté farouche vient de craquer en une nuit (...). Ils viennent en quelques heures de comprendre et d'admettre, le coeur brisé, que contre la violence, il n'y a que la violence". Le refus de

---

[1] Y. ROMANETTI-P.SAS, 1961, p. 151

devenir des militaires, le choix de combattre le soulèvement uniquement par la mission civile de la SAS feront que les officiers SAS ne pourront empêcher le massacre de 46 hommes, femmes et enfants du douar de Sedra[2]. Ainsi le refus d'exercer les tâches militaires peut non seulement mettre en danger la vie de l'officier SAS mais aussi de sa population, alors même que l'objectif dans ce conflit de guérilla est d'emporter l'adhésion de la population par tous les moyens... La mission civile des SAS ne serait donc aller sans la mission militaire.

La SAS avec son maghzen participera donc activement, non seulement à la recherche de renseignements et au contrôle de la population, mais aussi à la recherche et au démantèlement de l'OPA implantée parmi la population, à provoquer des ralliements individuels ou collectifs, à former des groupes d'autodéfense (GAD), voir à organiser ou participer à des opérations ou des embuscades. Dans certains secteurs où le soulèvement est très puissant, des SAS se transformeront même en SAS opérationnelles, tandis que dans d'autres secteurs où l'ALN a été décimée par les grandes opérations militaires, les SAS seront chargées de pourchasser les dernières bandes de l'ALN en se transformant alors en SAS renforcées (ou encore appelé quartier de pacification). Les SAS, par leurs connaissances et leur proximité avec la population seront donc une des structures de la lutte contre le FLN.

3.1. Le contrôle de la population et la recherche du renseignement

Le contrôle de la population

Un des moyens utilisés contre le soulèvement fut le contrôle de la population. Les SAS étaient les mieux à même d'effectuer les opérations de contrôle des personnes et des denrées par leur présence sur tout le territoire de l'Algérie et leurs proximités auprès de la population. De même, les SAS étaient en contact

---

[2] P. BONNECARRIERE, 1972, p. 308-313

avec l'administration chargée de la sécurité (la gendarmerie, la police, la DST,...) pour effectuer des arrestations de suspects, de mettre des amendes, d'enquêter sur des vols, d'envoyer des rapports et de fournir des passeports ou des certificats.

L'officier SAS ayant effectué des recensements, connaissait parfaitement l'identité des personnes, les compositions des douars et des mechtas. La carte d'identité ou le certificat de recensement avait donc aussi la fonction de mieux connaître la population pour pouvoir mieux la contrôler. La SAS fournissait non seulement tous les papiers de l'administration, mais aussi les laissez-passer individuels, les passeports, les laissez-passer pour le transport des marchandises, des certificats d'hébergement. Chacun de ces documents devait porter le cachet de la SAS, la date et la durée de validité. Ainsi par exemple, les laissez-passer pour les personnes avaient une validité de un à huit jours : Un jour pour moins de 20 kilomètres, deux jours pour 20 à 50 kilomètres, huit jours pour plus de 50 kilomètres ou les voyages en métropole (les familles qui avaient un de leur membre parmi le FLN n'avait pas le droit à un laissez-passer). Les voyageurs, étrangers à un douar, devaient se procurer un certificat de recensement valable pour une durée maximum de deux mois, l'hébergé et l'hébergeur faisaient l'objet d'une enquête pour savoir s'ils n'étaient pas recherchés. La SAS disposait d'une liste de suspects à arrêter s'ils se présentaient au bureau. Le but de toutes ces mesures étaient de contrôler les déplacements de la population et d'entraver la circulation de l'ALN sur l'ensemble du territoire de l'Algérie.

La circulation des denrées était aussi sévèrement contrôlée : Le transport de marchandises vers les grandes villes devait être accompagné d'un laissez-passer d'une durée de deux à trois mois, de même tout transport de grandes quantités de sucre, de café, d'huile, ou autres si la personne n'était ni marchand ni épicier, elle devait faire l'objet d'une enquête. La possession de denrées était aussi réglementée : On devait posséder moins de 10 kg de blé par personne pour un mois et moins de 100 kg de blé par famille pour un mois. Ces contrôles de denrées avaient pour but d'empêcher les fuites de ravitaillement chez l'ALN. La SAS devait contrôler la circulation des denrées interdites par la religion musulmane (alcool, porc, animal égorgé par un non musulman).

S. Jaubertie qui décrit les contrôles des personnes et des denrées, explique qu'en un jour en septembre 1957, il dut établir 142 laissez-passer de circulation de marchandises[3].

Ces contrôles semblent avoir existé sur l'ensemble de l'Algérie dans le domaine du ravitaillement : J-Y. Alquier (Kabylie) les évoque plusieurs fois "Ils osent poser quelques questions demandant s'ils seront autorisés à acheter du ravitaillement ou au moins du lait en boîte pour les enfants"[4] ou encore il effectue des contrôles des stocks de céréales chez les commerçants[5]. L. Guiffray, attaché civil dans une SAS à la frontière Tunisienne, écrit : "L'achat, la vente, le décès des bêtes sont recensés pour éviter que le FLN ne cache des bêtes dans le regroupement"[6]. A. Maillard (sud Oranais) explique : "Après la moisson, le fellah a l'habitude d'engranger sa récolte dans les matmoras, sorte de silos souterrains, creusés à même le sol (...) afin d'éviter les fuites de ravitaillement vers les HLL (hors la loi). La SAS contrôle les récoltes. Et le capitaine avait fait creuser les matmoras devant le bordj : De la sorte, chaque propriétaire avait sa quantité de blé, déclarée et contrôlable aisément. Tout blé découvert ailleurs pouvait être saisi"[7].

De même que pour les denrées, les individus sont sévèrement contrôlés, ainsi la SAS de Bou Hamra vérifie que les cartes d'identité soient en conformité avec la fiche d'habitation. Les laissez-passer des étrangers sont aussi vérifiés, chacun doit passer la nuit à l'adresse indiquée sur la feuille de logement[8]. L. Guiffray remarque les mêmes faits : "les laissez-passer sont obligatoires pour toute personne circulant hors du douar où elle réside, nul ne peut y pénétrer sans lui"[9].

---

[3] FNACA, 1989, p. 537-544
[4] J-Y. ALQUIER, 1957, p. 60
[5] FNACA, 1989, p. 537-544
[6] L. GUIFFRAY, 1959, p. 121
[7] A. MAILLARD, 1990, p. 246
[8] F. PARISY, 1992, p.30
[9] L. GUIFFRAY, 1959, p. 86

Les habitations étaient organisées selon la méthode du quadrillage établi par R. Lacoste le 4 mars 1957 à la suite des attentats à Alger, qui a pour nom dispositif de protection urbaine (DPU). A. Maillard décrit la manière dont le DPU a été mis en place pour les nomades, après l'établissement des fiches de feux, "Il ne reste plus qu'a indiquer un numéro composé de deux lettres et d'un chiffre. La première indique la commune, la deuxième le douar, et peinte en grande dimension sur le dessus de la tente, afin que l'inscription soit lisible à vue aérienne"[10]. Le même système est utilisé pour les sédentaires : A la SAS de Sidi Salem chaque îlot avait un numéro et chaque baraque une lettre[11], C. Hary confirme cet état de fait : "On fichait tout le monde, chaque maison avait un numéro et une lettre"[12].

Une autre mission importante, complémentaire du contrôle de la population, était la recherche de renseignements.

La recherche du renseignement

La SAS, par sa position auprès de la population et par le maintien d'un contact permanent lors des démarches administratives, est devenue pour la population un intermédiaire incontournable, elle était donc la mieux placée pour recueillir les renseignements. Mais il ne faut pas croire que toute les SAS faisaient du renseignement, en effet comme l'affirme F-X. de Vivie "Chaque SAS dépend de la personnalité du chef SAS, certains faisaient du renseignement d'autres pas"[13], et lorsque l'officier SAS faisait effectivement du renseignement, chaque officier avait sa propre méthode pour procéder.

La SAS avait des fonds secrets pour le renseignement affirme P. Quieffin[14]. G. Hirtz, sous-préfet à Tebessa, confirme

---

[10] A. MAILLARD, 1990, p. 259
[11] F. PARISY, 1992, p. 22
[12] C. HARY, Bouc Bel Air, 14/1/95
[13] F-X. de VIVIE, Paris, 10/6/89
[14] P. QUIEFFIN, Aix, 26/1/95

ces faits: "Même pour le renseignement, des fonds secrets étaient prévus"[15]. Ces fonds secrets permettaient, par exemple au capitaine de la SAS d'Oum Djerane de payer 5 000 francs par mois son informateur[16]. Cette manière de procéder permet d'augmenter le nombre d'informateurs, P. Quieffin explique : "Au début, j'avais un informateur puis j'ai atteint le chiffre de douze, ils faisaient du renseignement essentiellement pour l'argent"[17].

Certains officiers SAS ont monté de véritables réseaux de renseignement, tel G. Vincent : "Il possédait pas mal d'informations grâce au petit réseau qu'il avait monté. Il devait fonctionner mieux que jamais"[18], C. Pothier avait aussi "un réseau d'informateurs (une dizaine). Les informations qu'ils apportaient, étaient toujours recoupées" (toutes les informations étaient hiérarchisées selon la fiabilité du renseignement). En revanche, il répugne à payer ses informateurs : "Je ne leur ai jamais donné de l'argent, par contre je les aidais en leur donnant plus de nourriture. Il me répugnait d'acheter des consciences et c'était un moyen de ne pas avoir de faux renseignements"[19]. Cette manière de procéder permet d'éviter, en effet, les erreurs, telle celle de la SAS d'Oum Djerane, qui fait arrêter quatre personnes par le commando Georges sur la base des renseignements fournis par l'informateur rémunéré de la SAS. Mais le commando s'aperçoit que les quatre personnes sont innocentes et que l'informateur jouait le double jeu avec l'ALN[20].

Dans certains cas extrêmes, des personnes ont été spécialement formées pour la dénonciation : A la SAS de Magerit, un ancien combattant est arrêté selon les directives du secteur militaire, celui-ci fut en fait formé par le cinquième bureau, une fois formé il est réimplanté dans le douar. Cinq semaines après sa

---

[15] G. HIRTZ, Luynes, 9/1/95
[16] A. MAILLARD, 1990, p. 279
[17] P. QUIEFFIN, Aix, 26/1/95
[18] G. VINCENT, 1988, p. 103
[19] C. POTHIER, Marseille, 12/1/95
[20] A. MAILLARD, 1990, p. 279

réimplantation, il donne les noms et les fonctions des membres de l'OPA du regroupement[21]. Mais en général, la méthode la plus utilisée pour recueillir des renseignements est la discussion avec les fellahs où parfois ceux-ci donnaient des renseignements. Trois officiers SAS racontent la manière de procéder : C. Pothier explique qu' "il fallait comprendre entre les mots, les messages que nous faisaient passer les Kabyles"[22], ou encore C. Hary raconte "Je me promenais avec le mokhadem, je discutais avec finesse... "[23], et D. Warnery "La SAS faisait du renseignement en discutant avec la population"[24].

Un autre moyen de soutirer des informations est d'utiliser le personnel de la SAS, M. Conejero s'appuie sur "les moghaznis et leurs familles (qui) me donnaient des renseignements"[25]. L. Guiffray, alors étudiant en stage de secrétaire administratif, interroge lui-même un suspect, lui permettant d'avoir des renseignements sur un collecteur de fonds[26]. J. Taltavull, instituteur à la SAS de Taguine raconte que "les enfants viennent me dire en cachette à la récréation, par exemple, que 7-8 personnes étaient venues à leur maison. Je leur faisais dessiner les fusils ou les mitraillettes, ou encore du type, 3-4 personnes étaient venues manger et étaient reparties à trois heures du matin. Il y avait une part d'affabulation, je distinguais le réel de l'imaginaire (...) Je les avais gagnés à ma cause, ils avaient des sentiments, des regards, des réactions pro-Français qui n'étaient pas exprimés ouvertement. Je transmettais au lieutenant, qui transmettait au bataillon et au régiment. Là, il n'y avait pas de réaction, en conséquence le renseignement affluait..."[27]. C. Pothier explique qu'à la SAS de Cap Djinet "un attaché civil arabisant, dont le père avait été tué par le FLN recherchait des

---

[21] G. VINCENT, 1988, p. 157-166
[22] C. POTHIER, Marseille, 12/1/95
[23] C. HARY, Bouc Bel Air, 14/1/95
[24] D. WARNERY, Marseille, 8/2/95
[25] M. CONEJERO, Martigues, 2/2/95
[26] L. GUIFFRAY, 1959, p. 66
[27] J. TALTAVULL, Paris, 20/6/89

renseignements. Il interrogeait mais cela ne dépassait pas une paire de claques. Il savait discuter... "[28].

Ces attitudes des attachés civils ou militaires de rechercher des renseignements étaient spontanées, sans aucune pression de l'officier SAS, mais le risque de cette attitude était de faire l'amalgame entre la mission civile et militaire de la SAS. Quelquefois, il y avait pression pour obtenir à tout prix des renseignements, ce fut le cas sur F. Parisy, attachée médico-sociale dans une SAS, qui est interpellée par l'officier de renseignement : "J'espère que dans le village, vous êtes attentive à ce qui pourrait vous donner des tuyaux sur l'existence de l'appartenance à l'OPA , je compte sur vous, sur votre sens du devoir pour me communiquer le moindre renseignement", ce à quoi F. Parisy répond : "Je me fiche d'une possible OPA, mon boulot est de soigner et de nourrir ces gens, pas de les dénoncer. Ne comptez pas sur moi pour jouer les indics"[29]. F. Parisy est consciente que faire du renseignement, alors que sa mission est d'aider la population, est une grave dérive de la mission civile des SAS. C. Pothier en est aussi conscient, c'est pourquoi il affirme : "Ce n'était pas le rôle des attachés administratifs de faire du renseignement"[30]. Mais lorsque la SAS était située dans une grande zone d'insécurité pouvait-elle négliger ce moyen ?

Une autre méthode pour recueillir les renseignements consistait à interroger un suspect arrêté. J-Y. Alquier fait arrêter un ancien collecteur de fonds, après avoir discuté avec lui, celui-ci "donne des renseignements utiles, c'est à dire exploitables, des noms, des lieux précis de passage et de réunion, comment l'argent est acheminé à l'échelon supérieur, par quelles voies les fellaghas sont ravitaillés, où sont les dépôts de céréales"[31]. Pourtant, parfois les suspects arrêtés refusent d'avouer malgré les discussions ou les menaces. Certains officiers SAS vont alors utiliser la torture : G. Vincent avait fait arrêter trois suspects,

---

[28] C. POTHIER, Marseille, 12/1/95
[29] F. PARISY, 1992, p. 227
[30] C. POTHIER, Marseille, 12/1/95
[31] J-Y. ALQUIER, 1957, p. 67

deux avaient avoué, le dernier avait tenu 36 heures, alors "contre les récalcitrants qui s'enferment désespérément dans la négation malgré les évidences, on utilisait des moyens plus énergiques : le fell lâcha rapidement : 4 autres membres de l'OPA furent arrêtés. Les officiers le faisaient, mais sans enthousiasme"[32] ou encore "J. Forestier l'avoue lui-même, dû pratiquer la torture qui existait en Indochine mais s'est efforcé de toujours employer une torture qui n'entraînait pas de séquelles physiques, ni de souffrance supplémentaire après son arrêt (l'électricité). Il a le souci de ne pas se laisser guider par un sadisme latent et de ne pas la pratiquer coûte que coûte mais seulement si le renseignement obtenu permettait de sauver de nombreuses vies"[33]. Ces deux témoignages d'officiers SAS avouent avoir utilisé la torture, avec comme excuses morales de décapiter l'OPA ou de sauver des vies humaines, tout en expliquant avoir pratiqué la torture sans sadisme ni excès.

En revanche, certains officiers SAS ont refusé toute concession morale à l'égard de la torture, tel D. Warnery qui surprend un soir le lieutenant de la SAS à torturer à la gégène à la SAS de Sidi Aïssa et demande sa mutation immédiate dans une autre SAS[34], ou encore A. Maillard qui proteste, pendant une réunion des officiers SAS, lorsque le capitaine du 2e bureau recommande l'usage de la torture lors des interrogatoires[35]. A. Maillard explique que "Les officiers SAS n'avaient rien à faire de ces directives et ne les mettaient pas en pratique"[36]. Cette attitude pouvait aller jusqu'à ne pas intervenir contre une personne fortement soupçonnée : "Le garde champêtre faisait partie de l'OPA, j'attendais un flagrant délit pour le faire arrêter, je n'ai jamais fait de corvée de bois (exécution sommaire)"[37].

---

[32] G. VINCENT, 1988, p. 148
[33] A. CARINI, 1993-1994, p. 146
[34] D. WARNERY, Marseille, 8/2/95
[35] A. MAILLARD, 1990, p. 300-301
[36] A. MAILLARD, Paris, 11/10/94
[37] C. HARY, Bouc Bel Air, 14/1/95

Quelle était la nature des renseignements recueillis ? Cela pouvait aller des renseignements sur un douar qui s'enfuyait systématiquement à l'arrivée de l'officier SAS, mais qui fréquentait tel marché, à telle heure, permettant ainsi à l'officier SAS de l'approcher[38], sur les lieux où se réfugiait le FLN : "Un musulman venait trouver l'officier SAS pour lui glisser à l'oreille que dans la dechra située de l'autre côté de la montagne se trouvaient 14 étrangers recherchés par la police de Maison Carrée" (compte rendu du général Huet, juillet-août 1957)[39], sur les itinéraires empruntés par les rebelles, sur les silos souterrains de ravitaillement du FLN, les noms des collecteurs de fonds[40], ou bien d'une embuscade dirigée contre le maghzen de la SAS[41].

Quelquefois le renseignement cessait totalement d'affluer en raison de la réaction violente du FLN, ce fut le cas à la SAS de C. Hary : "Un jour une informatrice se fit égorger dans un douar, pendant trois à quatre mois, je n'ai plus eu d'informations provenant de ce douar"[42], ou encore A. Maillard constate : "Aucun renseignement ne peut venir du regroupement : ceux qui ont parlé, ont été égorgés : trois à six mois au CTT (centre de transit temporaire) ou l'égorgement ? Il n'y a vraiment pas à hésiter"[43].

Lorsque il y a des renseignements, les officiers SAS ne les exploitent pas eux-mêmes ; Ils les transmettent soit à l'armée, soit à la gendarmerie, sauf s'il fallait intervenir rapidement dans le but de "ne pas mouiller le maghzen". La recherche de renseignements pouvait être importante, comme l'explique C. Hary "En temps normal c'était 50% de notre temps, à l'antenne SAS de Nedroma c'était 90%. J'envoyais 5 bulletins de renseignements par jour à l'armée"[44], en revanche pour d'autres, tel D. Warnery, "c'était

---

[38] COLLECTIF, 1991, p. 208-210
[39] P. TRIPIER, 1972, p. 177
[40] L. GUIFFRAY, 1959, p. 128-129
[41] J-Y. ALQUIER, 1957, p. 258
[42] C. HARY, Bouc Bel Air, 14/1/95
[43] A. MAILLARD, 1990, p. 217
[44] C. HARY, Bouc Bel Air, 14:1:95

mineur (...) car l'OPA était inexistante, la population étant dispersée"[45].

La recherche de renseignements par les SAS dépend de plusieurs facteurs, que ce soit la personnalité de l'officier SAS, du contexte de la circonscription (population regroupée ou dispersée), de la confiance plus ou moins forte de la population dans la SAS, de la présence ou de l'absence de l'OPA ou de l'ALN et de leur influence sur la population.

---

[45] D. WARNERY, Marseille, 8/2/95

3.2. La rivalité entre la SAS et l'OPA-ALN

La SAS va se trouver en rivalité avec l'OPA pour le contrôle de la population, car dans ce conflit de guérilla, la population est l'élément déterminant de la force ou de la faiblesse du soulèvement. Un véritable bras de fer existe dans le bled de la part de l'OPA et de l'ALN pour contrecarrer les efforts de la SAS, que ce soit dans le domaine administratif, social ou économique. Tandis que de l'autre côté la SAS tente d'empêcher l'implantation de l'OPA parmi la population.

Les actions de la SAS contre l'OPA et l'ALN

La SAS a perçu le danger que représentait l'OPA implantée parmi la population pour son contrôle. L'officier SAS ne sous-estime pas l'OPA, bien au contraire : "Ils (les membres de l'OPA) sont partout présents, rares, mais efficaces et remarquablement organisés" affirme le lieutenant H.[1]. Prenons les opinions de deux officiers SAS sur l'OPA, l'un C. Hary en Oranie et l'autre C. Pothier en Kabylie, le premier affirme "L'OPA rackettait, guettait l'armée et tenait la population", le deuxième affirme "ils étaient efficaces en exerçant une contrainte sur la population". Les deux officiers reconnaissent que l'OPA n'était pas nombreuse, C. Hary donne le chiffre de 3 à 4 personnes sur un douar et affirme "On cherchait l'OPA, on la détruisait, elle se reconstituait"[2], même réflexion de C. Pothier "Nous connaissions l'organisation de ses membres (l'OPA) (...) l'armée ou la gendarmerie les arrêtait (...). Mais comme l'hydre, lorsque l'on coupait une tête à l'OPA, une autre se reconstituait"[3]. On peut constater à travers ces réflexions de deux officiers SAS dans des régions complètement différentes, l'existence des mêmes problèmes concernant l'OPA.

---

[1] C. DUFRESNOY, 1961, p. 123-126
[2] C. HARY, Bouc Bel Air, 14/1/95
[3] C. POTHIER, Marseille, 12/1/95

La lutte contre l'OPA est un souci constant et permanent de la part de la SAS, certains officiers SAS déplorent leurs faiblesses face à elle, comme A. Maillard : "l'OPA du douar , que nous ne pouvons pas réduire définitivement, donne ses consignes librement. Nous connaissons les chefs et les responsables de l'OPA : Ils sont dans mon fichier. Plusieurs ont déjà été arrêtés de nombreuses fois, quelques mois au CTT et les voici prêts de nouveau à recommencer. Je déplore (...) une faiblesse lamentable qui donne toutes ses chances à l'implantation ennemie"[4]. En revanche, d'autres officiers vont utiliser des moyens radicaux pour détruire l'OPA : A la SAS de Magerit, suite à l'assassinat du chef de la djemaa ainsi que deux autres membres de la djemaa, huit jours plus tard à la même heure, G. Vincent fait exécuter le chef de l'OPA et deux autres membres de l'OPA et fait exposer les cadavres[5]. Cet acte radical se veut aussi un acte symbolique (la loi du talion) qui veut montrer à la population que la SAS est impitoyable envers le soulèvement.

D'autres officiers SAS réagissent de manière plus subtile contre l'OPA, tel le lieutenant Ontrup qui convoque les membres de l'OPA et leur révèle de faux itinéraires de patrouilles du maghzen, l'OPA les transmet à l'ALN qui monte des embuscades qui échouent. Un jour, les membres de l'OPA sont retrouvés égorgés, l'ALN croyant avoir été trahi[6].

La lutte contre l'ALN peut prendre aussi la forme de ralliement individuel organisé par la SAS ou spontané, ainsi à la SAS de Mouzaïaville, le capitaine Ventajo profite de la paix des braves pour convaincre un ravitailleur de l'ALN, qui avait une grande renommée parmi la population, de se rallier. Celui-ci se rallie et le capitaine de la SAS ne l'interroge pas et le laisse libre[7]. Des ralliements spontanés ont eu lieu, à la suite de la prise de conscience de l'aide économique et sociale qu'apportait la SAS à la population : L. Guiffray rapporte les paroles d'un membre de

---

[4] A. MAILLARD, 1990, p. 217
[5] G. VINCENT, 1988, p. 140-150
[6] H. le MIRE, 1988, p. 287-291
[7] Y. COURRIERE, 1990, 2, p. 370

l'ALN expliquant les raisons de son ralliement : "Les habitants m'ont dit que la SAS fait beaucoup de bien à la population[8], ou encore deux membres de l'ALN ralliés expliquent à D. Warnery : "Mon lieutenant, hier quand tu es passé sur le pont, nous étions là pour le dynamiter. Nous t'avions au bout du fusil, on s'est dit, on ne peut pas tuer le lieutenant qui s'occupe du pays"[9].

Des ralliements collectifs ont été organisés par certains officiers SAS, dont deux de grande ampleur qui marquèrent le conflit algérien : l'affaire Kobus (juillet 1957-avril 1958) et l'affaire Olivier (juin 1957-juillet 1958).

Pour l'affaire Kobus, dans l'Orléansvillois, on trouve à l'origine du ralliement de Si Cherif et de ses 300 combattants menacés par les bellounis et l'ALN, le capitaine Cornille, chef SAS de Duperré, et l'adjudant-chef Frachet, ancien de l'Indochine (où il connut Si Cherif), et sous-officier à la SAS de Maginot[10].

L'affaire Olivier est le deuxième ralliement collectif organisé par des officiers SAS, qui concerne les troupes de Bellounis. Le capitaine Combette accueille dans sa SAS un sympathisant bellouniste. Il apprend par le lieutenant Bienfait de la SAS de Harraza, que les bellounistes n'ont pas tiré sur lui à plusieurs reprises. Progressivement, le sympathisant de Bellounis deviendra un agent de liaison entre le capitaine Combette et Bellounis, qui le 30 mai 1957 à la suite du massacre de Melouza, se ralliera à la France[11]. P. Quieffin et deux autres officiers SAS seront même chargés d'encadrer les troupes de Bellounis juste au moment où Bellounis entrera en dissidence durant l'été 1958[12].

Même si ces ralliements collectifs se termineront par un échec, l'importance des ralliements individuels aux SAS

---

[8] L. GUIFFRAY, 1959, p. 114-115
[9] D. WARNERY, Marseille, 8/2/95
[10] G. FLEURY, 1989, p. 98-109
[11] Y. COURRIERE, 1990, 2, p. 37-50
[12] P. QUIEFFIN, Aix, 26/1/95

démontrent que les actions des officiers SAS ont eu des répercussions dans les rangs mêmes du soulèvement.

Parfois, les officiers SAS obtiennent des ralliements de populations auparavant hostiles, le capitaine joue sur l'opposition ancestrale entre Arabe et Kabyle pour rallier la population arabe contre les troupes kabyles de l'ALN[13]. Un officier SAS profite de l'assassinat par un village de deux collecteurs de fonds du FLN (car le FLN prenait plus d'argent que le percepteur), pour armer le village de vieux fusils dont certains hors d'usage[14]. La formation de groupes d'autodéfense (GAD) était un moyen de s'assurer du soutien de la population, ils étaient mis en place soit par l'armée, soit par les SAS.

L'armement des populations se fit au début sans discernement et contre l'avis des officiers SAS : P. Quieffin (dans une SAS de l'ELA de Tlemcen) se souvient du mois d'octobre 1955 où le préfet Lambert avait décidé d'armer la population : "J'envoie immédiatement un rapport pour m'opposer énergiquement à cette décision. Le préfet persiste et réunit les journalistes, j'ai été obligé de désigner 30 types qui étaient dispersés dans la nature, c'était des gens exposés. On leur a donné de vieux fusils 1886 et 7-15. Ce que j'avais prévu arriva : un homme arriva, disant qu'on lui avait pris son fusil, puis d'autres hommes... J'ai immédiatement rassemblé les fusils, on avait perdu 20 fusils! L'autodéfense ne se conçoit que rassemblée"[15], B. de Nanteuil, officier SAS à la commune mixte de Nédroma dut, malgré ses protestations, distribuer 100 à 200 fusils aux volontaires désignés, qui furent désarmés par l'ALN[16].

Ces deux expériences malheureuses en Oranie rendent les SAS plus prudentes : G. Vincent établit un dossier pour donner 12 armes à la population de Tilmout dans une région considérée

---

[13] Y. COURRIERE, 1990, 2, p. 33-37
[14] J. SERVIER, 1960, p. 172-173
[15] P. QUIEFFIN, Aix, 26/1/95
[16] COLLECTIF, 1991, p. 210-215

comme pacifiée[17]. A la SAS de Cap Djinet, c'est le capitaine de la SAS, membre du SDECE (service secret français) qui mettait en place les GAD "les armes étaient remises discrètement sans cérémonie. Ils n'étaient pas aimés du FLN"[18]. En mai 1958, on comptait 400 GAD regroupant 8.000 personnes, en juillet 1959 on comptait 1.100 GAD regroupant 22.000 personnes, en juillet 1960 on comptait 1.840 GAD regroupant 56.000 personnes, ce qui fait une moyenne de 20 à 30 personnes par autodéfense[19]. En juillet 1961 on comptait 1.918 GAD, en octobre 1961 les GAD étaient au nombre de 1 436, tandis qu'en décembre 1961 il n'y avait plus que 1 198 GAD[20].

Quelle fut l'efficacité de ces groupes d'autodéfense ? Nous n'avons qu'un seul bilan des GAD sur l'arrondissement de Sidi Bel Abbès sur la période du 1er décembre 1959 au 1er mai 1960 qui comptait au 18 mai 1960 12 SAS, 4 GAD soit 232 personnes possédant 18 armes. Le bilan des GAD est de 20 rebelles mis hors combat, 103 membres des GAD mis hors combat, 13 armes récupérées, 156 armes perdues par les GAD (dont 51 par désertion)[21]. On peut constater que dans l'arrondissement de Sidi Bel Abbès, l'autodéfense n'est pas très efficace : les pertes en homme sont 5 fois plus élevées que celles de l'ALN (qui, il est vrai, a l'avantage de l'attaque et de la surprise) de même les membres des GAD ne sont pas tous fiables puisque le tiers des armes perdues le sont par désertion. Si l'on fait la proportion entre les armes perdues au combat (c'est à dire 105) et les armes récupérées au combat, on arrive à une proportion de 8 contre 1. L'absence de chiffres de synthèse ou comparables sur d'autres arrondissements ne peut nous permettre d'élargir ce bilan à l'ensemble des GAD de l'Algérie.

La formation de GAD est, avant toute efficacité militaire, un signe concret de la confiance de la population envers la France.

---

[17] G. VINCENT, 1988, p. 163
[18] C. POTHIER, Marseille, 12/1/95
[19] P .TRIPIER, 1972, p. 182-183 et p. 405
[20] 1.H.4473 n°3
[21] Ibid

C'est pourquoi la population demande en contrepartie la promesse, par l'officier SAS, que la France restera, comme le demande le chef du village au capitaine Combette: "Tu as pris en compte nos soucis, on voit que tu veux nous aider, on marche avec toi. Arme nous. A une seule condition : Que tu nous promettes de ne jamais partir ou que tu nous donnes un remplaçant comme toi" le capitaine Combette promettra[22]. Cette promesse sera faite par de nombreux officiers SAS, le général Challe a très bien compris la situation, comme il l'explique au général Crépin : "Quand un lieutenant SAS dit à un chef d'autodéfense, prenez les armes à nos côtés, nous vous promettons que la France restera et que nous vous protégerons, c'est de la politique et nous en faisons sur l'ordre du gouvernement. En guerre subversive où l'on doit conquérir la population et non les cailloux, on ne peut éviter de dire à une population quel avenir on lui propose. Et l'avenir politique à court et moyen termes y est inclus qu'on le veuille ou non"[23].

Gagner la population à sa cause, c'est donc promettre que la France restera. En faisant cette promesse, les officiers SAS vont s'opposer à l'ALN et à l'OPA qui avaient comme objectif l'indépendance de l'Algérie. Inévitablement, il allait y avoir affrontement entre ces deux forces...

Les actions de l'OPA et de l'ALN contre la SAS

Le FLN va rapidement prendre conscience du danger que représentait les SAS. Dès le 24 mai 1955 en pleine expérience pilote des Aurès, une bande armée de l'ALN conduite par C. Bachir assassine l'administrateur Dupuy, il récupère ses documents, dont "un rapport du général Parlange l'a particulièrement frappé, il en devine les dangers pour l'extension de la rébellion. Parmi les mesures prises, il créait des commandos suicides destinés à abattre les officiers qui s'installent dans les postes AI et oblige la population à n'avoir aucun contact avec eux

---

[22] Y. COURRIERE, 1990, 33-37
[23] Ibid, p. 593

sous peine de représailles"[24]. Ces mesures d'assassinat et de boycott des officiers SAS seront utilisées entre autres lors des années suivantes pour contrecarrer l'action des officiers SAS.

Quelle va être la stratégie du FLN à l'égard des SAS ? Un document récupéré par l'armée sur le cadavre d'un chef de l'ALN datant du 22 juillet 1957 permet de répondre à cette question, il sera reproduit dans *La semaine en Algérie*. Ce document est instructif car il montre la perception par le FLN des objectifs et des moyens utilisés par la SAS, ainsi que les moyens pour combattre la SAS. La SAS est perçue comme voulant "décourager, semer le doute (...), briser cette union et altérer cette foi (...), le but de la SAS est donc de décourager, lasser, noyauter, puis désolidariser le peuple de sa révolution" (feuille n°1). La SAS est perçue comme un danger car elle coupe le FLN de la population. Le document poursuit sur les moyens utilisés par la SAS "propagande, démoralisation, corruption, intimidation, exaction, torture, exécutions sommaires sont employées fréquemment par la SAS", les moyens utilisés par la SAS sont décrits en termes péjoratifs, l'action de la SAS est diabolisée car elle utiliserait les moyens les plus vils pour parvenir à ses fins.

Le document décrit concrètement les actions de la SAS sur le terrain, par l'établissement d'"une structure administrative, formation de groupes d'autodéfense et (tentative) d'obtenir des ralliements de populations". Il décrit aussi ses méthodes : quadrillage du territoire, contact avec la population, contrôle des personnes, des biens et des documents, patrouilles.

Il est intéressant de noter que la feuille n°2 assimile sous le terme de propagande : les chantiers, les écoles, les soins médicaux, les secours en argent et en nature, et sous le terme de corruption : les GAD, l'administration et le renseignement. Ces réflexions du FLN démontrent que celui-ci ne voit dans les actions administratives, économiques et socio-éducatives de la SAS non un moyen de secourir la population mais une simple

---

[24] C. PAILLAT, 1967, p. 177

propagande. Cette conception du FLN nous permet alors de comprendre la logique des moyens préconisés par le FLN pour combattre la SAS que l'on peut regrouper sous trois méthodes (feuille n°2 et n°3).

La première méthode consiste en des actions violentes contre la SAS : harcèlement régulier de la SAS, embuscades contre la SAS, contre les patrouilles (le maghzen) chargées du contrôle de la population mais aussi chargées de "la propagande", c'est à dire selon la définition du FLN : Ceux qui distribuent des tracts et projettent des films (l'action psychologique) mais aussi les écoles (les instituteurs), les chantiers (les entreprises du BTP, les ouvriers, les maçons...), les soins médicaux (médecins de l'AMG, ASSRA, PFAT, EMSI...) (n°1). On préconise aussi l'exécution des collaborateurs de la SAS ainsi que les membres des GAD (n°9) et des informateurs (n°8).

La deuxième méthode est la création d'un propre réseau d'encadrement de la population au niveau de chaque fraction et de chaque village pour contrôler et être en contact avec la population (n°3), de surveiller celle-ci pour qu'elle n'ait pas de contact avec la SAS (n°2). Sont désignés comme suspects (et donc particulièrement surveillés) : les anciens agents administratifs, les retraités, les mouchards repentis, les caïds, les gardes champêtres, les amines (?) (n°8). Cette organisation aura pour but de faire une contre-propagande à la SAS (n°4) et de faire des actions sociales en aidant les familles de prisonniers ou des décédés du FLN par des distributions de vêtements, de vivres et par une aide médicale (n°5) et de constituer des réseaux de renseignements (n°7). La méthode préconisée est donc d'utiliser les méthodes de la SAS (aide économique et sociale, proximité avec la population, renseignement) retournées contre la SAS. En fait, la deuxième méthode préconise la création d'une OPA...

La troisième méthode préconise de "mouiller" la population en lui faisant faire des sabotages, en constituant des gardes et des refuges (n°6). Les trois manières de lutter contre la SAS, selon ce document, est d'utiliser la violence, de constituer une OPA et d'utiliser la population dans des actions de soutien au FLN pour la faire basculer du côté du soulèvement. Ces trois méthodes seront effectivement utilisées contre la SAS[25].

En 1958, un deuxième document sera saisi sur un chef de la Wilaya n°5 provenant du comité national de la Wilaya n°5 expliquant que "La SAS est un danger permanent qui plane sur la confiance que nous accorde le peuple. Le chef de la SAS est également dangereux car il apprend à l'Algérie la route vers le body (le bien-être). Les travaux qu'il entreprend ne fait qu'accélérer la pénétration dans nos régions les plus isolées. La présence d'un assistant social est un pion primordial aux mains de l'ennemi. Les groupes armés feront tout leur possible pour empêcher et gêner les contacts de la SAS avec la population, en effet, notre peuple comme tout autre, aspire à la paix : le regroupement autour de la SAS apparaît comme un havre de paix"[26].

Comme précédemment, la SAS est désignée comme celui qui rompt le lien entre le FLN et la population. En revanche, l'officier SAS est pour la première fois mentionné en tant que danger, en raison de son action économique (bien-être de la population, construction d'infrastructures) ainsi que l'assistant social en raison de son action sociale. La politique de regroupement est désignée par ce document comme un danger, car elle apporte un calme relatif à la population. Ce document montre que le FLN est inquiet face à l'action civile de la SAS, mais ne préconise aucune solution pour y remédier.

Ces documents démontrent que le FLN a pris conscience du danger que représentait la SAS. L'OPA et l'ALN vont mettre rapidement en pratique les actions préconisées par ces documents pour contrecarrer les actions de la SAS.

L'action du FLN va commencer par contrecarrer la SAS dans le domaine des cartes d'identité : "De temps à autre , il y avait une offensive du FLN sur les cartes d'identité, on voyait

---

[25] CDHA, Aix-en-Provence, dossier SAS
[26] B. BOUALAM, 1983, p. 118

arriver quinze types le même jour avec le même refrain : J'ai perdu la Nekoua! (la carte d'identité). Malgré les supplications apitoyantes et pitoyables, malgré les instances pressantes et apeurées, l'administration devait demeurer inflexible dans le refus de renouveler toute pièce d'identité. Courbé par sa peur, le misérable s'en retournait partagé entre la crainte de circuler sans papier s'il le donnait aux fellaghas et, la terreur des représailles s'il n'obéissait pas au mot d'ordre. Il essaierait alors vainement de s'en tirer avec l'OPA en racontant que la SAS lui avait confisqué sa carte (...), l'OPA serait encore moins dupe que la SAS"[27]. C. Hary est, lui aussi, inflexible à sa manière : "Les fells détruisaient les papiers d'identité. La SAS repassait et demandait à ceux dont les papiers avaient été détruits de se présenter à la SAS à six heures du matin. On les faisait griller au soleil entre le mur et les barbelés, ensuite on les renvoyait chez eux en leur disant de revenir le lendemain à cinq heures. Alors nous refaisions les papiers. Avec le FLN, c'était une lutte sans fin"[28]. La population était donc prise alternativement entre la SAS et l'OPA, chacune voulant démontrer sa puissance. Une autre méthode d'empêcher l'armée ou la SAS de vérifier les cartes d'identité était d'obliger la population de fuir systématiquement à leur arrivée, les officiers SAS, J-C. Sancan[29] et J-Y. Alquier[30] en feront l'expérience.

L'OPA accentue ses actions contre la SAS au moment des élections en faisant passer les consignes de boycott qui furent un succès dans la SAS du lieutenant H. "L'OPA a donné des consignes de ne pas voter, elle a elle-même voté, donc elle est irréprochable (...) à la dernière élection le FLN cernait les douars à cheval, il y a eu beaucoup de têtes coupées. Les musulmans sont venus me voir : on ne votera pas, sans cela on sera égorgé, tu penses nous tuer avec ton fusil, à choisir entre les deux, c'est une mort plus agréable", il eut 0,5% de participation à ces élections[31]. Mais en général, les consignes de boycott sont un

---

[27] A. MAILLARD, 1990, p. 251
[28] C. HARY, Bouc Bel Air, 14/1/95
[29] COLLECTIF, 1991, p. 266-276
[30] J-Y. ALQUIER, 1957, p. 22
[31] C. DUFRESNOY, 1961, p. 123-126

échec pour l'OPA, C. Pothier explique qu'il avait une moyenne de 70 à 80% de participation malgré les mots d'ordre de boycott et les destructions de cartes d'identité pour empêcher le vote, personnes qu'il faisait voter malgré tout[32].

Le FLN et son OPA avaient obligé l'administration locale à démissionner : à la SAS de Doucen le 31 juillet 1956, à la suite de lettres de menaces du FLN : Bachagas, caïds et consorts ont démissionné[33]. Nous avons vu dans le chapitre 2.1 sur la mission administrative des SAS, que l'ALN n'hésitait pas à assassiner les délégations spéciales pour empêcher le fonctionnement des communes. Parfois, ils réussissaient à retourner les autorités municipales en leur faveur, ce fut le cas à la SAS de Philippeville où l'officier SAS constitue une équipe de cinq cadres pour contrôler la commune regroupée. Les cinq cadres sont menacés de mort par l'ALN, inquiets ils s'en plaignent régulièrement auprès du chef SAS puis subitement ne lui en parlent plus. Un prisonnier fellagha annonce qu'ils étaient passés en bloc au FLN et constituaient l'OPA de la commune[34].

L'action de l'OPA et de l'ALN pour entraver le travail de la SAS dans le domaine administratif, s'exerce aussi dans le domaine médical, comme le constate le docteur Merignargues. Durant son travail d'AMG de mai 1956 à juillet 1957, il constate de mai à décembre 1956, une moyenne de 500 consultations par mois avec un léger fléchissement en fin de période qui témoigne du pourrissement de la situation. De janvier à avril 1957, c'est le soulèvement armé qui provoque un fléchissement des consultations, il écrit : "Il nous arrive de ne voir aucun consultant au dispensaire" les 100 à 150 consultations sont des fellahs rencontrés au hasard des tournées. De mai à juillet 1957, il constate une reprise des consultations (environ 300) mais qui n'atteignent pas l'ampleur de l'été 1956. G. Merignargues constate une corrélation inversement proportionnelle entre les consultations médicales et l'emprise du soulèvement. Les AMG itinérantes "deviennent de vastes raids très spectaculaires,

---

[32] C. POTHIER, Marseille, 12/1/95
[33] COLLECTIF, 1991, p. 266-267
[34] *France Soir*, 6 mai 1959

souvent très longs mais improvisés, sans itinéraire fixe, toujours sur des pistes, jamais sur des routes, aux heures les plus fantaisistes" permettant d'éviter "toute conséquence grave"[35]. D'autres n'auront pas cette chance, tel ce médecin AMG et ses trois moghaznis enlevés par l'ALN[36].

Les actions économiques de la SAS sont combattues par l'ALN, ainsi lorsque le capitaine Combette fait rouvrir un marché interdit par l'ALN, celui-ci riposte en faisant égorger des marchands dès le lendemain[37]. Un exemple plus significatif est mentionné par J-Y. Alquier. Il dispose le 7 janvier 1957 de crédit pour reconstruire une piste, la population désire travailler mais elle craint l'ALN. L'officier SAS les convainc : "Si vous voulez vivre il faut prendre le parti de la France". Le 16 janvier, 80 ouvriers sont présents, le 22 janvier ils sont 100, la SAS refuse entre 10 à 50 personnes par jour. L'ALN réagit en enlevant ou en égorgeant le 24 janvier 3 des 4 chefs de chantier et en donnant comme consigne aux 4 mechtas de saboter la piste sous peine de sanction.

Ce simple chantier prend un aspect psychologique important, où la SAS et le FLN s'affrontent pour la continuité ou l'arrêt du chantier. Peu importe l'aspect économique du chantier, seul compte le résultat de cet affrontement. Or, une grève générale est lancée par les instances politiques du FLN pour le 28 janvier au 4 février 1957. L'officier SAS fait un discours contre la grève devant les ouvriers. A partir de cet instant, le chantier devient un véritable symbole : Si la SAS s'impose, elle gagne à sa cause psychologiquement la population, si elle échoue, elle perd irrémédiablement la population.

Le 28 janvier, il y a 6 absents sur 100 au chantier, le 29 janvier un tiers des ouvriers sont absents, le 30 janvier à la suite d'un accrochage avec le maghzen, l'ALN perd 8 hommes, les 50 ouvriers présents au chantier sont rassurés. Le 2 février 150

---

[35] G. MERIGNARGUES, 1957-1958, p. 31
[36] J-Y. ALQUIER, 1957, p. 28
[37] Y. COURRIERE, 1990, 2, p. 33-37

ouvriers sont présents au chantier. On peut conclure de cet affrontement, que la SAS a gagné psychologiquement ce bras de fer, qui se traduit le 4 février par un discours de l'officier SAS sur le bilan de la grève[38].

Cet affrontement psychologique peut aussi viser directement l'officier SAS par l'envoi de lettres de menaces pour l'intimider. Ce fut le cas pour le capitaine de la SAS du camp des chênes (entre Médea et la Chiffa) qui reçoit l'ordre de regrouper le village de Sidi Madani à côté de la SAS, politique que l'officier SAS désapprouve mais veut faire exécuter. Boualam, le responsable de la propagande du FLN annonce à la population son intention de faire revenir le capitaine de la SAS sur sa décision, alors même que le village approvisionne l'ALN. L'affrontement avec la SAS est porté sur le terrain psychologique du moment que la population est prévenue.

Boualam écrit deux lettres à l'officier où il lui fait comprendre que celui-ci est surveillé dans tous ces déplacements. Dans la troisième lettre il menace de s'attaquer à la femmes et aux enfants de l'officier SAS (dont il donne l'adresse) s'il fait regrouper le village. Le capitaine de la SAS cède et renonce à regrouper la population[39]. En réussissant à fléchir l'attitude de l'officier SAS, le FLN a remporté une victoire psychologique, et a emporté l'adhésion de la population.

Les lettres de menace à l'égard de l'officier SAS ne sont pas un cas isolé, J-Y. Alquier en reçoit du chef local de l'ALN lui demandant d'arrêter ses activités de recherches, de désertions et de contrôles du ravitaillement, sinon il le ferait assassiner[40]. G. Vincent reçoit aussi une lettre de menace de mort s'il persiste dans ses activités contre le FLN[41].

---

[38] J-Y. ALQUIER, 1957, p. 123-166
[39] Y. COURRIERE, 1990, 2, p. 370
[40] J-Y. ALQUIER, 1957, p. 123-124
[41] G. VINCENT, 1988, p. 130

Le FLN ne s'arrêtera pas aux lettres de menace, il mettra la tête de certains officiers SAS à prix : J-C. Sancan aura sa tête mise à prix pour 50.000 anciens francs et recevra une lettre le condamnant à mort[42]. D. Warnery, officier SAS à la Baraque aura sa tête mise à prix à 1.000 francs: "Ce qui représentait une somme importante pour l'époque. On avait même arrêté un fellagha avec ma photo sur lui"[43].

Des actions eurent lieu contre les officier SAS, ainsi parmi les 73 officiers SAS et 33 sous-officiers SAS tués entre 1955 et 1962, une partie a été tuée en opération, tandis qu'une autre partie a succombé lors d'attentats.

Prenons deux exemples d'attentats contre des officiers SAS : P. Quieffin, officier SAS à Francis Garnier explique : "Au marché le dimanche matin, c'était le moment où je réglais les chicayas (...). Vers midi et demi , je venais de terminer de régler les chicayas. J'allais à ma voiture, un musulman s'approche de moi alors que j'étais au volant. Je lui demande ce qu'il veut. Il sort ses mains qui étaient cachées sous ses vêtements et tire sur moi. J'ai juste le temps de me rejeter en arrière, la balle m'atteint au bras". Le tireur affolé par les cris s'enfuit, il sera rejoint par le maghzen et abattu. "L'administrateur de Ténès m'apprit qu'une deuxième condamnation à mort me visait. Il demanda ma mutation dans les 24 heures"[44].

C. Hary échappera lui aussi a un attentat : alors qu'il faisait tous les jours le même trajet à la même heure pour amener à la SAS un maçon, "un jour après avoir tardé à remonter au douar, j'entend une explosion. Une mine avait été mise dans un talus au tournant d'une route pour viser la Jeep qui remontait à la SAS. Ce fut le triporteur de l'épicier qui descendait au village qui avait fait exploser la mine derrière lui"[45].

---

[42] COLLECTIF, 1991, p. 266-276
[43] D. WARNERY, Marseille, 8/2/95
[44] P. QUIEFFIN, Aix, 26/1/95
[45] C. HARY, Bouc Bel Air, 14/1/95

La SAS peut être tellement gênante pour le FLN qu'il en décide sa destruction. Ce fut le cas pour la SAS d'Iflissen (Tigzirt-sur-Mer) de C. Pothier : "Nous étions sur le territoire d'Amirouche qui a tenté quatre à cinq fois d'attaquer le bordj. Les attaques débutaient par des lancées de pierres contre le toit de tôle du bordj. Mes hommes manoeuvraient en silence en se mettant au poste de combat. Une fois, ils ont réussi à pénétrer dans la cour du bordj (qui n'avait pas été terminé) les murs étaient aisément franchissables. J'ai demandé un tir de mortier à obus éclairant dans la cour. Ils ont dû avoir des morts et des blessés au vu les traces de sang laissés sur les barbelés"[46].

On peut comprendre à ces faits, que quelques officiers SAS aient "craqués", ce fut le cas pour cet officier SAS dans la région de Mascara qui n'avait pas confiance en ses hommes et se sentait isolé et mal protégé. Après avoir échappé à une embuscade, celui-ci donne au capitaine Simon, chef de compagnie, les clefs de la SAS toute neuve[47].

En revanche lorsque, comme la plupart des cas, l'officier SAS ne se laisse pas impressionner par les menaces ou les attentats, l'ALN intimide alors la population par la violence, ce fut le cas à la SAS de Wagram où "à la suite du massacre de 40 hommes, femmes et enfants d'Aïn Menaa, la population s'est tournée par peur vers le FLN"[48]. L'ALN pouvait s'attaquer au GAD, comme l'écrit le chef de l'ALN le 3 juillet 1957 aux autorités du FLN de la Wilaya 4 annonçant qu'après la découverte d'une "filière d'une organisation de traître" (GAD) comprenant 50 personnes "bien organisées et disciplinées de tous les milieux", il a déjà exécuté 7 personnes[49].

Tous ces faits montrent que la SAS a été perçue comme un obstacle par l'ALN et l'OPA qui ont tenté de contrecarrer l'action civile de la SAS, donnant à cette mission une dimension

---

[46] C. POTHIER, Marseille, 12/1/95
[47] P. PELLISSIER, 1992, p. 242
[48] M. CONEJERO, Martigues, 2/2/95
[49] B. BOUALAM, 1963, p. 34-37

psychologique indéniable. L'action de la SAS est réellement efficace comme le démontrent les efforts de l'ALN pour intimider les officiers SAS, les maires, les délégations spéciales, les GAD voire des douars entiers. Car l'objectifs des deux parties est de conquérir "les coeurs et les âmes" de la population.

3.3. Le maghzen

Motivation et efficacité

L'officier SAS dispose d'un personnel militaire qu'il doit lui-même recruter, dont l'effectif peut varier entre 30 à 50 moghaznis. Officiellement, selon les instructions daté du 20 mai 1957 du secrétaire général du gouvernement général de l'Algérie P. Chaussade, le maghzen a pour mission d'assurer la protection du chef SAS, la défense du bordj et le cas échéant de protéger la population. Les moghaznis peuvent être âgés entre 18 et 50 ans. Chaque groupe de 10 moghaznis est commandé par un brigadier (ayant 6 mois d'ancienneté), le maghzen est commandé par un mokaddem, ayant 1 an d'ancienneté au grade de brigadier[1]. Les officiers SAS recrutaient le maghzen soit en dehors des douars de la SAS pour empêcher toute pression sur les familles des moghaznis, soit dans les douars même de la SAS pour empêcher tout conflit (de type tribal) entre la population et le maghzen. Même dans la composition du maghzen il ne faut pas rechercher une règle générale : C. Pothier à la SAS de Tigzirt-sur-Mer n'avait pas de maghzen mais "une harka composée d'une majorité d'engagés du Rif marocain"[2].

Un rapport du gouvernement général daté du 27 juin 1956 évalue approximativement le nombre de moghaznis par SAS : 36 SAS avaient moins de 10 moghaznis, 105 SAS avaient entre 10 à 30 moghaznis, 30 SAS avaient plus de 30 moghaznis et 121 SAS n'avaient aucun moghazni. Ces chiffres sont à relativiser car la création des SAS est encore trop récente, à peine 10 mois pour les plus anciennes SAS, pour que les officiers SAS aient eu le temps de recruter un maghzen complet[3]. Ainsi, si l'on observe l'effectif des maghzens au niveau de l'arrondissement du Bordj Menaïel en mai 1961, c'est à dire un an avant la dissolution des SAS : 3 SAS ont entre 27 à 28 moghaznis, 4 SAS ont 30

---

[1] 1.H.2028
[2] C. POTHIER, Marseille, 12/1/95
[3] 1.H.2028

moghaznis, 2 SAS ont 34 moghaznis, une seule SAS a 38 moghaznis. Il serait erroné de croire que le nombre de moghaznis est fonction du nombre d'habitant, ainsi la SAS de Cap Djinet compte 38 moghaznis pour une population de 1.228 habitants tandis que la SAS de Beni Thour a 30 moghaznis pour 17.934 habitants. Le nombre de moghaznis dans une SAS est plutôt déterminé par les besoins de la SAS pour assurer sa propre protection et celle de sa circonscription. Dans le cas de l'ELA du Bordj Menaïel, l'effectif des moghaznis est pratiquement atteint par toutes les SAS[4], mais il nous faut relativiser ces chiffres car, comme nous l'avons vu dans le chapitre 2.3 les moghaznis fictifs sont très répandus...

L'effectif maximum de 50 moghaznis est rarement atteint dans la pratique, seule la SAS d'Arris dépasse ce chiffre et comprend un effectif de 150 moghaznis, en effet c'est à la fois la première harka d'Algérie et la première SAS du général Parlange[5].

L'ensemble des SAS comprenait en juin 1956 3.500 moghaznis, en juillet 1958 14.346 moghaznis, en juin 1959 19.441 moghaznis[6]. M. Roux donne d'autres chiffres : 17.000 moghaznis en 1957, 17.141 moghaznis en 1958, 19.000 moghaznis à la fin de 1958, entre 19.442 à 20.000 moghaznis en 1961, entre 15.000 à 23.000 moghaznis en 1962[7].

On peut se poser la question des motivations de l'engagement de ces moghaznis alors même que ce corps ne fait pas partie de l'armée et que les contrats peuvent être rompu à tout moment par l'officier SAS. F-X. de Vivie explique les motivations de ses moghaznis par le besoin de vivre, par la volonté de combattre le FLN, pour contrebalancer l'engagement d'un frère dans l'ALN[8]. C. Pothier perçoit les mêmes

---

[4] 5.SAS.45
[5] *Revue Historique des Armées*, n°187, juin 1992, p. 54-58
[6] 1.H.2026 n°1
[7] M. ROUX, 1991, p. 59 et p. 77
[8] F-X. de Vivie, Paris, 10/6/89

motivations : "Les moghaznis s'engageaient pour être à l'abri du besoin, mais aussi car ils aimaient la guerre et avaient des comptes à régler avec le FLN, mais aussi, il ne faut pas l'oublier, pour servir la France"[9].

C. Hary note parmi les moghaznis la présence de ralliés : "Des hommes venus des fells qui s'étaient tellement mouillés par leurs désertions qu'ils étaient ceux à qui je faisais le plus confiance, c'était le noyau dur de la SAS (un tiers). Ils avaient déserté pour divers motifs : manque de femme, menaces sur leurs familles, problème politique (MNA) ou encore car leur père les avait fait basculer de l'autre côté". Il distingue un tiers de "moghaznis gamelles" et ceux qui s'engageaient pour avoir un fusil et être du côté de l'autorité. Il signale aussi "un petit noyau qui se battait pour la France à travers le chef SAS. Lorsque le chef SAS changeait de SAS, les moghaznis le suivaient"[10]. Ce fut le cas pour M. Conejero qui lorsqu'il quitta la SAS de Wagram pour celle de Noisy, 15 moghaznis sur les 20 l'ont suivi dans sa nouvelle SAS[11].

On distingue donc six grandes motivations parmi les moghaznis : Ceux qui s'engagent par sécurité économique, ceux qui s'engagent pour se venger des exactions de l'ALN, ceux qui s'engagent pour être du côté d'une autorité pour avoir une arme, les moghaznis qui s'engagent par "stratégie familiale" (avoir un membre de la famille dans chaque camp), les déserteurs de l'ALN qui se dédouanent en servant fidèlement comme moghaznis et finalement ceux qui se battent par fidélité à la France personnalisée par l'officier SAS.

Prenons l'exemple de l'un de ces moghaznis : B. Sadouni ayant suivi des cours de mécanique et d'électricité, recherche du travail en juillet 1960. Il est engagé à la SAS de Bouzina comme mécanicien. Un jour un caporal lui remet un fusil, il refuse : "Je ne suis pas venu ici pour être harki... Je suis mécanicien ! ", le

---

[9] C. POTHIER, Marseille, 12/1/95
[10] C. HARY, Bouc Bel Air, 14/1/95
[11] M. CONEJERO, Martigues, 2/2/95

caporal insiste : "Si tu ne veux pas ce fusil donné par les Français, tu es un fellagha". B. Sadouni prend l'arme, et finalement se dit : "Ce n'est peut être pas plus mal que je sois devenu un soldat... Il faut tout de même choisir son camp dans cette sale guerre"[12]. Dans ce cas précis B. Sadouni entre par hasard comme mécanicien dans une SAS, avec une motivation économique qu'il distingue du travail de harki. Par obligation morale il se voit contraint de prendre une arme. Il transforme cette contrainte en libre adhésion par désir de choisir son camp. B. Sadouni a donc eu un certain nombre de motivations (hasard, sécurité économique, obligation morale, libre adhésion), ce qui montre la difficulté d'établir des classifications rigides.

Le maghzen est-il compétent militairement ? Les réponses évoluent en fonction de la SAS : C. Pothier juge que ses moghaznis "se tenaient bien sur le terrain, manoeuvrant parfaitement, assurant l'ouverture des routes. Cela marchait bien"[13]. En revanche à la SAS d'Oum Djerane, A. Maillard porte un jugement sévère sur ses moghaznis : "Ces employés administratifs qui ne prennent le fusil que la nuit, en sommeillant. Comment les appeler soldats ? Qui rechignent à faire une patrouille en arme qui font un travail de manoeuvres, ont une situation confortable, au fixe mensuel assuré, avec la perspective toute proche d'un bon logement pour la famille"[14].

Lorsque le maghzen n'est pas efficace militairement, le nouvel officier SAS reprend en main le maghzen, ce fut le cas à la SAS d'Arris où J. Paillard reprend en main le maghzen en multipliant les accrochages et les participations aux opérations du secteur[15], ou encore à la SAS d'El Hannser où le capitaine Busert et son adjoint reprennent en main le maghzen incompétent dans le domaine militaire et dont deux servaient à l'ancien officier SAS de domestiques[16].

---

[12] G. FLEURY, 1989, p. 138-141
[13] C. POTHIER, Marseille, 12/1/95
[14] A. MAILLARD, 1990, p. 277
[15] *Revue Historique des Armée,* n°187, juin 1992, p; 54-58
[16] F. PARISY, 1992, p. 126 et p. 179

Opérations et fidélité du maghzen

Le maghzen devait en théorie protéger la SAS et l'officier SAS, or au contact du terrain, des SAS utilisaient leur maghzen dans un rôle offensif (embuscade, opération). P. Quieffin, qui a travaillé au bureau d'étude des AA pour établir une doctrine pour les SAS, explique : "Certaines SAS montaient des embuscades, ce n'était pas leur travail !"[17], ainsi donc une SAS devait donc se contenter de missions militaires défensives, comme celles effectuées par D.Warnery à la SAS de la Baraque : protection de la SAS, des chantiers et des souks, "une sorte d'îlotage"[18].

Mais ces principes défensifs (non écrit) pouvaient-ils être respectés lorsque des régions entières étaient sous le contrôle du FLN, et alors même que les SAS étaient dirigées par des officiers d'active, voire pour certaines d'anciens d'Indochine, qui ne souhaitaient pas se cantonner uniquement à un travail de police. De plus les SAS pouvaient-elles ne faire que du travail de police, alors même qu'on l'utilisait pour compléter le quadrillage militaire d'une région en créant des SAS opérationnelles ou encore que l'on confiait à des SAS dites renforcées (ou quartier de pacification) des zones où elles devaient elles-mêmes pourchasser l'ALN, afin de libérer des unités militaires. Le principe de maintien de l'ordre n'est finalement valable que dans les régions pacifiées où des unités militaires restent en place ; à ces seules conditions la SAS peut servir de force supplétive de maintien de l'ordre contribuant ainsi à des tâches plus policières et défensives que militaires et offensives.

Les SAS mènent des activités militaires très diverses : J. Bollon explique qu'il connaissait parfaitement son secteur, même la nuit "Chaque soir, il y avait des embuscades"[19]. C. Hary faisait avec son maghzen de la nomadisation, il en explique le principe : "Je prenais 10 moghaznis, on partait le matin, à midi on vivait sur le pays, on rentrait à la SAS vers 17 heures. A 22

---

[17] P. QUIEFFIN, Aix, 26/1/95
[18] D. WARNERY, Marseille, 8/2/95
[19] P. ROTMAN-B.TAVERNIER, 1992, p. 196

heures, on montait une embuscade. Je ne disais jamais où j'allais, par où je passais, par où je revenais"[20]. G. Vincent fait participer systématiquement son maghzen aux opérations, lorsqu'elles se déroulaient dans son secteur[21], tandis que J-Y. Alquier intègre ses moghaznis dans des commandos composés de parachutistes et de dragons pour arrêter les membres du FLN[22].

Certaines SAS seront transformées en SAS opérationnelles pour compléter le quadrillage militaire dans les zones d'insécurité et contribuer ainsi avec les unités militaires à combattre l'ALN. Ces SAS multipliaient les nomadisations et les embuscades contre l'ALN sur leur circonscription. La mission militaire devient alors prioritaire sur la mission civile, cette dernière étant inapplicable dans une zone de trop grande insécurité. Des moyens supplémentaires pouvaient être octroyés, ce fut le cas à la SAS de Zardezas où une harka et quelques hommes d'encadrement renforcèrent le maghzen[23]. En revanche C. Pothier qui fut dans deux SAS opérationnelles à Sidi Ali Bou Nab et Tigzirt sur Mer n'avaient que ses moghaznis, il raconte : "La situation était dure, la forêt avait été brûlée au napalm et une zone interdite avait été mise en place"[24].

Pour libérer des compagnies militaires, après qu'un secteur ait été pacifié, les autorités militaires confiaient aux SAS la mission des compagnies militaires de quadriller leur circonscription. Ces SAS furent appelées SAS renforcées (ou quartier de pacification), on comptait en septembre 1959 : trois SAS renforcées en Oranie, trois dans le département d'Alger et deux dans le Constantinois[25]. En théorie une SAS renforcée est composée à l'échelon de l'arrondissement : d'un chef de SAS renforcée, d'un groupe de commandement (3 sous officiers et 15 hommes), d'une équipe de renseignements (1 officier, 3 sous

---

[20] C. HARY, Bouc Bel Air, 14/1/95
[21] G. VINCENT, 1988, p. 116
[22] J-Y. ALQUIER, 1957, p. 219-220
[23] A. CARINI, 1993-1994, p. 155
[24] C. POTHIER, Marseille, 12/1/95
[25] 1.H.2027

officiers, 6 militaires), d'une équipe de pacification sociale et psychologique (1 officier, 3 sous officiers, 5 militaires, 3 ASSRA, 3 moniteurs d'Issoire), d'une équipe de transmission (1 sous officier, 1 civil, 4 militaires) et d'un groupe de 4 sections (1 Officier AA, 1 officier, 10 sous officiers, 17 militaires, 162 harkis) auxquels il faut ajouter les effectifs des SAS normales[26].

Ces effectifs ont-ils réellement été mis en place ? Aucun document ne nous permet de répondre à cette question. G. Vincent fut chef de sous quartier, ce qui se traduisait concrètement pour la SAS de la possession d'une zone de chasse où le maghzen évoluait en totale liberté, multipliant les patrouilles, les embuscades, les escortes, les opérations de jour et de nuit. Il ne mentionne aucune aide militaire matérielle ou humaine supplémentaire[27].

L'effort de la SAS dans le domaine militaire pouvait donner de bons résultats, ainsi le bilan militaire de la SAS de Pirette de janvier 1957 à octobre 1958 est le suivant après plus de 200 sorties : 12 cellules de l'OPA démantelées, 20 à 30 membres de l'ALN tués, 10 blessés, 44 prisonniers, et a récupéré 39 fusils de chasse, 3 mitraillettes, 1 fusil mitrailleur en collaboration avec le 13e dragon, 18 pistolets et grenades et 25 équipements[28]. Au niveau d'un arrondissement, le bilan de l'ELA de Boghari (département de Titteri) composé de 6 SAS est de : 71 membres du FLN mis hors combats (50 tués, 4 blessés, 16 prisonniers, 1 rallié) et 26 armes récupérées (1 mitrailleuse, 7 fusils de guerre, 16 fusils de chasse, 2 armes automatiques) et 23 caches de ravitaillement et de médicaments découvertes[29]. Ces bilans militaires des SAS montrent la combativité des SAS et de l'importance qu'attribuent les officiers SAS à leur mission militaire.

---

[26] Ibid
[27] G. VINCENT, 1988, p. 181-184 et p. 231
[28] Y. ROMANETTI-P.SAS, 1961, p. 161-162
[29] 1.H.1216

Parfois la volonté des officiers SAS ne suffit pas, comme l'explique le lieutenant H. "La région est pacifiée, je suis seul avec mon maghzen pour un secteur grand comme un département, le FLN est le roi ici. Je trouve mes hommes égorgés à 50 mètres du bordj!"[30] ou encore J. Taltavull explique que la SAS de Taguine faisait des embuscades que pour protéger le bordj "le jour où la SAS aurait gêné l'approvisionnement du FLN. La SAS aurait été éliminée"[31]. Ainsi le départ de compagnies militaires peut, dans des cas contraires, aggraver l'inefficacité de la SAS face à l'ALN.

Quelle confiance peut accorder l'officier SAS aux moghaznis ? Deux attitudes existent à l'égard des armes: C. Pothier explique que le soir il ne désarmait pas ses moghaznis : "car leur laisser leur arme, c'était leur faire confiance, retirer leur arme, c'était retirer ma confiance"[32], en revanche C. Hary explique : "Je n'avais pas une confiance absolue en mes moghaznis, les armes étaient enchaînées au râtelier. On ne les leur laissait pas la nuit. La cité maghzen était en dehors des murs du bordj"[33].

La fiabilité du maghzen est importante car une SAS peut être à tout moment prise d'assaut, le maghzen est alors l'élément déterminant du maintien ou de l'élimination de l'officier SAS. Le lieutenant Geoffray et sa femme s'étaient installés, à la fin avril 1956, à la SAS d'Aïn Rich avec 35 moghaznis dans lesquels ils n'avaient aucune confiance. Profitant de la mutation d'autres officiers SAS présents à la SAS, dans la nuit du 9 au 10 juin le lieutenant est appelé par un moghazni et assassiné, les moghaznis s'emparent alors des armes qu'ils chargent dans un camion. En partant, ils assassinent la femme du lieutenant Geoffray[34]. Parfois ce n'est qu'un moghazni qui n'est pas fiable, alors il peut mettre en danger la vie des autres moghaznis, ce fut le cas à la SAS de

---

[30] C. DUFRESNOY, 1961, p. 123-126
[31] J. TALTAVULL, Paris, 20/6/89
[32] C. POTHIER, Marseille, 12/1/95
[33] C. HARY, Bouc Bel Air, 14/1/95
[34] COLLECTIF, 1991, p. 215-218

Catinat où un moghazni prévient l'ALN de l'endroit où passerait la patrouille du maghzen, celle-ci tendit une embuscade et tua 5 moghaznis[35]. Au regard de ces faits, on peut comprendre des attitudes de précaution qui consistaient à enchaîner les armes, à construire la cité maghzen en dehors du bordj ou à être méfiant, comme l'explique M. Conejero "Je me déplaçais souvent avec 3 ou 4 moghaznis, je prenais ceux originaires du nord de la SAS mais j'allais dans le sud et inversement. Je disais que j'allais à tel endroit mais j'allais dans un autre lieu. Je ne revenais jamais par le même itinéraire. Cette stratégie a permis qu'il ne m'arrive rien"[36].

Inversement d'autres officiers SAS ont fait entièrement confiance dans leurs moghaznis, comme l'écrit A. de Montpeyroux, officier SAS à Massena : "Invalide et par conséquent gêné physiquement, j'étais virtuellement livré à mes hommes, c'est eux qui me hissaient sur mon cheval et devaient m'en faire redescendre. Jamais les sangles ne furent sabotées. La chute pour moi, c'était la mort. Cela ils le savaient tous. Aucun n'en profita. Ni les embuscades, ni les attaques du poste ne furent l'occasion pour eux de m'abandonner ou de me livrer"[37]. C. Pothier faisait totalement confiance à ses moghaznis : "J'étais tout le temps avec le maghzen demandant des nouvelles de leurs familles. Lorsqu'il y avait une baisse du moral, j'essayai d'en savoir la cause et d'y remédier. A Tigzirt, le maghzen était travaillé par le FLN qui faisait pression sur leurs familles. Ils y résistaient c'est donc qu'ils avaient un idéal. Je leurs apportais un appui humain pour avoir en retour un appui militaire"[38].

Ainsi malgré les pressions du FLN et de l'hostilité de la population, la plupart des maghzen sont restés fidèles, car comment auraient pu se maintenir les 700 SAS sans la présence des moghaznis ? De même il ne faut pas oublier que 612

---

[35] F. PARISY, 1992, p. 268-269
[36] M. CONEJERO, Martigues, 2/2/95
[37] A. de MONTPEYROUX, 1957, p. 147
[38] C. POTHIER, Marseille, 12/1/95

moghaznis ont été tués et 897 blessés lors d'opérations ou d'attentats contre leur personne. Les liens ont été si fort entre les officiers SAS et leurs moghaznis que ceux-ci les ont aidés et accueillis en métropole lors de l'indépendance de l'Algérie et que malgré les années les liens amicaux se sont maintenus.

3.4. Les relations des SAS avec l'armée et les autorités militaires

Les relations entre les SAS et les autorités militaires

Les relations entre les SAS et les autorités militaires sont très importantes, car ces dernières peuvent influencer la mission des officiers SAS. En théorie les SAS dépendaient hiérarchiquement du sous préfet, mais elles étaient aussi en rapport avec le commandant de compagnie ou du quartier pour toutes les affaires militaires. Or l'officier SAS avait une position ambiguë, car il faisait partie de la hiérarchie militaire par son statut d'officier, mais il était aussi en dehors de la hiérarchie militaire par son appartenance aux AA, corps civil. En raison de ce statut ambiguë, les personnalités de l'officier SAS et du commandant militaire allaient être déterminantes pour les relations entre la SAS et l'autorité militaire.

Certaines autorités militaires perçoivent mal le rôle des SAS, ce qui entraîne des dérives : Certains commandants voulaient prendre le contrôle des SAS et orienter leurs actions tout en utilisant le plus fréquemment possible le maghzen en opération militaire. D'autres demandent à l'officier SAS de privilégier le renseignement au détriment de l'action sociale[1]. L'exploitation même du renseignement pouvait être source de conflit : "Le chef de SAS a sa propre organisation de renseignement et peut l'exploiter par ses propres moyens. Or pour le quartier, il ne compte que les grandes opérations de style mal adaptées à la guerre révolutionnaire qui se soldent souvent par un échec imputé au renseignement ou à la SAS"[2].

Certains commandants de quartier négligent les conseils que pourraient apporter l'officier SAS, qui pourtant connaissait la situation de sa circonscription, comme l'explique P. Quieffin "A

---

[1] N. D'ANDOQUE, 1977, p. 144
[2] Y. ROMANETTI-P.SAS, 1961, p. 166

Bou Hallou, mon chauffeur vient m'avertir qu'une opération avait lieu dans la vallée où je savais pertinemment qu'il n'y avait pas de rebelles. Le bataillon a crapahuté toute la journée sans rien trouver"[3].

Parfois des autorités militaires critiquent le flou des attributions concernant leurs rapports avec les SAS, ainsi le capitaine Gamelin, commandant le 6ᵉ CP écrit dans un rapport au colonel Vernieres : "Il est urgent de définir les attributions du commandant de quartier. J'estime quant à moi avoir le droit d'aller où il me plaît, quand il me plaît, avec les éléments qui me plaisent, accompagné s'il me plaît de l'officier SAS"[4]. D'autres ne s'embarrassent pas de rapport et réagissent immédiatement, tel ce capitaine "commandant de quartier, autoritaire (qui) a horreur de partager son commandement, à ses yeux, une sorte de bien personnel, l'officier SAS voisin avait été contraint de partir"[5].

Certains commandants militaires vont mettre la main sur des SAS. J. Pouget en est l'exemple type : commandant de quartier du Bordj de l'Agha, il prend sous son pouvoir les deux SAS de son territoire. Il réunit les deux officiers SAS en décembre 1956 et leur tient ce discours : "Messieurs, vous n'avez pas été désignés à ce poste pour vos connaissances administratives qui sont nulles mais pour vos connaissances militaires qui sont encore faibles. Vous avez visiblement besoin d'être, guidés, conseillés, contrôlés dans votre travail en bref commandés. Cette charge me revient au titre de l'officier le plus ancien dans le grade le plus élevé sur ce quartier, où je porte en outre la responsabilité du maintien de l'ordre, c'est pourquoi je vous demande de bien vouloir vous placer immédiatement sous mes ordres". Le lieutenant SAS de Ben S'Rou refuse de se soumettre au vu de sa dépendance hiérarchique envers le sous préfet ; J. Pouget le fait expulser de son territoire pour motif "qu'il est cause de désordre". Le lieutenant Collin se soumet. J. Pouget, officier en Indochine où il mena la pacification orientera l'action du

---

[3] P. QUIEFFIN, Aix, 26/1/95
[4] G. FLEURY, 1989, p. 310
[5] J. SERVIER, 1958, p. 68

lieutenant Collin sur le terrain, comme l'aurait fait un officier supérieur des AA[6]. Cet exemple est révélateur du pouvoir que dispose un commandant de quartier pour prendre le contrôle des SAS, expulser les officiers SAS récalcitrants et court-circuiter un sous-préfet.

En revanche d'autres officiers SAS n'eurent aucun problèmes avec les autorités militaires. R. Vermant écrit "Les excellents liens entretenus avec le colonel et le sous-préfet, ont été à l'origine d'un fructueux travail en pleine harmonie : renseignement, action psy, ralliement, moyens de transport, moyens de génie militaire et personnel en renfort"[7]. De même C. Pothier explique que "Les relations avec le commandant de quartier étaient bonnes et naturelles"[8]. Ces bonnes relations semblent avoir pour origine les officiers SAS qui ne mettent pas à profit leur statut spécial pour s'affranchir des liens de hiérarchie avec les autorités militaires, comme l'explique C. Hary "Les relations avec le commandant de quartier étaient très bonnes, car je me considérais comme un militaire et je respectais la hiérarchie"[9].

L'officier SAS est aussi parfois bien utilisé par les autorités militaires, ainsi P. Quieffin raconte : "Plusieurs bataillons avaient bouclé une région. Le colonel m'a pris au poste de commandement, où j'ai pu suivre les opérations tout en le conseillant. Cette opération fut payante car 15 rebelles furent abattus"[10]. Certaines autorités militaires perçoivent l'importance de la SAS et tentent de l'aider au mieux : "Le commandant du quartier avait manifesté en toutes circonstances beaucoup de sollicitude pour la SAS et l'aidait de son mieux"[11].

---

[6] J. POUGET, 1983, p. 140-148
[7] R. VERMANT, Carnoux, 10/2/95
[8] C. POTHIER, Marseille, 12/1/95
[9] C. HARY, Bouc Bel Air, 14/1/95
[10] P. QUIEFFIN, Aix, 26/1/95
[11] G. VINCENT, 1988, p. 134-135

Ces disparités de relations entre les officier SAS et les autorités militaires se retrouvent aussi à la base entre les officiers SAS et les militaires des compagnies, car comme l'explique A. Maillard à propos de l'armée et des SAS : "nos missions nous opposaient puisque mon métier de chef de SAS, moins brillant, exigeant moins de courage, consistait plus à rechercher l'amitié que l'accrochage"[12]. Certaines unités militaires allaient manifester une incompréhension totale à l'égard des officiers SAS.

Les relations entre les SAS et l'armée

L'armée a donné des surnoms aux officiers SAS : "Les officiers bonbons"[13] ou encore "les casques bleus"[14]. D. Warnery constate aussi que "L'armée nous considérait comme des utopistes"[15].

Cette perception de la part des militaires démontrent qu'ils ne comprennent pas le combat que mènent les officiers SAS. Prenons le jugement porté par un sous lieutenant du 2e RPIMA, P. Mus professeur au collège de France qui explique à son père dans une lettre en décembre 1959: "A l'extrême, ils (les officiers SAS) peuvent arriver à trahir leur mission et même leur pays. J'ai vu à Tigzirt, l'un d'eux, un capitaine prévenu la veille par nous qu'on allait boucler un village, où se trouvait probablement un adjudant fell s'empresser de prévenir les gens du village" et conclut "Dans cette guerre d'usure (...) c'est à ce moment que l'on aimerait être épaulé par de vrais officiers SAS qui essaieraient de les rallier et non de les couvrir"[16]. P. Mus, officier opérationnel, perçoit mal le rôle de l'officier SAS et ne comprend pas qu'un long travail de pacification peut être détruit en quelques heures par des unités opérationnelles.

---

[12] A. MAILLARD, 1990, p. 243
[13] P. BONNECARRIERE, 1972, p 310
[14] A. MAILLARD, 1990, p. 279
[15] D. WARNERY, Marseille, 8/2/95
[16] P. MUS, 1961, p. 155

Des officiers SAS ont dû en effet réparer les exactions commises par des troupes opérationnelles mal encadrées ou indisciplinées. Parmi les motifs de "chicayas", on trouve des problèmes liés aux militaires, J-Y. Alquier les mentionne plusieurs fois : "une autre personne a eu sa maison détruite lors d'un accrochage et demande une indemnité, elle vient le voir à la SAS" ou encore "l'officier SAS règle les chicayas (...) poule et montre volées par un militaire"[17]. C. Hary dut aussi régler "les chicayas" entre l'armée et la population "ainsi lorsque l'armée descendait trois vaches en zone interdite. Les populations venaient se plaindre à nous. On était leur roi Saint Louis. On enquêtait, on l'envoyait paître si c'était une crapule ou sinon on l'indemnisait sur les fonds secrets"[18].

Parfois ces exactions dépassaient le stade de simples vols, mais touchaient directement la population. C. Hary raconte : "Lorsque j'étais à la SAS de Djeballa, le commando Yatagan partait de Nemours et descendait la vallée vers la SAS, c'était de parfaits tueurs, pilleurs et violeurs. Des douars entiers venaient se réfugier au dessous des murs de la SAS pour se mettre sous sa protection"[19]. Ou encore D. Warnery explique : "La SAS intervenait et dénonçait les exactions et les tortures (...) une fois on vient me prévenir qu'un homme avait été abattu par l'armée. Les autorités militaires m'affirmaient qu'il avait été abattu alors qu'il s'enfuyait. J'arrive seul au village, je demande ce qui s'est passé. On me dit que l'homme avait été battu et exécuté. Je déterre le corps et m'aperçoit qu'il a été tué de face. J'avais honte et la rage, j'ai alors réuni le village et j'ai présenté mes excuses au nom de la France"[20].

Les SAS devenaient les véritables protecteurs de la population face aux exactions de l'armée et tentaient de réparer au mieux, matériellement ou moralement, les dommages causés. Cette attitude des officiers SAS permet de comprendre les

---

[17] J-Y. ALQUIER, 1957, p. 95 et p. 189
[18] C. HARY, Bouc Bel Air, 14/1/95
[19] Ibid
[20] D. WARNERY, Marseille, 8/2/95

réactions des militaires : "L'armée nous considérait comme des em... " (A. Maillard)[21], "Pour l'armée, j'étais l'empêcheur de tourner en rond" (C. Hary)[22], "L'armée, à la fin, faisait attention se sachant surveillée"(D. Warnery)[23]. Les SAS devenant le recours de la population, l'armée ne peut plus faire d'exaction sans que les officiers SAS les dénoncent aux autorités civiles.

Les contre-exemples abondent aussi d'une excellente collaboration entre la SAS et l'armée, comme l'écrit C. Bichon : "Les progrès de pacification sont dû en grande partie au travail permanent, ingrat, sans gloire, des unités de secteur agissant en symbiose avec la SAS, son maghzen et sa harka"[24]. C. Pothier constate aussi : "Avec l'armée, il y avait une bonne camaraderie, une confiance réciproque, une coopération parfaite"[25]. Ces exemples sont significatifs car ils démontrent qu'une pacification réussie lorsque l'armée et la SAS sont unies. Les relations se détériorent parfois en raison de l'attitude de l'officier SAS, qui parfois refuse de prêter quelques hommes pour compléter l'effectif de la compagnie partant en opération ou pour participer à divers travaux[26]. Parfois la mauvaise volonté est du côté de l'armée, qui par exemple refuse d'assurer la protection d'une futur annexe de l'AMG, rendant alors impossible son fonctionnement [27].

L'armée fait généralement deux reproches aux officiers SAS. Le premier est le confort : "Les officiers du 584e BT qui jalousent un peu le confort relatif et l'indépendance dont jouissent les lieutenants SAS"[28], ou encore R. Vermant écrit qu'il y avait "parfois un peu de jalousie face au confort dont bénéficiaient les

---

[21] A. MAILLARD, Paris, 11/10/94
[22] C. HARY, Bouc Bel Air, 14/1/95
[23] D. WARNERY, Marseille, 8/2/95
[24] COLLECTIF, 1991, p. 276-277
[25] C. POTHIER, Marseille, 12/1/95
[26] F. PARISY, 1992, p. 258
[27] Ibid, p. 117-118
[28] J. POUGET, 1983, p. 145

personnels AA !"[29]. C'était la présence des femmes qui était dénoncée aussi derrière le reproche de confort, comme l'explique un officier SAS : "De nombreux officiers SAS avaient leurs femmes avec eux, moi aussi j'avais la mienne, c'était de la jalousie de la part des militaires"[30].

Le deuxième reproche fait aux SAS était l'importance de la solde. Le lieutenant Lion explique que la solde d'un moghazni "était trente fois plus élevée que celle d'un appelé"[31]. Tandis que l'officier SAS avec ses indemnités (voir le chapitre 1.3.) provoquait des jalousies, P. Mus écrit : "Comme la paye est bonne et que ce n'est pas trop dangereux, on y voit toutes sortes de drôles de types qui se livrent à la démagogie plus qu'à autre chose"[32]. En effet quelques-uns s'engagent avec un esprit de lucre, comme le constate A. Maillard en se voyant rétorquer par un sergent de la SAS, à propos de ses motivations : "Mais pour gagner 97.000 francs par mois sans me casser ! Au commando Cobra, je gagnais pas ça et on en bavait"[33].

Ainsi quelques mauvais exemples minimes par rapport à l'ensemble des effectifs des SAS jetèrent l'opprobre sur la majorité des officiers SAS qui faisaient honnêtement leur travail, car bien plus que des motivations bassement pécuniaires, c'était surtout un idéal qui animait ces officiers SAS qu'ils tentèrent de réaliser. Pourtant cet état d'esprit va progressivement évoluer avec les événements politiques de l'Algérie.

---

[29] R. VERMANT, Carnoux, 10/2/95
[30] C. HARY, Bouc Bel Air, 14/1/95
[31] *L'Armée*, juillet - août 1960
[32] P. MUS, 1961, p. 155
[33] A. MAILLARD, 1990, p. 260

4. L'état d'esprit des officiers SAS

Quelle pouvait être la motivation de ces hommes pour se porter volontaire à s'installer dans les coins les plus reculés et les plus abandonnés d'Algérie pour servir comme officiers SAS ?

Nous avons vu dans le chapitre 1.3. les sept catégories de volontaires, si l'on met à part les désignés d'office et ceux qui s'engagent pour de mauvaises raisons, on peut constater qu'un idéal rassemble ces hommes venant d'horizons différents. Cet idéal aura comme unique doctrine l'action auprès des populations et comme unique moteur la fougue et la jeunesse ou l'expérience acquise en Indochine, au Maroc (pour les officiers AI), en Tunisie ou en Afrique.

Ces officiers SAS tenteront d'établir patiemment au fond des campagnes de l'Algérie leur idéal, pourtant au fur et à mesure des événements, l'état d'esprit des officiers SAS évoluera.

4.1. Idéalisme et 13 mai 1958

L'idéal des officiers SAS et leur état d'esprit avant le 13 mai

L'idéal qui animait les officiers SAS était celui de l'Algérie française : "Il y avait de l'enthousiasme, le renouveau, l'espoir de faire de ce malheureux pays un sol enfin français où tout le monde aurait les mêmes droits : le droit à la terre, le droit à la justice, à la vie, au bonheur"[1], ou encore : "La francisation serait la porte ouverte, dans tel chef de SAS ou tel officier à des initiatives volontiers révolutionnaires et généreuses : redistribution de terres, législations sociales... "[2]. Les officiers

---

[1] Y. COURRIERE, 1990, 2, p. 145
[2] *Le Monde*, 22 septembre 1959

SAS avaient été mis en place pour appliquer la grande idée de J. Soustelle, celle de promouvoir tout un peuple dans les domaines administratifs, éducatifs, médicaux, sociaux et économiques. Cette doctrine non écrite était appliquée dans les campagnes où seule l'action tenait lieu de programme de l'intégration de l'Algérie à la France.

Les paroles des officiers SAS reflètent parfaitement les thématiques de l'idéal qui les animait : garder l'Algérie à la France, aider la population, don total de soi (en se référent à la chevalerie, aux missionnaires, ou aux grands personnages de la pacification du Maroc : Lyautey ou Bournazel), "Nous on y croyait, on était des purs. C'était une croisade, il fallait aider cette pauvre population mutilée et écartelée. On était bleu, blanc, rouge !"[3] "C'était un travail à la Lyautey, une vie passionnante, c'était une action pleinement positive. Nous savions que le sort du Maghreb était lié à la France, la Méditerranée n'était qu'un oued"[4]. "Il fallait faire quelque chose, il fallait rétablir confiance, faire passer que la France était là pour y rester (...) On se sentait nécessaire, nous mettions en place des structures qui allaient durer"[5].

L'importance attribuée à leur mission et le sacrifice de leur personne au profit de cet idéal caractérisent principalement l'officier SAS. La fougue de leur jeunesse est un élément indéniable de cette foi en leur mission : "Leur fougue, leur confiance en l'avenir, leur désir d'entreprendre et de réussir même en attirant et en charmant"[6], ou encore comme l'explique F-X. de Vivie : "Avoir 25 ans, être tout pour ces populations, c'est extraordinaire. Cela donne un sens à la vie"[7]. Même les observateurs extérieurs sont surpris par cette foi : "Audibert et Thomas sont des sortes de soldats missionnaires qui mettent un courage aveugle au service de leurs convictions . Leur

---

[3] C. HARY, Bouc Bel Air, 14/1/95
[4] D. WARNERY, Marseille, 8/2/95
[5] C. POTHIER, Marseille, 12/1/95
[6] F. PARISY, 1992, p. 191
[7] F-X. de VIVIE, Paris, 10/6/89

combat n'est possible que dans la croyance absolue à leur mission"⁸.

La SAS est l'institution qui répond pleinement aux besoins d'une jeunesse, car elle propose un idéal, donne le sens des responsabilités, propose une action à la fois diverse et variée, tout en exigeant une certaine ascèse (séparation du monde urbain, vie difficile et dangereuse, absence de confort, vie intense et active). Cette diversité de l'action est une motivation supplémentaire : "Le chef SAS est un seigneur, un curé, il faisait tout (...) C'est un métier de missionnaire, de militaire, de juge"⁹. L'implication de ces officiers SAS est si intense, que "Chaque jour là bas, nous nous attachions à ce pays et à ses habitants au plus profond de nous-mêmes" explique N. d'Andoque[10].

J. Soustelle favorisera l'éclosion des SAS sur l'ensemble de l'Algérie de mai 1955 à février 1956. R. Lacoste poursuivra la politique de J. Soustelle concernant les SAS, ainsi dans un discours il explique : "La mission pacificatrice confiée aux jeunes officiers, chef SAS, passionne ceux qui sont avides d'action et qui désirent se dégager des routines, et oeuvrent à l'édification d'une nouvelle Algérie"[11].

L'état d'esprit des officiers SAS durant le gouvernement général de R. Lacoste est bon, A. de la Tocnaye se souvient : "Sous le proconsulat de R. Lacoste, on eut vraiment l'impression d'être soutenu et le sentiment qu'au fond, Paris, lui aussi voulait aboutir et garder l'Algérie"[12]. R. Vermant a la même opinion, officier SAS dès 1957 il écrit : "Conformément aux directives officielles, nous administrions et affirmions la pérennité de la France"[13].

---

[8] P. BONNECARRIERE, 1972, p. 310
[9] F-X. de VIVIE, Paris, 10/6/89
[10] N. D'ANDOQUE, 1977, p. 66
[11] *Esprit*, novembre 1961, n°300, p. 604
[12] A. de la TOCNAYE, 1989, p; 91
[13] R. VERMANT, Carnoux, 10/2/95

L'excellent moral des officiers SAS n'empêche pas les problèmes : La proximité de l'officier SAS avec les musulmans provoque de l'inquiétude parmi certains Européens. L'orgueil de quelques Européens est dénoncé : "Il était flagrant que le complexe de supériorité de "petit blanc" vis à vis de "l'Arabe" était souvent à l'origine de vexations voire de conflits individuels ou familiaux. Les grands colons, quant à eux, traitaient indifféremment Européens et FSNA par le même mépris, nous compris"[14]. La SAS était aussi le recours des musulmans devant l'arbitraire de certains colons : "Les SAS gênaient les habitudes (...). Les SAS tentaient d'augmenter le niveau de vie des musulmans et de régler les conflits entre colons et musulmans. Ainsi lorsque la vigne était mal taillée et que le colon ne voulait pas payer les musulmans, alors nous intervenions"[15]. La SAS par son désir de promouvoir la population musulmane ne pouvait donc que se retrouver en opposition avec certains Européens qui tentaient de maintenir un statu quo économique et social, ce qui mettait la SAS dans une situation paradoxale : "Nous étions perçus par certains Français comme des traîtres et rejetés par le FLN enfermé dans ses certitudes"[16].

Le deuxième reproche de la part des officiers SAS est l'inadaptation de la justice à la situation de l'Algérie, ainsi P. Quieffin se "rappelle de la première exécution publique d'un garde champêtre. Le médecin a fait une autopsie du cadavre pour voir si c'était une balle de 8 millimètres ou de 7/5 qui l'avait tué. C'était d'un ridicule achevé ! On ne pouvait continuer avec des moeurs du passé et la légalité républicaine"[17].

Quelques événements politiques sont bien perçus par les officiers SAS tel "l'envoi du contingent avait été un signe très positif" en avril 1956[18] ou encore l'expédition de Suez (septembre-octobre 1956) car l'opinion publique de l'époque

---

[14] Ibid
[15] M. CONEJERO, Martigues, 2/2/95
[16] Ibid
[17] P. QUIEFFIN, Aix, 26/1/95
[18] R. VERMANT, Carnoux, 10/2/95

croyait que l'Egypte était le refuge des chefs du FLN, comme l'écrit A. de la Tocnaye : "Les Français étaient à Suez, allaient vaincre Nasser et partant réduire à merci le FLN", il perçoit entre la population et la SAS un nouveau courant de confiance mais l'échec de Suez, le plonge "dans la stupeur, fit tomber subitement le souffle d'enthousiasme et de ralliements"[19].

En mars 1957 les premiers doutes se font jour, J-Y. Alquier décrit son état d'esprit : "Jamais la France ne vous laissera tomber, est-ce que nous ne sommes pas en train de les tromper ? Et ne devrions nous pas les laisser tranquillement chez eux à attendre que ça se passe, sans leur faire prendre le risque d'y laisser leur peau dans ce qui sera peut-être qu'une aventure de plus... ", il évoque ensuite l'abandon des catholiques du Tonkin, et l'abandon de la Tunisie et du Maroc. Il termine par cette phrase : "Et une fois de plus, je me demande si un jour avec mes camarades nous n'aurons pas sur la conscience la mort de ceux que nous avons ralliés, compromis pour toujours". L'ouvrage de J-Y. Alquier a été publié en 1957, après son départ d'Algérie en juin. De mai à octobre 1957 la France est en pleine instabilité gouvernementale, ces événements politiques ont-ils influencés le récit comme semble l'indiquer cette phrase : "Tout serait tellement plus facile au moins si nous avions une confiance entière en nos dirigeants" et il termine son ouvrage par cette réflexion désabusée : "Alors l'Algérie vous y croyez encore ? Alors Tazalt, c'était un rêve"[20].

Derrière ces réflexions se profilent une rupture entre les autorités politiques et les officiers SAS en contact avec la réalité algérienne, comme l'explique P. Quieffin : "Avant le 13 mai, nous souhaitions un commandement plus fort et un pouvoir unitaire plus ferme"[21]. La progression des SAS est intéressante à analyser : Deux grandes périodes se dessinent entre mai 1955 et juillet 1958. De mai 1955 à décembre 1956, en 20 mois les SAS passent de 30 à 490 (soit 23 SAS en moyenne par mois). De janvier 1957 à juillet 1958, en 19 mois, les SAS

---

[19] A. de la TOCNAYE, 1989, p. 45-47
[20] J-Y. ALQUIER, 1957, p. 203 et p. 270-272
[21] P. QUIEFFIN, Aix, 26/1/95

passent de 490 à 590 (soit 5 SAS en moyenne par mois). Ce fléchissement dans la deuxième partie de la délégation générale de R. Lacoste est le signe que le développement des SAS n'est plus devenu une priorité pour les autorité politique d'Alger et de Paris.

Le 13 mai 1958 et les CSP

R. Vermant explique les événements du 13 mai 1958 par "Les échecs d'une politique timorée, affaiblie par les chutes accélérées de gouvernements, qui nous parvenaient, faisaient accroître l'irritation et l'inquiétude des lieutenants et capitaines... Ainsi quand les aînés, commandants et colonels commencèrent à hausser le ton, nous étions de tout coeur avec eux"[22]. Le 15 avril 1958 le gouvernement Gaillard est renversé, le 27 avril 1958 les représentants politiques du FLN, de la Tunisie, et du Maroc réclament à Tanger l'indépendance de l'Algérie. Ces deux événements accentuent le mécontentement général, comme l'explique R. Vermant : "Je venais de quitter Alger le samedi 9 mai à l'issue d'un stage de trois mois aux AA où nous sentions monter une tension dans tous les milieux. Dans le bled, les transistors eurent vite fait de transmettre l'explosion d'Alger et ses conséquences"[23]. Le 13 mai la population algéroise, qui manifestait en hommage aux trois soldats exécutés par l'ALN et contre l'investiture de Pflimlin, envahit à 19 heures le Gouvernement Général et exige la formation d'un gouvernement de salut public. Un CSP dirigé par le général Massu comprend 5 militaires, 7 civils et 4 musulmans.

Dans toute l'Algérie des CSP vont se former en solidarité avec le CSP d'Alger. Des CSP vont être formés spontanément par certains officiers SAS ou y participeront eux-mêmes. A. de la Tocnaye explique "Lorsque j'ai appris que nous étions prêts enfin à vouloir briser cette politique d'abandon qui nous effrayait tous. J'ai pris sur moi de former un CSP et le maire en a

---

[22] R. VERMANT, Carnoux, 10/2/95
[23] Ibid

été élu président et moi vice président. Je me suis mis à la disposition du CSP d'Alger et du général Massu"[24].

Il ne faut pourtant pas généraliser la création des CSP au niveau de chaque SAS ou de chaque commune, souvent un CSP se forme au niveau du chef lieu de l'arrondissement ou du sous quartier sans que l'officier SAS n'ait participé à sa création. Ce fut le cas pour G. Vincent qui reçoit du commandant du secteur un coup de téléphone lui demandant de participer au CSP de l'arrondissement et d'être présent à la manifestation populaire pour la sauvegarde de l'Algérie[25]. R. Vermant participera avec le commandant du sous quartier au CSP de Betacha créé par les ingénieurs et techniciens de l'EGA (électricité et gaz d'Algérie)[26].

En revanche des officiers SAS n'ont pas participé au CSP : C. Pothier explique : "Au Camp du Maréchal il y avait un CSP, au Cap Djinet non. Le capitaine T., officier SAS appartenant au SDECE, était trop prudent. L'adjoint du préfet avait donné des consignes pour ne pas s'impliquer dans les CSP. Moi-même, j'ai été méfiant vis à vis des CSP, c'était une structure anarchique, rien de légal. Une manifestation dont rien ne pouvait sortir pour ramener l'ordre en Algérie"[27]. C. Hary donne d'autres raisons à l'inexistence des CSP : "Il n'y a pas eu de demande de CSP. Créer un CSP avec qui ? Avec quoi ? On n'était même pas capable d'en assurer la sécurité"[28]. Ces deux exemples nous montrent les raisons pour lesquels des officiers SAS n'ont pas formé des CSP : La prudence, la méfiance vis à vis de ce mouvement spontané, l'absence de participant et l'insécurité. On peut émettre l'hypothèse que la majeure partie des sous-préfectures ont eu leur CSP, de même que les SAS de la région d'Alger ainsi que les SAS où les Européens étaient fortement implantés (rendant possible la fraternisation).

---

[24] J-Y. JAFFRE, 1963, p. 86
[25] G. VINCENT, 1988, p. 176-180
[26] R. VERMANT, Carnoux, 10/2/95
[27] C. POTHIER, Marseille, 12/1/95
[28] C. HARY, Bouc Bel Air, 14/1/95

Dans les régions éloignées où il n'y avait aucun européen, le 13 Mai n'a eu aucune répercussion. Ce fut le cas à la SAS de Wagram dirigé par M. Conejero "Le 13 mai 1958 n'a rien changé dans la SAS, il n'y a pas eu de réaction"[29]. En revanche dans certaines régions où il n'y eut pas de CSP, le 13 mai a eu des conséquences visibles en Kabylie : "Le 13 mai a été une période d'euphorie, le 13 mai a ouvert quelque chose, fait naître un espoir. La population reprenait confiance. Le FLN était déstabilisé, pendant deux mois on ne le voyait plus"[30] ou encore dans le sud Constantinois, G. Hirtz, sous-préfet à Tebessa explique : "Le 13 mai a été l'aboutissement des réformes des SAS. C'était une phase heureuse dans ma circonscription. J'avais fait une tournée dans les SAS pour prendre le pouls parmi la population. Il y avait un optimisme alors que la population vivait auparavant dans la peur. C'était un choc psychologique, par contre il n'y eut pas de CSP"[31].

Là où des CSP avait été formés, ils avaient pour but "essentiellement de réagir contre toute velléité d'abandon de l'Algérie"[32], en organisant des réunions, des manifestations et en mobilisant l'ensemble de la population[33]. Mais rapidement se firent jour les divisions, comme le constate à ses dépens le lieutenant Lion : "L'opposition de certains Européens me prit d'avantage au dépourvu. Ils furent de redoutables adversaires le jour où ils comprirent que la SAS visait à rendre effective les promesses du général de Gaulle et d'offrir un deuxième front contre les injustices sociales. C'était la première fois depuis un siècle que la politique de l'autorité ne correspondait pas à la défense de leurs privilèges". Ils tenteront d'obtenir sa mutation, tandis que le CSP est dissous "à cause des réticences des musulmans et du scepticisme égoïste des Européens"[34].

---

[29] M. CONEJERO, Martigues, 2/2/95
[30] C. POTHIER, Marseille, 12/1/95
[31] G. HIRTZ, Luynes, 9/1/95
[32] R. VERMANT, Carnoux, 10/2/95
[33] P. QUIEFFIN, Aix, 26/1./95
[34] L'Armée, juillet-août 1960

Le 13 mai va révéler dans certaine SAS les dysfonctionnements de l'Algérie : La passivité et l'attentisme des musulmans, l'égoïsme des Européens, l'indifférence de l'administration...Le discours du 4 juin 1958 sur l'intégration de de Gaulle donne l'espoir aux officiers SAS que la politique, pour laquelle ils travaillent, sera mise en place. Seule exception, A. de la Tocnaye qui ne croit pas que de Gaulle réalisera l'intégration et démissionne du CSP[35] ; alors même que l'ensemble des SAS font confiance à de Gaulle. Le CSP de Betacha se dissout ainsi dès que le nouveau gouvernement s'est prononcé contre l'abandon de l'Algérie[36]. En octobre 1958 le général de Gaulle dissout les CSP, cette décision provoque les premiers doutes "L'éclatement des CSP représente le retour des partis et la destruction d'un symbole de l'intégration"[37]. Malgré la tension liée à la dissolution des CSP, le 13 mai et l'arrivée du général de Gaulle au pouvoir à redonné de l'espoir aux officiers SAS. Les années suivantes démentiront cet optimisme.

---

[35] A. de la TOCNAYE, 1989, p. 73
[36] R. VERMANT, Carnoux, 10/2/95
[37] Y. ROMANETTI-P.SAS, 1961, p. 161 et p. 202

4.2. Le temps des incertitudes et des doutes

Les années 1959 et 1960 seront deux années d'ambiguïtés officielles... Ce qui explique les illusions de nombreux officiers SAS quant à l'avenir de l'Algérie.

1959 : L'années des incertitudes

Durant l'année 1959, les souvenirs du 13 mai et des promesses que l'Algérie resterait française sont encore très présentes dans l'esprit des officiers SAS. R. Vermant écrit à ce propos : "Jamais de 1957 à 1959, mes camarades et moi n'avions envisagé l'abandon de l'Algérie. Les rapports que j'avais avec les FSNA dans les unités mixtes, les relations avec les officiers et les sous officiers ne laissaient en rien supposer des intentions ou des velléités d'indépendance". Il explique cette euphorie "par des élections législatives et surtout municipales, le plan de Constantine et ses consignes économiques et sociales ajoutées aux multiples occupations sur le plan local avaient de quoi retenir toute notre attention"[1]. Les actions administratives, économiques et sociales, voire "l'activisme" (au sens d'action intense dans tous les domaines) des officiers SAS étaient inconsciemment un moyen de s'empêcher toute réflexion sur la situation politique de l'Algérie.

Ce n'est que durant l'été 1959 que l'on constate une divergence d'opinions parmi les officiers SAS sur la situation. Le lieutenant Lion rédige le bilan de son activité dans sa SAS en août 1959, il rend hommage au maire et au sous-préfet (tous les deux musulmans) et termine par cette phrase : "Qu'ils sachent que notre génération luttera pour mériter et conserver cette confiance, notre plus juste raison de ne jamais nous détourner de l'Algérie"[2].

---

[1] R. VERMANT, Carnoux, 10/2/95
[2] *L'Armée*, juillet-août 1960

Cette phrase démontre que le lieutenant Lion croit encore, plus d'un an après, à l'idéal de fraternisation de mai 1958. L'abandon de l'Algérie n'est nullement envisagé.

A la même période de l'été 1959, un officier SAS se fait remarquer en interpellant le général de Gaulle. Cet officier SAS est à lui-même un symbole : Gaulliste de juin 1940, il a fait les campagnes d'Afrique, il combattit à Dien Bien Phu et il s'occupe de la SAS de Beni Douala. Alors qu'il est présent à table avec 15 autres officiers lors d'une tournée des popotes de C. de Gaulle, le capitaine Oudinot prend la parole pour demander si la France resterait en Algérie. C. de Gaulle lui répond : "Est ce que vous avez vu de Gaulle abandonner quelqu'un ou quelque chose"[3]. Manifestement la réponse n'avait pas convaincu car le capitaine Oudinot lance plus tard au ministre de la guerre en tournée cet avertissement : "Maintenant, monsieur le ministre, devant les musulmans qui sont mes soldats et les soldats de la France, je voudrais ajouter un mot : voilà 15 ans que je me bats, 15 ans que j'amène partout les couleurs. Alors j'en ai assez, c'est fini et je veux vous dire que le drapeau Français que vous voyez là au dessus de ma SAS, flotte parce que nous l'avons accroché là au prix du sang de mes harkis et même si vous m'en donniez l'ordre, je le jure devant eux, jamais je ne l'amènerai"[4].

Ces deux exemples de confiance et de doute coexistent parmi les officiers SAS, qui ne sont pas dissipés par l'ambiguïté officielle. Le discours de C. de Gaulle du 16 septembre 1959 où il évoque l'autodétermination aura lui aussi des répercussions ambiguës qu'explique le rapport du général Laure : "les militaires reconnaissent que cette prise de position offre de sérieux avantages sur le plan diplomatique mais ils redoutent que l'action de pacification s'en trouve contrariée". Ce discours est donc perçu par l'armée comme un moyen d' "intoxiquer" les milieux internationaux, mais est-ce vraiment le cas ? Le général Laure évoque les cas de consciences de "certains officiers qui, sur la foi des déclarations venues d'en haut, ont pleinement engagé les

---

[3] C. PAILLAT, 1961, p. 223
[4] B. BOUALAM, 1963, p. 226-232

musulmans de leur côté en leur présentant comme acquise l'unité de la France et de l'Algérie, craignent d'avoir accompli une mauvaise action"[5].

Le Monde décrit l'attitude des officiers SAS devant les trois options politiques proposées : "Les chefs SAS se sentent liés par les promesses faites aux populations qu'ils administrent. Quant aux trois options proposées aux Algériens, beaucoup d'officiers SAS ont procédé par élimination, d'emblée la sécession a été écartée. La solution de l'association a reçu peu de suffrage car concevoir une Algérie séparée, c'est renoncer à l'Algérie française. Reste la francisation"[6]. Ces analyses peuvent expliquer la raison pour laquelle il n'y a pas eu de protestations au discours du 16 septembre de la part des officiers SAS, voire est passé complètement inaperçue pour J. Forestier[7] ou R. Vermant[8] dans le nord Constantinois au même titre que plus tard les barricades de janvier 1960.

1960 : L'année des doutes

Les barricades de janvier 1960 auront relativement peu de répercussions sur les officiers SAS. Seul G. Vincent se sent concerné par ces événements d'Alger, mais il est aussi pied-noir et très sensible aux événements politiques d'Algérie, il se rendra auprès du colonel pour affirmer sa solidarité avec ceux des barricades. Le colonel apaise ses inquiétudes et le renvoie à sa SAS. Un ami de G. Vincent, officier SAS, qui avait fait la même démarche se retrouvera avec huit jours d'arrêt[9].

Ce seront surtout les appels à la négociation de de Gaulle et les négociations de Melun qui provoqueront des doutes quant à

---

[5] C. PAILLAT, 1961, p. 364
[6] *Le Monde*, 22 septembre 1959
[7] A. CARINI, 1993-1994, p. 148
[8] R. VERMANT, Carnoux, 10/2/95
[9] G. VINCENT, 1988, p. 223-228

leur mission parmi les officiers SAS. Ces doutes s'exprimeront le 30 juin 1960 au Gouvernement général à l'occasion du départ et de l'arrivée de promotion d'officiers SAS. L'usage voulait que le délégué général soit présent. P. Delouvrier décide, à l'occasion de l'inauguration d'une salle à la mémoire du lieutenant Schoen, de reprendre l'usage d'être présent qui s'était perdu au moment des barricades. Lors de cette journée sont présents : Le directeur des cours, le commandant Benos (qui a soumis son allocution au délégué général), le directeur des Affaires politiques, l'inspecteur général des regroupements le général Parlange, l'inspecteur général des AA le général Partiot, le directeur du cabinet du délégué général Vaujour, le directeur du cabinet militaire Lacrenon et une soixantaine d'officiers SAS.

Le commandant Benos commence son allocution : "Nos camarades affirment de toutes leurs forces leur volonté de faire que le sacrifice du lieutenant Schoen ne soit pas inutile afin qu'ils n'aient pas un jour à se demander si ce magnifique officier tué au combat est bien mort pour la France". P. Delouvrier indigné (alors qu'il avait lu le discours auparavant, mais il expliquera n'avoir pas demandé de modifications, car il était sûr que Benos les auraient refusées) réplique "Quand on meurt sous l'uniforme français, où que ce soit, on meurt toujours pour la France ! Je ne comprends pas qu'on puisse mettre en doute le sens du combat que nous menons ici. Comment ne comprenez-vous pas que si le général de Gaulle ne veut pas du vocable d'Algérie française, c'est parce que c'est celui des ultras. En tous cas c'est celui des Européens d'Algérie, donc une minorité de ce pays. De toute façon il ne faut pas s'imaginer que les 500.000 hommes de l'armée française vont rester ici pour maintenir le statu quo".

Le capitaine Lasserre, officier SAS en Oranie lui répond : "Si je comprends le général de Gaulle répugne au vocable Algérie française parce que c'est celui des Européens, mais il adopte celui d'Algérie algérienne qui est celui du FLN, nos populations ne comprennent plus... ou comprennent trop. Elles demandent si nous n'allons pas faire désormais le contraire de ce que nous avons fait jusqu'ici. Que leur répondre ? Nous n'avons aucune directive politique et nous pouvons d'autant moins apaiser leurs inquiétudes, monsieur le délégué général, que nous les partageons".

P. Delouvrier réplique "Des directives, mais nous vous en donnons des directives , nous ne faisons que cela! Si vos sous-préfets ne vous les transmettent pas, s'ils ne font pas leur métier, nous les changerons"[10].

N. d'Andoque prend alors la parole. Quelques jours plus tôt le sergent musulman du maghzen était venu le voir et lui dire l'inquiétude du maghzen à la suite de l'entrevue de Melun, lui demandant si il fallait prendre le maquis pour se faire entendre. Cette inquiétude existait aussi au cours des AA parmi les officiers SAS qui "discutaient ferme, rien n'allait plus, où voulait-on en venir ? nous le savions, il y avait eu des précédents". C'est dans ce contexte qu'il interroge P. Delouvrier, il rapporte les inquiétudes des SAS, reproche le manque de directives et rapporte l'interrogation du sergent moghazni : "Faut-il prendre le djebel ?"[11].

P. Delouvrier prouve par sa réponse qu'il n'a pas compris ou ne veut pas comprendre : "Eh bien ! S'ils prennent le maquis contre les fells se sera très bien". A la suite de ces questions, P. Delouvrier demande à un officier SAS s'il se sentait moins inquiet à la suite de ses réponses, il se voit répliquer "Oh juste un peu plus, monsieur le délégué général". A la suite de cet incident P. Delouvrier obtiendra la mutation du commandant Benos en métropole[12].

L'évocation de cet accrochage verbal entre P. Delouvrier et les officiers SAS est rapporté par N. d'Andoque, C. Paillat et Y. Courrière, aux pages 602-603 - Tome 2 - réédition de 1990 (le récit de Y. Courrière n'a pas été rapporté en raison des trop

---

[10] C. PAILLAT, 1961, p. 449-451
[11] N. D'ANDOQUE, 1977, p. 72-76
[12] C. PAILLAT, 1961, p. 451-452

nombreuses contradictions avec les deux autres). Ils donnent un certain nombre d'indications sur l'état d'esprit des officiers SAS.

Le premier élément est l'inquiétude due à l'entrevue de Melun qui a en effet dissipé les ambiguïtés officielles. Il n'est plus question de stratégie diplomatique ou de demi-mot, mais bien de négociation. Ces inquiétudes touchent autant les officiers SAS, que les moghaznis et les populations fidèles à la France. Les inquiétudes des officiers SAS concernent plusieurs domaines : Le devenir de leur mission, l'abandon de l'idéal de l'Algérie française, la perte de confiance de la part de la population et la crainte des moghaznis. Or ces inquiétudes n'ont nullement été apaisées par les hésitations, les fausses colères, le flou des réponses voire la dialectique officielle de P. Delouvrier.

Le deuxième élément est la question de N. d'Andoque "Faut-il que les moghaznis prennent le djebel ?". Cette question pose le problème de l'obéissance aux autorités légales alors que celles-ci sont en train de trahir les promesses faites aux populations que l'Algérie resterait française et donc, l'idéal même des officiers SAS. Même si P. Delouvrier réussit à esquiver la question, cette question s'adresse aussi aux officiers SAS, et sera véritablement le point de rupture entre ceux qui continueront à obéir (soit en restant dans leur SAS ou en montrant leur désaccord en démissionnant) et ceux qui refuseront cet état de fait en devenant des activistes de l'OAS.

Le dernier élément de cet incident du 30 juin 1960 est la rupture entre le Gouvernement Général, qui représente la politique de de Gaulle, avec les officiers SAS qui abandonnent leurs illusions. On peut constater le silence de la hiérarchie des AA incarnée par les généraux Partiot et Parlange, est-ce par gêne ou convenance ? La mutation du commandant Benos montre progressivement la subordination de l'opinion des AA au Gouvernement Général.

A partir de l'été et l'automne 1960, de nombreux officiers SAS ont abandonné leurs illusions et ont démissionné, ce fut le cas de Antoine S. qui explique : "En 1960, je me suis dit que je voulais bien rester dans l'armée mais pas dans les SAS. Je voulais retourner dans les paras, un télégramme est arrivé : Ou vous restez dans les SAS ou vous partez. J'ai répondu, je pars"[13].

J. Bollon en 1960 arrive à la fin de son temps d'armée : "Le colonel m'a reçu et il m'a demandé si je voulais continuer. Il pouvait me faire activer. Je lui ai répondu : Mon colonel, est-ce que l'Algérie restera française ? Il a baissé le nez et il n'a pas répondu. Notre conversation s'est terminée sur ce silence"[14].

Ces deux exemples sont symptomatiques de l'état d'esprit des officiers SAS : l'un ne croit plus à sa mission de pacification et préfère retourner au combat, l'autre ne croit plus que l'Algérie restera française. En conséquence ces deux officiers SAS préfèrent démissionner.

D'autres officiers SAS refusent de baisser les bras, comme l'écrit R. Vermant : "Lorsqu'il fut question officiellement d'autodétermination (juin 1960) les chefs SAS et les commandants territoriaux furent invités à faire connaître l'hostilité de leurs administrés à l'idée de quitter la nationalité française. La création des FAF (Front de l'Algérie Française) était le moyen le plus simple. L'information faite, les registres ouverts recueillirent les signatures de la quasi totalité des hommes des villages sans qu'aucune procédure d'invitation ne fut lancée. Les registres furent expédiés à Collo"[15].

D'autres officiers SAS, peu nombreux, se rattachèrent à un autre idéal adapté à la nouvelle situation politique à la suite du discours du 4 novembre 1960 de de Gaulle: la coopération avec une Algérie indépendante (l'association). D. Warnery explique : "C'était la fin de l'idée de département français, je me suis

---

[13] A. ORR, 1990, p. 82
[14] P. ROTMAN et B.TAVERNIER, 1992, p. 199
[15] R. VERMANT, Carnoux, 10/2/95

rattaché à l'idée de coopération entre la France et l'Algérie"[16], ou encore A. Maillard : "Qu'on le veuille ou non, il faut se mettre devant la réalité : L'Algérie sera indépendante et il est bon qu'elle le soit, qu'elle le soit, on peut l'espérer avec la France"[17].

D'autres officiers SAS préféreront rester accrocher à leur idéal, envers et contre tout, en continuant de travailler auprès de la population.

---

[16] D. WARNERY, Marseille, 8/2/95
[17] A. MAILLARD, 1990, p. 300

4.3. L'abandon (1961-1962)

1961 : Des doutes aux certitudes de l'abandon

R. Vermant, malgré les incertitudes dans lesquelles l'avait plongé les négociations de juin 1960, avait repris espoir. Ce n'est qu' "au début 1961, (que) le doute s'insinue. Jusqu'alors nous n'envisagions pas d'autre avenir pour l'Algérie que dans la France"[1].

L'année 1961 débute par le référendum sur l'autodétermination de l'Algérie, qui va entraîner des réactions très variées parmi les officiers SAS : Un officier SAS refuse d'organiser le référendum, en raison de cette attitude il sera muté sur la côte oranaise[2] ; G. Vincent a lui un cas de conscience : "Il m'est difficile de dire aux musulmans de voter oui. J'estime que j'ai suffisamment trompé les gens"[3] ; D'autres n'appliquent pas les consignes officielles de vote pour le référendum[4]. Lorsque les consignes officielles de vote sont diffusées par les officiers SAS, celles-ci ne sont pas toujours suivies comme le signale le rapport moral du Bordj Menaïel de l'année 1960 (rédigé le 14 février 1961) : le chef de SAS avait recommandé fortement de voter oui, les moghaznis ont en grande partie voté non[5].

Ce référendum a des répercussions sur la mission des SAS. Pour certaines SAS : "La volonté de promotion humaine et économique était abandonnée"[6]. En revanche d'autres SAS continuent leurs missions : "Lors des réunions de mise au point des travaux à venir, des projets à financer, des actions à préparer dans tous les domaines de la vie courante. On sent que le coeur

---

[1] R. VERMANT, Carnoux, 10/2/95
[2] A. MAILLARD, 1990, p. 309
[3] G. VINCENT, 1988, p. 236
[4] A. MAILLARD, Paris, 11/10/94
[5] 5.SAS.45
[6] N. D'ANDOQUE, 1977, p. 120

n'y est plus, pourtant les travaux en cours progressent normalement"[7].

C'est dans cette atmosphère de désillusions qu'éclate le putsch des généraux d'avril 1961. Certains officiers SAS vont participer activement à leur niveau au putsch des généraux. J. Forestier raconte sa réaction lorsqu'il apprit le putsch "Nous étions tous fous de joie en cette première journée, pas un de nous ne doutait que l'affaire était dans le sac", G. Vincent est si enthousiaste qu'il fait hisser sur la SAS le drapeau réservé pour les occasions exceptionnelles. J. Forestier se rendra à Philippeville pour se mettre aux ordres de l'armée. Il sera chargé d'aller à Alger le 24 avril, pour rendre compte de la situation de la région de Philippeville. G. Vincent se rendra à Oran où il propose à l'armée trois maghzen "décidés à aller jusqu'au bout". On lui conseille d'attendre à sa SAS les consignes". J. Forestier sera atterré lorsqu'il apprit l'échec du putsch[8], tandis que G. Vincent "n'arrivait pas réaliser qu'une telle chance fut inutilement gâchée"[9].

D'autres officiers SAS ont ressenti le putsch comme "un cafouillage énorme (ordre, contre ordre) Cela a été une grande déception"[10]. F.X. de Vivie réunit ses moghaznis et leur dit son état d'esprit : "Je leur ai dit que c'était la fin de l'Algérie française, et si le putsch échouait, il ne se donnait pas le droit de les retenir ou de les dissuader de déserter"[11]. N. d'Andoque explique que "L'action des quarterons de généraux n'avait eu aucune répercussion dans les douars", mais seulement semer l'inquiétude parmi les moghaznis[12].

---

[7] R. VERMANT, Carnoux, 10/2/95
[8] A. CARINI, 1993-1994, p. 169-172
[9] G. VINCENT, 1988, p. 249-252
[10] D. WARNERY, Marseille, 8/2/95
[11] F-X. de VIVIE, Paris, 10/6/89
[12] N. D'ANDOQUE, 1977, p. 130

Quelle a été la proportion des officiers SAS à avoir été favorable au putsch ? Les chiffres n'existent pas. On peut émettre l'hypothèse qu'une grande partie des officiers SAS par leur idéal de construire l'Algérie française ont été moralement favorable au putsch même si la participation active a eu peu d'adeptes. Il faut noter que seules les grandes villes (Alger, Oran, Bône) ont été touchées directement par le putsch des généraux. Les campagnes où sont localisées les SAS ne sont pas touchées par le mouvement, de même l'éloignement et les confusions des ordres n'ont nullement favorisé la participation active des officiers SAS. Cette hypothèse est confirmée par A. Maillard, officier SAS hostile au putsch, qui écrit "Autre drame celui de ce grand pourcentage de militaires d'active, tous mes supérieurs hiérarchiques des Affaires Algériennes ! De coeur avec les putschistes et qui sont demeurés dans l'indécision et la mollesse"[13].

La légalité rétablie, les commissions d'enquête se multiplient. J. Forestier sera convoqué en mai devant l'une d'elles. Le président de la commission étant son ancien commandant d'Indochine, il est innocenté mais contraint de quitter l'Algérie. Avant de partir, il conseille à la population "de penser à leur avenir et de jouer la carte de la rébellion sans faire de mal aux Français", et ainsi ne pas avoir la mort de ces hommes sur la conscience[14]. G. Vincent sera convoqué en septembre devant une commission. Sanctionné, il sera muté 6 mois en métropole et refusant d'être affecté en Allemagne il désertera de l'armée en février 1962[15]. A Arris où le secteur est resté dans la légalité, le sous-préfet empêchera toute enquête ou de répression de la part des autorités[16].

En juillet 1961, le cabinet du Gouvernement Général décide de réformer les SAS. Le but de cette réforme est de doter les SAS des moyens organiques d'une administration décentralisée (centre

---

[13] A. MAILLARD, 1990, p. 323-324
[14] A. CARINI, 1993-1994, p. 176-177
[15] G. VINCENT, 1988, p. 259
[16] *Revue Historique des Armées*, n°187, juin 1992, p. 54-58

social, AMG, techniciens) pour servir de conseillers techniques auprès des municipalités tout en abandonnant le rôle opérationnel et répressif des SAS. Les tâches administratives des SAS seraient conservées. Le projet projette de réduire le nombre de SAS à deux par arrondissement (au lieu d'une dizaine), une SAS s'occuperait de six à huit communes. Les 700 SAS seront transformées en 150 à 160 centres d'aides administratives (CAA), avec un personnel recruté parmi les civils et les officiers de réserve. Un procès verbal de réunion de janvier 1962 au cabinet du gouvernement général décida d'augmenter le nombre de CAA, pour avoir une moyenne de trois CAA par arrondissement (s'occupant de quatre à cinq communes). Cette nouvelle évaluation nécessitera la création de 250 à 300 CAA. Un CAA est composé d'un chef de district, d'un conseiller adjoint, de deux à trois officiers du contingent (médecin, ingénieur, administrateur agricole)[17].

Des voix s'élèvent contre ce projet, telle celle du colonel Sarzac qui écrit le 28 octobre 1961 "La raison d'être des CAA (...) est la mission de contacts et de renseignements qui exige non seulement travail et intelligence mais foi, constance et surtout vocation. Un fonctionnaire n'y suffit pas, il faut un apôtre... "[18].

Tous les événements de l'année 1961 (référendum, putsch, projet de transformation des SAS) ont accentué les départs d'officiers SAS et les problèmes de recrutement. Si l'on observe le classement des officiers nommés aux AA selon la provenance de leur arme dans le *Bulletin de liaison* (entre 1957 et 1961) on peut constater dans les années 1960 et 1961 une baisse sensible du nombre d'officiers. En 1961, il y a deux fois moins d'officiers, pour les mois de septembre et octobre, que pour l'année 1958. Les démissions d'officiers SAS se multiplient dans le même temps, ce fut le cas pour C. Hary qui raconte qu'en juillet 1961 : "J'ai reçu un message qui disait : Jamais la France n'abandonnera ses enfants. Et plus tard, un autre message : Commencez à faire le tri, on ne pourra pas ramener tout le

---

[17] 1.H.1207 n°2
[18] 1.H.1146

monde. C'est à ce moment là que j'ai compris, j'ai alors demandé à partir des SAS. Avant juillet 1961, je croyais à l'Algérie française même si des signes étaient perceptibles tels que des directives ambiguës ou encore l'absence d'instructions catégoriques"[19]. En juin 1961, arrivé à la fin de son service, D. Warnery quitte sa SAS qui dans cinq mois devait être regroupée avec deux autres SAS. Il refuse de prolonger son service car "Il n'y avait plus rien à faire. Le dialogue avec la population n'était plus possible". Sa SAS sera dissoute, le fonds de roulement de sa coopérative sera volé et ses moghaznis furent abandonnés[20].

Les sentiments sur cette période sont contradictoires, A. Maillard parle d' "une démission morale avec l'esprit : "après moi le déluge"[21]. En revanche R. Vermant parle d' "ambiance de ruche en pleine activité"[22]. C'est dans ce contexte que commence l'année 1962.

1962 : L'abandon...

En 1962, les officiers SAS et leurs moghaznis ont perdu leurs illusions quant à l'avenir de l'Algérie, beaucoup se raccrochent alors à l'idée de coopération entre la France et une Algérie indépendante. F-X. de Vivie fait des propositions de rapatriements aux familles de moghaznis en mai 1962. Les moghaznis refusent : "Ils croyaient qu'on allait leur tendre la main. C'était le langage de coopération de de Gaulle qui disait que tout se passerait bien"[23].

Le 17 février 1962 paraît un décret créant les CAA, il est complété le 23 mars par un arrêté créant 223 centres d'aides

---

[19] C. HARY, Bouc Bel Air, 14/1/95
[20] D. WARNERY, Marseille, 8/2/95
[21] A. MAILLARD, Paris, 11/10/94
[22] R. VERMANT, Carnoux, 10/2/95
[23] F-X. de VIVIE, Paris, 10/6/89

administratives (CAA) et 29 centres urbains. Des CAA seront effectivement créés, remplaçant quelques SAS, mais la grande majorité des SAS, diminuées en nombre, resteront en place jusqu'à leurs dissolutions en juin.

Il n'existe pas de rapport moral de février ou mars 1962 critiquant les CAA, en revanche des rapports sur le moral rédigés en décembre 1961, sont significatifs de l'état d'esprit des officiers SAS. Le rapport moral du 28 décembre 1961 de l'ELA d'Aumale (département de Médéa) explique : "Le personnel se donne coeur et âme à sa mission, il ne dépend pas de lui au moment où le service AA est appelé à s'effacer, que sa tâche ne fut plus grande, plus rentable, du moins y a-t-il donné son coeur. Puisse ce don lui valoir en retour l'affection, même légère, de ceux qu'il a tant aimé" ; Ou encore le rapport moral de l'ELA Boghari (département de Médéa) écrit de même : "En voyant disparaître le service des AA (...) cette oeuvre a fait évoluer vers une vie plus civilisée en cinq ans, une population qui sans lui, ne l'aurait pas fait en vingt ans et serait restée dans l'ignorance, la crasse et la misère pour tomber ensuite dans le chaos[24]. Ces deux rapports sur le moral montrent que les officiers SAS appréhendaient la création des CAA comme la fin des SAS (ce qui devait initialement être le cas) et la fin de la mission des SAS. Or la mission des SAS devait seulement être réorientée au vu du nouveau contexte politique. Ces rapports sur le moral se veulent une sorte de bilan de l'action des SAS, qui mettent en valeur l'effort de civilisation accompli par les officiers SAS et leurs personnels.

Durant cette période il semble que les autorités militaires soient méfiantes vis à vis des officiers SAS, comme l'affirme le commandant T. "L'accord de cessez le feu est admis par les secteurs, les quartiers et par le FLN. Restent les sous-quartiers et les SAS dont on est pas sûr. On craint que des capitaines refusent le cessez le feu et ne fomentent des troubles locaux pour s'y opposer[25]. Quelques semaines auparavant le bureau du moral des

---

[24] 1.H.1216 n°2
[25] L'Express, 15 février 1962

AA avait écrit dans un rapport du 24 janvier 1962 adressé au délégué général Morin que certains officiers SAS sont "sensibles à la propagande activiste"[26]. Cette méfiance des autorités militaires n'empêche pas, paradoxalement, que l'action des officiers SAS soit appréciée par le FLN, comme l'explique le sous-préfet musulman aux officiers SAS : "J'ai absolument besoin de vous, vous devez travailler sous le drapeau FLN". R. Vermant refusera (ainsi que ses camarades), ce qui eut pour conséquence d'être muté dans les 24 heures en métropole au mois de mars 1962[27]. En effet la mission de l'officier SAS ne se concevait que dans le cadre d'une Algérie française.

Le 19 mars 1962 à midi commença le cessez le feu entre la France et le FLN, qui sonne le glas de l'Algérie française et annonce la fin de l'expérience SAS. L'officier SAS Jourdren de la SAS de Beni Bouaïche (ELA Cherchell) en est pleinement conscient, comme le montre le journal de marche et d'opérations à cette date: "Ensemble, ceux qui ont oeuvré dans cette SAS qu'ils soient Français de souche ou musulmans, civils ou militaires, ils ont travaillé pour la plus grande gloire de la France. Si la réussite n'est pas à la hauteur de leurs efforts, il n'en reste pas moins que tous ils y ont cru..."[28].

Entre mars et juillet les SAS isolées sont progressivement repliées sur les SAS les plus importantes avec leurs matériaux et leurs personnels. Les GAD et les moghaznis ont été désarmés par les officiers SAS. Les SAS ne sont plus que tenues par de jeunes officiers appelés : les officiers d'active ont été mutés et les officiers de réserve en situation d'active ont donné leur démission[29]. Le 26 avril 1962 "moins de 10 semaines avant l'indépendance les deux tiers des SAS ont été repliées. Un partie des moghaznis a été laissée sur place"[30].

---

[26] 1.H.1211
[27] R. VERMANT, Carnoux, 10/2/95
[28] 4.SAS.40
[29] N. D'ANDOQUE, 1977, p. 142-143
[30] M. ROUX, 1991, p. 191

F-X. de Vivie raconte : "J'ai dû, en avril ou en mai 1962, les désarmer (les moghaznis), cette scène a été très pénible pour moi. J'ai posé ma démission depuis mai 1962. C'est en juin 1962 que j'ai été renvoyé après 45 jours d'arrêt de forteresse car j'étais opposé aux événements. J'étais Algérie française"[31].

Les moghaznis sont licenciés avec un pécule de 1500 francs, tandis que les engagements dans l'armée, des moghaznis, sont réduits au minimum. Les moghaznis ne seront pas abandonnés par leurs officiers SAS, des officiers SAS se regroupent et forment l'Association des Anciens des Affaires Algériennes (AAAA) en mai 1962 destiné à organiser le rapatriement des moghaznis et de leurs familles et de leur trouver du travail en métropole[32].

Il y eut aussi de nombreuses initiatives isolées de rapatriement ou d'accueil de la part des officiers SAS : en mai J. Bolllon recueille chez lui 17 harkis avec femmes et enfants qu'il loge et aide matériellement[33], ou encore en juillet F.X. de Vivie recueille chez lui son ordonnance avec sa femme et ses enfants[34].

Toutes ces initiatives seront freinées voire interdite par les autorités, ainsi L. Joxe dans un télégramme confidentiel du 16 mai rappelle que "Toute initiative individuelle tendant à l'installation en métropole de Français musulmans sont strictement interdite, en aviser les chefs SAS et commandants d'unités". Le 25 mai 1962 une nouvelle directive demande de rechercher les promoteurs et les complices des entreprises de rapatriements, il parle : "de véritables réseaux (...), dont la partie algérienne a souvent pour origine un chef SAS" et demande de prendre les sanctions appropriées, il préconise que "les supplétifs débarqués en métropole, en dehors du plan général, seront

---

[31] F-X. de VIVIE, Paris, 10/6/89
[32] N. D'ANDOQUE, 1977, p. 141-190
[33] P. ROTMAN - B. TAVERNIER, 1992, p. 99
[34] F-X. de VIVIE, Paris, 10/6/89

renvoyés en Algérie"[35]. Les officiers SAS n'hésiteront pas suivre leur propre conscience et à braver les directives officielles en poursuivant les rapatriements. Tous les supplétifs ne seront pas rapatriés et subiront les vengeances du FLN, les chiffres des supplétifs assassinés sont compris dans une fourchette entre 60.000 morts selon l' AAAA à 150.000 morts selon le général Jacquin[36].

Le 18 juin 1962 un décret dissout les Affaires algériennes et donc les SAS. Un dernier ordre du jour est adressé aux SAS : "Avec la naissance d'une Algérie nouvelle le service des Affaires algériennes disparaît. Sa part aura été considérable dans l'immense effort entrepris par la France pour que la jeune indépendance algérienne avance de ses propres pas, d'une démarche assurée (...) En saluant ces sacrifices, je porte solennellement témoignage d'une action indispensable qui s'est inscrite dans le sol et dans les coeurs et qui pour avoir su devancer les exigences de notre temps s'affirme comme une des bases essentielle de cette Algérie nouvelle que la France s'est acharnée à promouvoir"[37].

En revanche pour certains le combat n'était pas terminé, l'idéal de l'Algérie française n'était pas mort. Le 22 août 1962 A. de la Tocnaye, ancien officier SAS en Kabylie (jusqu'en 1959), sera un des organisateurs de l'attentat du Petit Clamart qui visait le général de Gaulle. L'échec de cet attentat clôturait définitivement l'idéal de l'Algérie française et l'aventure des SAS qui avait débuté en mai 1955...

---

[35] France Culture, 1er juin 1994, P.Gelinet, "1962 : Le massacre des harkis"
[36] N. D'ANDOQUE, 1977, p. 190
[37] P. HEDUY, 1980, p. 257-259

4.4. Rétrospectivement

L'Algérie après les SAS

L'Algérie devenue indépendante, les officiers SAS ont voulu savoir ce qu'étaient devenus leurs moghaznis. F-X. de Vivie explique que sur ses 36 moghaznis, il sait que 10 ont été massacrés ou tués en déminant la ligne Morice. Il en a revu 4 en France. Il ne sait pas ce que sont devenu les 21 autres moghaznis[1]. D.Warnery apprit par l'un de ses moghaznis le sort de ses moghaznis : "Ils ont été mis dans un fossé rempli d'essence et brûlés. Un seul en a réchappé car il était plus maçon que moghazni"[2]. M. Conejero sur les 15 moghaznis qu'il a connu : 5 sont venus en France avec lesquels il garde encore contact, 5 sont restés en Algérie et n'ont pas été inquiétés, un a été exécuté par l'ALN. Il ne sait pas ce que sont devenus les 4 derniers"[3].

R. Vermant écrit qu'un nombre important de harkis et de moghaznis sont partis en métropole avant l'indépendance où ils ont trouvé à s'employer comme maçons, commerçants, ouvriers ou militaires "Il y a en quelques règlements de compte sur place : deux assassinats, spoliations diverses, viols et vols plus par des bandes étrangères à la région que par des locaux. Le maire a rejoint le caïd à la retraite. La gendarmerie FLN a occupé le bordj de la SAS. En moins de deux, les villages sont retombés plus bas qu'ils étaient en 1954"[4].

Ces exemples montrent les situations contrastées des moghaznis, selon qu'ils soient partis en métropole ou restés sur place. Nombreuses sont les populations qui n'ont pas compris pourquoi la France les abandonnait, comme l'expliquent les officiers SAS. C. Hary raconte : "Un an après l'indépendance, en

---

[1] F-X. de VIVIE, Paris, 10/6/89
[2] D. WARNERY, Marseille, 8/2/95
[3] M. CONEJERO, Martigues, 2/2/95
[4] R. VERMANT, Carnoux, 10/2/95

Algérie j'ai vu des musulmans me demander : Pourquoi êtes-vous partis ? Nous sommes retombés dans le caïdat"[5], ou encore R. Vermant écrit : "Ceux de nos anciens administrés que je rencontre n'ont toujours pas compris pourquoi la France les avait abandonnés"[6]. Lorsque M-H. et D. Warnery sont retournés en 1978 à Sidi Aïssa, le moghazni maçon a laissé échappé "Mon lieutenant, quand est-ce que tu reviens ?". Les maisons de toub du regroupement de Sidi Aïssa avaient disparu, en revanche les maisons en pierre et en tuile étaient toujours en place, ainsi que le bordj avec l'inscription "SAS de La Baraque" qui était habité[7].

Ces exemples démontrent que l'action des SAS n'a pas été éphémère, et qu'une partie de la population auparavant proche de la France garde une certaine nostalgie.

Les officiers SAS, 30 ans plus tard...

Le souvenir de leurs expériences ne s'est pas estompé, bien au contraire, pour certains cela demeure une plaie douloureuse "J. Bollon, aujourd'hui encore, y croit (...) Chez les Bollon, on n'évoque pas l'Algérie sans émotion ni passion"[8] ou encore F-X. de Vivie fait cette réflexion : "Je n'ai pas fait de croix, car la cicatrice peut se rouvrir assez facilement" [9].

On peut constater que deux sortes de blessures existent parmi les officiers SAS, celle d'avoir été trahis et celle d'avoir dû abandonner leurs moghaznis. La trahison est plusieurs fois évoquée : "Le virage politique à 180°, qui a été pris à la fin, l'a été à notre insu"[10], "Nous avions la foi, avec le recul on a été trompé

---

[5] C. HARY, Bouc Bel Air, 14/1/95
[6] R. VERMANT, Carnoux, 10/2/95
[7] D. WARNERY, Marseille, 8/2/95
[8] P. ROTMAN- B. TAVERNIER, 1992, p. 196
[9] F-X. de VIVIE, Paris, 10/6/89
[10] R. VERMANT, Carnoux, 10/2/95

par le général de Gaulle"[11] et "On a été trahi sur le tapis vert d'Evian", trahi par le "Je vous ai compris"[12]. Les officiers SAS sont encore très marqués par l'abandon des populations et de leurs moghaznis, ils n'en parlent pas sans émotion : "Cela aurait dû se faire plus honnêtement mais abandonner les moghaznis, abandonner les populations... J'avais vu l'abandon de la Tunisie, du Maroc. Je n'ai jamais dit aux gens que la France resterait, que je resterais. Dire cela, c'était mentir (...) C'était s'engager beaucoup, auprès de cette population. "On" nous a fait mentir, c'est grave"[13] ou "Ce qui est paradoxal c'était que le chef SAS qui faisait bien son travail en ralliant les populations. Cela a eu des conséquences désastreuses et criminelles car on a laissé tomber ces gens qui ont été massacrés. Le plus criminel chef SAS était celui qui était le plus efficace! J'ai dit et tous le monde a dit que la France resterait (...). C'est cela le drame, le déshonneur de la France"[14].

A ces blessures de la trahison de la parole donnée et de leur idéal s'ajoutent des regrets : d'avoir dû abandonner l'Algérie[15], de n'avoir pas mieux aidé la population, en raison de la dispersion de celle-ci[16], ou en raison des trop nombreuses mutations[17]. Certains critiquent les dysfonctionnements que ce soit l'absence de personnels compétents : "Le personnel était mal recruté et mal formé"[18], l'isolement : "Ce qui manquait c'était un esprit de corps, on était seul, lâché dans la nature"[19] ou l'absence de doctrine "Le gros défaut est de n'avoir pas eu de doctrine"[20],

---

[11] C. POTHIER, Marseille, 12/1/95
[12] C. HARY, Bouc Bel Air, 14/1/95
[13] C. POTHIER, Marseille, 12/1/95
[14] P. QUIEFFIN, Aix, 26/1/95
[15] M. CONEJERO, Martigues, 2/2/95
[16] Ibid
[17] P. QUIEFFIN, Aix, 26/1/95
[18] A. MAILLARD, Paris, 11/10/94
[19] C. HARY, Bouc Bel Air, 14/1/95
[20] P. QUIEFFIN, Aix, 26/1/95

"Même si chaque SAS était différente, il y avait des problèmes communs"[21].

Malgré les blessures, les regrets et les critiques, les officiers SAS sont satisfaits d'avoir vécu cette expérience : "Je suis satisfait d'avoir participé à une expérience fondamentale, formatrice et complète auquel je n'ai connu rien d'équivalent depuis" (A. Maillard)[22], "Je ne renie pas notre action, ce serait à refaire, je le referais. Nous avons fait du bien. Nous avions la foi (...). Croire à l'Algérie française, les officiers SAS étaient tous Algérie française, c'était travailler avec conscience" (C. Pothier)[23], "S'il fallait le refaire, je le referais. Pour un jeune de 23 ans, c'était une période excellente. La France n'a pas à rougir de l'action des SAS. Je suis fier d'avoir été officier SAS, même si on a fait cela en pure perte, même si nous n'avons pas eu les résultats que nous espérions"(C. Hary)[24].

Ces trois officiers SAS qui servirent dans des SAS dans le sud Oranais, le nord Oranais et la Kabylie tirent un bilan positif de leur action en tant que chef SAS, ils ne regrettent pas leur engagement, bien au contraire ils seraient prêt à la revivre... Pour autant ces officiers SAS sont réalistes, ils sont conscients, avec le recul, de la difficulté d'avoir voulu rattraper en moins de cinq ans plus d'un siècle d'inaction de l'administration civile : "C'était une belle action, une action utile mais qui arrivait tellement trop tard, 100 ans trop tard, c'était travailler sur un terrain perdu"[25] "C'était une bonne idée mais qui vient trop tard (...) Même si on a essayé de faire quelque chose, c'était perdu d'avance"[26]. Malgré les nombreuses réalisations des officiers SAS, ceux-ci pouvaient-ils lutter contre le temps ? Un journaliste avait parfaitement ressenti ce paradoxe en intitulant un article sur les SAS : "A la recherche

---

[21] C. HARY, Bouc Bel Air, 14/1/95
[22] A. MAILLARD, Paris, 11/10/94
[23] C. POTHIER, Marseille, 12/1/95
[24] C. HARY, Bouc Bel Air, 14/1/95
[25] C. POTHIER, Marseille, 12/1/95
[26] M. CONEJERO, Martigues, 8/2/95

du temps perdu"[27]. N'était-ce pas justement ce temps, qui s'était définitivement écoulé, qui leur a manqué ?

---

[27] *Le Monde*, 26 avril 1956

Etude des missions civiles et militaires d'une SAS

Après avoir évoqué les missions civiles et militaires des SAS avec leurs nombreuses variantes entre les différentes SAS. Il est nécessaire d'évoquer ces missions à travers l'existence d'une SAS à la lumière des archives. La SAS d'Alma, située à l'est d'Alger, a été choisie en raison des archives qui évoquaient toute l'étendue et la diversité des missions civiles et militaires des SAS.

En revanche la proximité d'Alger est inconvénient, car la SAS d'Alma ressent plus particulièrement les fluctuations politiques, économiques et militaires. D'autres SAS ressentent moins ces tendances à cause de leur éloignement (par exemple la SAS de Bou Hamama dans les Aurès ou la SAS de Catinat dans le nord constantinois). De plus, il faut signaler la faible présence militaire de l'ALN qui n'empêche pas fondamentalement la réalisation des missions civiles de la SAS. Ce qui n'est pas le cas dans d'autres régions où des SAS sont implantées, comme à la SAS de Mekhatia El Aneb dans la région d'Orléansville (où l'ALN perturbe l'action de la SAS). Ces deux facteurs ne sont pas négligeables, car ils influencent la politique de l'officier SAS et ses actions dans sa circonscription.

Les actions de la SAS d'Alma, même si elles sont ancrées dans la campagne algéroise, n'en doivent donc pas moins faire oublier le contexte politico-militaire qui imprègne la région algéroise.

5.1. Une SAS "modèle": La SAS d'Alma

5.1 Caractéristiques de la SAS

La SAS d'Alma est située dans l'arrondissement de Maison Blanche dans le département d'Alger. Elle a été créée le 1er avril

1957 par décision préfectorale[1]. Nous ne disposons d'aucune archive de cette SAS entre avril à juillet 1957, on peut émettre l'hypothèse qu'entre la décision préfectorale et son fonctionnement effectif il y a eu un délai de mise en place. Cette SAS a été transformée le 3 mai 1962 en CAA[2]. Le journal des marches et d'opérations (JMO) de l'ELA indique le 13 juin 1962 le paiement de la solde des moghaznis, c'est la dernière trace de l'existence de la SAS[3].

La SAS d'Alma est composée de trois communes : Alma, Corso et Reghaïa. On compte sur le territoire de la SAS trois camps de regroupement : Deux sont situés sur la commune d'Alma (Sidi Hallou et Merkoud) et la dernière est située sur la commune de Corso (Ben Rahmoun). La SAS s'occupe de 18.000 musulmans et de 2.000 Européens selon le bulletin mensuel de pacification d'août 1957[4]. Le bulletin mensuel de pacification de juillet 1960 donne les chiffres des habitants de la SAS : 25.143 musulmans et 3.559 Européens[5]. Il faut signaler que le nombre important d'Européens (20% de la population) expliquera que la SAS soit sensible aux événements d'Alger (CSP, OAS). Les ressources des musulmans sont les vendanges, les cultures maraîchères, l'industrie du tabacoop employant selon la saison 50 à 250 ouvriers, trois briqueteries employant 180 ouvriers, et beaucoup travaillent comme ouvriers agricoles. Les ouvriers agricoles comme les entreprises sont très sensibles à la conjoncture[6].

Le rapport du 9 septembre 1960 sur la situation de la SAS, nous apprend les raisons stratégiques, politiques, économiques et administratives qui ont conduit à la création de la SAS d'Alma : Carrefour important de routes, siège du marché le plus important de la région, localisation à Alma des principaux organismes

---

[1] 2.SAS 156
[2] 2.SAS.111
[3] Ibid
[4] 2.SAS.147
[5] 2.SAS.148
[6] Ibid

administratifs, économiques et sociaux (PTT, Contributions Directes, école, dispensaire, SAP, gendarmerie, briqueteries)[7].

La SAS est installée dans la ferme de Thévenot depuis le 1er août 1957 (bilan mensuel de pacification de janvier 1958)[8]. Le propriétaire ayant refusé de vendre, la ferme a été réquisitionnée (rapport du 9 septembre 1960)[9]. Selon la monographie de la SAS d'Alma (1er février 1958) la SAS est composée d'écuries, d'un garage, de bureaux, de logements, d'un bâtiment pour les moghaznis célibataires, de logements individuels pour les autres moghaznis, d'une salle pour l'AMG, d'un logement d'infirmier et de trois tours de garde. Le personnel de la SAS est composé d'un officier, un sous-officier, trois attachés (interprète, radio, secrétaire comptable) et 24 moghaznis (dont trois chauffeurs). Un régiment de dragon est stationné à un kilomètre de la SAS[10].

Le budget de fonctionnement de la SAS est pour l'année 1961 de 18.500 nouveaux francs[11], il semble pourtant que cela ne soit pas suffisant, comme l'écrit le capitaine Conill dans un rapport sur la gestion des crédits de fonctionnement (1er août 1961) à propos du dépassement des crédits octroyés : Il explique qu'il règle les factures de l'année précédente "Pour se remettre en piste, il faut faire de l'équilibre". La SAS s'occupant également du sous quartier il constate "Aucun centime n'a été perçu pour le surcroît de charge", c'est pourquoi il utilise des postes de crédits non prévu à cet effet "Certes j'ai moins pioché sur les crédits autos ce qui m'a permis de régler les factures PTT de janvier à avril 1961". Il conclut par cette phrase "L'année n'est pas terminée, je peux arriver à payer...avec les moyens du bord (crédit auto)"[12]. Certes les problèmes de finance concernent

---

[7] 2.SAS.149
[8] 2.SAS.147
[9] 2.SAS.149
[10] 2.SAS.147
[11] 2.SAS.148
[12] 2.SAS.152

l'année 1961, mais ils ont été évalués et demandés en 1960 au moment où l'avenir de l'Algérie n'était pas encore déterminé.

Trois officiers vont se succéder dans cette SAS de juillet 1957 au 13 juin 1962. Le lieutenant Schoen, fils du colonel Schoen (chef du service de liaison nord Africain), est un brillant officier SAS sorti major de sa promotion et titulaire du premier degré de langue arabe. Il sera tué en opération le 18 février 1959. Après un intérim de 10 jours du capitaine Giraud, le capitaine Conill (issu de l'infanterie métropolitaine, officier d'active parachutiste) prendra en charge la SAS du 13 mars 1959 au 8 janvier 1962 (il sera muté aux Sections Administratives Territoriales à Paris). Le capitaine Raillard (ancien chef de la SAS de Bellefontaine) le remplacera du 8 janvier 1962 au 13 juin 1962.

La mission des officiers SAS est très lourde sur cette SAS, comme nous l'indiquent indirectement deux rapports. Le lieutenant Schoen écrit le 18 mars 1958 qu'il supprime sa candidature à l'examen d'arabe du 2e degré, car il n'a pas trouvé le temps de le préparer[13], tandis que plus d'un an et demi plus tard, le capitaine Conill écrit au chef de bataillon Mercier (commandant du sous quartier) que "Les tâches qui sont la qualité de l'officier SAS sont difficiles à accomplir sur le territoire de la commune de Reghaïa comme le contrôle de la population, la sécurité et l'autorisation de transport"[14]. Ces deux exemples démontrent que la quantité de travail que demande la SAS (trois communes et trois camps de regroupement) occupe pleinement, voire dépasse les capacités de l'officier SAS.

La SAS d'Alma envoie régulièrement des rapports à la sous-préfecture : un état mensuel sur la situation de la SAS (relation avec la population, l'armée et les autorités civiles), un rapport mensuel le 10 de chaque mois (état du personnel de la SAS, état du matériel), un bulletin mensuel de pacification (réalisations de la SAS), un bulletin de renseignement bimensuel,

---

[13] 2.SAS.150
[14] 2.SAS.146

des rapports ponctuels (de type renseignements généraux sur la situation politique, économique et religieuse).

5.2 La mission administrative

L'aide administrative

Il est difficile de distinguer strictement dans les documents d'archives, ce qui relève de l'état civil, de l'intermédiation avec les administrations et des relations avec la population comme dans la première partie, qui sont dans les archives fortement imbriquées. Le titre d'aide administrative comprend donc : Les plaintes de la population auprès de l'officier SAS pour demander de l'aide, la constitution de dossiers et contacts avec les administrations responsables ou les personnes intéressées.

Parfois le règlement d'un problème administratif peut durer des mois, comme le montre la relation épistolaire entre le lieutenant Schoen et le musulman Gerane (ouvrier en métropole) qui vit l'échange de 13 lettres d'avril à octobre 1957[1]. Les problèmes que règle l'officier SAS sont situés entre l'aide sociale et l'assistance administrative : Le lieutenant Schoen écrit le 13 février 1959 au directeur de la caisse générale des retraités de l'Algérie demandant à nouveau pour une veuve le mandat de 190.350 (anciens) francs et de 95.169 francs qui ont été retournés non acquittés, car l'intéressée n'avait pas de carte d'identité ; La SAS d'Alma ayant donné une carte d'identité à l'intéressée, le lieutenant Schoen demande le règlement du montant de la pension au titre des événements d'Algérie[2]. Dans ce cas-ci une veuve ne pouvant recevoir de pension faute d'être inscrite sur l'état civil, la SAS a réglé le problème mais cette dernière doit s'adresser à nouveau à la caisse des retraites pour obtenir le règlement de la pension.

Parfois l'officier SAS doit persévérer auprès des administrations pour obtenir une solution à un cas dramatique. Le 10 mai 1958, le lieutenant Schoen s'adresse au préfet d'Alger à propos d'un moghazni décédé à la suite de ses blessures le 31

---

[1] 2.SAS.155
[2] 2.SAS.146

août 1956. Sa famille n'a pas été indemnisée bien que le préfet avait promis de faire le nécessaire en octobre 1957, et que la SAS avait envoyé les pièces du dossier d'indemnisation le mois suivant[3]. Il demande donc le règlement de la pension, alors même qu'il a déjà envoyé quatre lettres et que deux ans après la mort du moghazni, la pension n'a pas été encore payée à sa veuve. Cet exemple démontre que l'officier SAS doit avoir de la ténacité et de la constance dans ses actions pour obtenir satisfaction.

Quels sont les problèmes administratifs que règlent un officier SAS ? A la date du 12 mai 1958, ont été recensées les demandes administratives, que l'on peut classer en deux catégories. Les demandes de l'officier SAS adressées aux personnes : deux pensions alimentaires, une pension de grossesse d'un couple divorcé. Les demandes adressées aux administrations : à l'administration municipale a été demandée cinq extraits de naissance, et pour l'établissement de deux livrets de famille, des extraits de naissance et de mariage. Aux administrations nationales ont été demandées un arriéré d'allocation familiale, trois demandes de pension pour des veuves, deux demandes de cartes d'ancien combattant et une demande de majoration de pension pour un ancien combattant[4]. Ce qui fait un total de seize demandes envoyées par la SAS en un seul jour.

Prenons l'exemple d'une demande adressée à un particulier pour une pension non versée du lieutenant Schoen à un musulman le 12/5/58 : "demeurant à Issy les Moulineaux, demande de faire parvenir à votre famille le montant des allocations familiales dues à vos enfants ou une pension alimentaire pour qu'elle puisse subvenir à leurs besoins. Je vous demande aussi l'adresse de votre employeur, en cas de non réponse : des poursuites seront engagées pour abandon de famille"[5]. Les demandes adressées aux administrations sont des problèmes dramatiques qui font de l'officier SAS un véritable

---

[3] 2.SAS.147
[4] Ibid
[5] 2.SAS.146

intercesseur et confident des problèmes personnels, comme le montre cette lettre adressée en avril 1958 au contrôleur général des impôts par le lieutenant Schoen : "X ne possède aucune bête depuis 5 ans, son fils décédé aurait payé séparément ses prestations, son fils est inscrit sur la même feuille de revenu que son père. Il demande une baisse de 23.340 (anciens) francs de prestation d'impôt"[6], ou encore cette lettre de R-M. Menad (qui a 10 enfants scolarisés) reçue par le capitaine Conill le 11 février 1960 : "Je n'arrive pas à les faire nourrir, habiller et lire avec mon salaire journalier de 900 francs et je suis seul et j'ai 46 ans (sic)", le 23 février la mairie constituera un dossier de famille nombreuse pour l'intéressé[7].

L'officier SAS peut aussi intervenir pour des problèmes concernant l'ensemble de la collectivité, telle cette lettre du 13 juin 1960 demandant l'exonération des loyers du terrain communal car la population n'a pas pu planter de tabac en raison du départ du 2e dragon (qui protégeait les travaux)[8].

L'officier SAS peut se transformer en une sorte d'inspecteur du travail en intervenant pour améliorer les conditions de travail des musulmans. Il devient ainsi un recours contre l'arbitraire de certains colons, comme nous le montrent deux documents ; l'un est adressé à l'inspecteur des lois sociales de l'agriculture demandant si les enfants de plus de 14 ans doivent être payés à plein tarif et inscrits à la sécurité sociale (ils reçoivent trois quart du salaire officiel)[9]. Parmi les nombreuses "chicayas" réglées, on trouve la régularisation de la situation de deux ouvriers renvoyés car ils ont demandé la précision des heures effectuées sur la fiche de paye[10]. les "chicayas" réglées (problèmes administratifs, sociaux ou économiques) pouvaient

---

[6] 2.SAS.147
[7] 2.SAS.155
[8] 2.SAS.146
[9] 2.SAS.147
[10] 2.SAS.155

être très nombreuses, le 9 décembre 1961 le sous-lieutenant Bonassiès donne le nombre de 80 "chicayas" réglées par mois[11].

Cette mission administrative est contrecarrée par les lenteurs administratives qui sont vilipendées dans deux rapports : Le bulletin mensuel de pacification de janvier 1958 suggère d' "exiger des services administratifs qu'ils fournissent sans délai les pièces demandées", tandis que le bulletin mensuel de pacification de mars 1958 indique parmi les difficultés rencontrées : "Les lenteurs administratives nécessitent de se maintenir en liaison permanente avec de très nombreux organismes civils et militaires différents"[12].

Ces rapports critiques montrent les préoccupations des officiers SAS à propos des retards accumulés par les administrations dans le déblocage de l'aide financière aux populations en difficulté.

Relations avec les maires et préparations des élections

Le bulletin mensuel de pacification d'avril 1958 indique l'installation d'une délégation spéciale à Alma composée de 22 membres. Le bulletin mensuel de situation donne plus de précisions : Le 30 avril, trois musulmans sur onze se sont réunis, deux sur onze Européens ont refusé participer aux travaux de la délégation. Le président et le deuxième vice-président sont Européens tandis que le premier vice-président élu à l'unanimité est musulman[13].

A partir de ces informations, on peut constater que la délégation spéciale est composée à 50% de musulmans et à 50% d'Européens, alors même que ces derniers ne représentent

---

[11] Ibid
[12] 2.SAS.147
[13] Ibid

que 20% de la population. On peut constater que des tensions existent : Les trois quart des musulmans et un quart des Européens ont refusé de se réunir. Y a-t-il eu pression de la part du FLN ou boycott de la part des musulmans mécontents de l'importance des Européens dans la délégation ? Y a-t-il eu refus de quelques Européens d'accepter la présence de musulmans aux responsabilités municipales et montrant leurs mécontentements par le boycott ? On peut remarquer que la composition de la délégation spéciale à égalité des deux communautés est une mesure apaisante ayant pour but d'ouvrir la municipalité aux musulmans et à rassurer les Européens en verrouillant le poste de président. Ces mesures pragmatiques prises par l'officier SAS ont mécontenté une partie de la délégation spéciale (aucun rapport n'indique les raisons de ces absences).

Le 14 septembre 1959, le capitaine Conill envoie un rapport sur ses relations avec les maires : "Le maire d'Alma travaille en accord total avec la SAS. Tous les projets sont étudiés en commun, et les décisions prises après avis favorable de la SAS. Le maire de Corso est un maire idéal ayant compris dès le premier jour l'intérêt d'une SAS. Le maire de Reghaïa est toujours en arrière plan. La dernière décision concernant les fonctions de chef SAS dans la hiérarchie administrative n'a pas eu de répercussion"[14].

La coopération entre le maire et l'officier SAS semble être pleinement positive, mais cette situation doit être relativisée, comme le montre le bulletin périodique du 10 septembre au 20 novembre 1959. Ce rapport réaffirme que l'officier SAS a de très bons contacts avec les maires Européens, même si les élus musulmans sont touchés par diverses arrestations et vivent dans la crainte car ils se sont compromis avec le FLN. En revanche ce rapport est critique : "Les dernières directives de monsieur le délégué du gouvernement ne fixent pas assez nettement notre position vis à vis des maires et nous aurons ainsi des difficultés, à moins de savoir nous plier à chaque décision". Le nouveau statut de l'officier SAS en septembre 1959 va donc provoquer un conflit entre les maires et le capitaine Conill, comme il l'explique :

---

[14] Ibid

"Le maire est seul juge de traiter s'il le désire directement avec la préfecture, la sous-préfecture sans en aviser l'officier SAS. Nous sommes sur la touche". Le capitaine Conill, officier SAS et commandant de sous-quartier, montre une autre conséquence du statut (après le courtcircuitage de l'officier SAS) : "Le maire s'affranchit de toute demande d'avis de l'autorité militaire ou de la SAS. La mission de contrôle est difficile, puisque les moyens lui échappent (sécurité, circulation des personnes, des biens, autorisation de taxi, des débits de boissons)". Le capitaine Conill conclut : "D'un côté le travail se fait avec coeur, honnêteté, fermeté, de l'autre c'est la démagogie". Il demande à la sous-préfecture de passer par la SAS pour toutes les questions intéressant les municipalités[15].

Nous avons ici un exemple de SAS où le statut de 1959 a créé une conflictualité entre l'officier SAS et les maires, alors que précédemment leurs relations étaient cordiales et franches. Les maires ont donc ressenti le statut comme affaiblissant l'officier SAS, les maires puis la sous-préfecture ont progressivement court-circuité la SAS et ont empêché la SAS d'accomplir sa mission de contrôle de la population. Il ne semble pas que la situation ait changé puisque le rapport du 28 avril 1960 du capitaine Conill réaffirme que : "Les maires traitent directement avec le sous-préfet et n'interviennent auprès de la SAS que si son action se révèle utile ou nécessaire", ce courtcircuitage a eu pour conséquence de le mettre à l'écart lors de l'élaboration des crédits DEL de 1960, et d'amputer 60 maisons au projet de construction de 160 maisons à Sidi Hallou et d'empêcher le logement de 200 familles qui avaient pourtant participé aux travaux. La dernière conséquence est que "La SAS ne sait pas quels travaux ont été crédités et leur état d'avancement"[16].

Ainsi malgré les avertissements de la dégradation des relations entre la SAS et les maires en novembre 1959, les autorités n'ont pas réagi. Cinq mois plus tard, cette situation

---

[15] 2.SAS.148
[16] Ibid

entraîne des conséquences néfastes sur l'action économique de la SAS, qui se répercute sur la population.

La préparation des élections revient aux officiers SAS. Un document du 7 juillet 1960 rédigé par le capitaine Conill explique la manière de procéder pour le recensement de la population permettant de mettre à jour les listes électorales. Pour les lieux proches de la SAS (70 à 80% de la population), le capitaine Conill prévoit deux à trois hommes pour protéger le recenseur. Alors que pour les lieux éloignés de la SAS ou d'un poste militaire de 2 à 5 kilomètres, il prévoit dix à onze hommes pour protéger le recenseur[17]. Ce qui démontre que la région n'est pas entièrement sûre. La SAS a aussi pour fonction de donner les résultats des élections à la sous-préfecture, ce fut le cas pour le scrutin du 8 janvier 1961 sur l'autodétermination, la SAS indique dans un rapport du 17 janvier le pourcentage de oui par rapport aux votants pour chaque commune[18]. Lors du scrutin cantonal, la SAS note dans un rapport du 30 mai 1960 le pourcentage de participation[19].

La SAS rédige aussi un bulletin d'ambiance sur le déroulement de la campagne électorale, ce fut le cas pour le référendum de septembre 1958 ou les cantonales de mai 1960 où elle décrit les tentatives de pressions des Européens sur les musulmans, l'absence de pression de la part de l'armée et la maturité politique des musulmans : "La population sait voter désormais, moins de timidité, plus de discipline, consciente du devoir électoral, un certain enthousiasme"[20].

La SAS sert d'agent technique pour la préparation des élections, l'élaboration des statistiques et les rapports sur l'ambiance des élections.

---

[17] Ibid
[18] 2.SAS.156
[19] 2.SAS.152
[20] 2.SAS.156

5.3. La mission sociale et éducative

L'AMG

Les missions médicales sont traitées dans les rapports de la SAS sous la forme de statistiques, elles sont rarement décrites. Le bulletin mensuel de pacification d'août 1957 explique que l'AMG civile a fait un total de 331 consultations (43 consultations sans soin, 188 soins, 100 vaccinations), les trois centres militaires d'AMG font 10 fois plus de consultations, c'est à dire 1.352 consultations. Celui de décembre 1957 indique une baisse des consultations de l'AMG civile à 224 consultations, tandis que les centres militaires, réduit à deux, font 1.853 consultations. Mais le bulletin mensuel de janvier 1958 montre une chute des consultations au nombre de 1.125[1]. Ces chiffres nous montrent l'importance des moyens matériels et humains mis en place par l'armée dans le cadre de l'AMG, ce qui explique que l'AMG civile n'égalera jamais les consultations effectuées par l'armée.

Le bulletin périodique du 10 septembre au 20 novembre 1959 juge l'AMG insuffisante : Un médecin conventionné par la santé organise trois séances d'AMG par semaine pour les indigents d'Alma, à Corso c'est le médecin de Reghaïa qui vient deux fois par semaine, alors même que les villages se sont accrus de 400 familles. Le bulletin demande pour la SAS un médecin à plein temps[2].On peut constater que l'AMG de l'armée n'est plus mentionnée, en effet en juin 1959 le 2ᵉ dragon a été déplacé. L'AMG qui était dans une très bonne situation, s'est donc écroulée car elle ne reposait plus que sur les médecins civils et des moyens insuffisants...

Ce bulletin semble être resté lettre morte, comme semble le suggérer le rapport du 30 mars 1960 adressé au lieutenant colonel Mingardon (directeur du service de santé de la région Algéroise) Le capitaine Conill décrit la situation sanitaire des regroupements

---

[1] 2.SAS.147
[2] 2.SAS.148

de Sidi Hallou, Ben Rahmoun et Merkoud qui ont une viabilité sommaire : absence d'égout, éloignement et insuffisance de l'eau, absence de mesure d'assainissement et risque d'épidémie. L'AMG est de son côté toujours au stade le plus bas après le départ du 2e dragon, c'est pourquoi fait-il remarquer : "Au cours de l'hiver de nombreux enfants sont morts de grippe ou de bronchite parce que pas soignés". Il explique avoir déjà attiré l'attention sur la situation aux diverses autorités : Le 15/10/59 au colonel des AA, le 2/1/60 au directeur de santé de la région et le 19/1/60 au directeur du département de la santé. Ce fut un échec[3]. Le 20 avril 1960, à la suite de la visite du directeur du service de la santé de la région Algéroise, la SAS obtient le détachement d'un médecin militaire de l'AMG auprès des trois regroupements, soit sept mois après la première demande.

Le bilan trimestriel du 13 octobre 1960 explique que l'AMG de la SAS s'occupe de 4.000 indigents et que 1.316 consultations ont eu lieu en septembre[4]. L'AMG de la SAS avec les moyens militaires a retrouvé ses capacités de janvier 1958.

L'aide aux indigents

Le bulletin mensuel de pacification d'octobre 1957 décrit la situation économique des musulmans : Les ouvriers agricoles gagnent moins de 150.000 anciens francs par an (soit 1.500 nouveaux francs, c'est à dire 125 nouveaux francs par mois, quand ils travaillent). Le lieutenant Schoen constate que 3.000 familles sur 4.000 sont misérables, auxquelles s'ajoutent les 2.000 veuves et orphelins ainsi que les 1.000 chômeurs permanents (infirmes, aveugles, les plus de 55 ans), alors même que les chantiers TIC ne peuvent embaucher que 300 ouvriers[5].

---

[3] 2.SAS.153
[4] Ibid
[5] 2.SAS.147

Cette situation de misère extrême relativise l'efficacité des chantiers de la SAS, qui ne donnent qu'une aide ponctuelle à une minorité d'ouvrier. Le lieutenant Schoen en est conscient, c'est pourquoi il prend contact le 12 novembre 1957 avec le chef du bureau de la main-d'oeuvre de Maison Carrée pour lui communiquer le nombre de chômeurs de ses trois communes (95 chômeurs)[6]. Son successeur, le capitaine Conill, entreprendra le 14 août 1959 (bulletin mensuel de situation) des recherches de travaux auprès des colons et des usines de la région[7]. Il poursuit l'effort, comme le signale le bulletin périodique du 10 septembre au 20 novembre 1959, en demandant non seulement aux entreprises de le prévenir au cas où elles embaucheraient, mais aussi en demandant aux musulmans de venir le voir s'ils sont au chômage, ainsi il peut assurer la liaison entre l'offre et la demande de travail[8].

L'officier SAS se transforme en véritable agence pour l'emploi, il prévoit à moyen terme les hausses de chômage et les solutions à y apporter : "L'année budgétaire s'achève, les crédits étant épuisés, il n'est plus possible d'aider les populations en leur fournissant du travail sur les chantiers de piste. Les possibilités du secteur agricole sont faibles. Il est souhaitable d'avoir une assistance alimentaire plus élevée" (bulletin mensuel de pacification mars 1958)[9].

Lorsque l'embauche n'est plus possible et que les chantiers sont arrêtés, il reste la solution de l'aide alimentaire, le bulletin de pacification nous donne le détail de l'aide alimentaire pour le mois d'avril 1958 : 5.525 kg de semoule, 38 kg de pain, 60 bouteilles de lait, 5 kg de sucre, 5 litres d'huile, 1 kg de café[10]. Le rapport de l'assistance d'octobre 1960 donne le détail des dépenses effectuées : 43.300 nouveaux francs ont été donnés en denrées et 28.881 nouveaux francs ont été dépensés pour assister 1.395

---

[6] 2.SAS.154
[7] 2.SAS.147
[8] 2.SAS.148
[9] 2.SAS.147
[10] Ibid

familles[11], ce qui fait une moyenne de 51 francs par famille. Pour aider ces familles, la SAS dispose d'une attachée sociale, d'une EMSI qui circule 4 jours par semaine et tous les 15 jours de l'aide de l'assistante sociale du secteur (bulletin périodique 10 septembre-20 novembre 1959)[12].

Cette diversité de l'aide apportée aux populations montre que la SAS d'Alma tente de trouver des solutions pour remédier à la pauvreté et au chômage.

La scolarisation

Le bulletin mensuel de pacification d'octobre 1957 indique que 140 élèves (20 fréquentent l'école européenne) sont scolarisés à Alma, 105 inscriptions ont été refusées, en effet l'école est composée seulement de deux salles exiguës et insalubres. Le lieutenant Schoen a fait aménager une cantine scolaire (pour que les enfants habitant trop loin mangent à midi) et a demandé l'installation de quatre classes préfabriquées pour faire passer le nombre d'enfants scolarisés de 30% à 60%, c'est-à-dire sur les trois communes 2000 élèves scolarisés sur 3500[13].

Le 14 novembre 1957 le lieutenant Schoen écrit une lettre au sous-préfet pour lui demander son intervention auprès du recteur de l'académie d'Alger pour accélérer la mise en place des trois préfabriqués, il termine par ces mots : "Les maîtres des écoles, le personnel de la mairie et de la SAS usent le peu de crédit qu'ils leur restent auprès des populations, à promettre des classes qui ne viennent pas"[14]. Cette demande a porté ses fruits puisque le bulletin mensuel de pacification de décembre 1957

---

[11] 2.SAS.149
[12] 2.SAS.148
[13] 2.SAS.147
[14] 2.SAS.154

déclare que les trois classes sont terminées, mais celui de janvier 1958 déplore qu'elles ne soient pas ouvertes! [15].

Le bulletin périodique du 10 septembre au 20 novembre 1959 décrit les progrès de la scolarisation deux ans après l'objectif du lieutenant Schoen d'octobre 1957 qui prévoyait 60% d'enfants scolarisés. Le capitaine Conill constate que : "La scolarisation est beaucoup plus (ce dernier terme a été rajouté au crayon) critique en la matière", il donne les chiffres de la scolarisation pour les trois communes : A Alma 340 garçons sont scolarisés tandis que 250 ne le sont pas (58% de garçons scolarisés), 280 filles sont scolarisées et 160 ne le sont pas (64% de filles scolarisées). Ce qui fait un total de 61% d'enfants scolarisés. A Corso 250 garçons sont scolarisés, 250 ne le sont pas (soit 50% de garçons scolarisés), 52 filles sont scolarisées et 395 ne le sont pas (soit 12% de filles scolarisées). Ce qui fait un total de 31% des enfants scolarisés. A Reghaïa 659 élèves sont scolarisés, 960 ne le sont pas (les chiffres des filles et garçons scolarisés ne sont pas donnés) Ce qui fait un total de 40% des enfants scolarisés.

Si l'on fait un total des élèves scolarisés sur les trois communes de la SAS d'Alma, on obtient 44% d'enfants scolarisés (il manque les chiffres des scolarisés des camps de regroupement) contre 30% en 1957. Le capitaine Conill attribue cette faiblesse à l'insuffisance des moyens donnés par l'éducation nationale : "Toutes les demandes faites par les maires ou moi ne semblent pas avoir été examinées de très près". Le bulletin périodique de novembre 1959 signalait que 18 locaux étaient disponibles[16], le goulot d'étranglement de la scolarisation est donc dans le domaine des professeurs. L'officier SAS est alors obligé de jongler avec les maigres moyens dont il dispose, comme l'écrivait le lieutenant Schoen dans un rapport du 6 février 1959 où il constatait qu'un moniteur s'occupant de trois classes d'initiation scolaire, avait été remplacé par deux instituteurs, alors même que deux camps de regroupement n'ont aucun instituteur[17].

---

[15] 2.SAS.147
[16] 2.SAS.148
[17] Ibid

Foyer sportif et activité féminine

Un foyer sportif est installé assez tôt, le bulletin mensuel de pacification de décembre 1957 explique qu'un foyer sportif fonctionne sur Alma le matin et sur Corso l'après midi organisant des activités collectives (cross, football et jeux). Le rapport moral du 11 février 1958 nous donne plus de renseignements sur l'organisation et la fréquentation du foyer sportif : Alma a quatre jours d'activité sportive, tandis que Corso n'en a que deux. La fréquentation est de 30 élèves le matin et de 60 élèves après 17 heures (à la fin des cours). Le dimanche est consacré aux rencontres sportives entre les équipes militaires et les équipes communales.

Même au niveau du foyer sportif, la situation n'est pas stable : l'officier SAS doit être attentif aux activités du foyer sportif, comme le montre le rapport du 30 avril 1958 du lieutenant Schoen sur l'activité des moniteurs sportifs où il constate que le rendement et l'efficacité des trois moniteurs laissent à désirer et qu'il doit désormais les surveiller, il demande même la mutation de deux des trois moniteurs. Alors qu'un rapport de décembre 1958 constate que le foyer sportif est fréquenté par 260 enfants[18]. Le bulletin périodique du 10 septembre au 20 novembre 1959 constate une baisse de la fréquentation à 231 (soit une baisse de 11% par rapport à décembre 1958). Le capitaine Conill explique cette baisse par un fonctionnement rendu difficile en raison du manque de moniteurs, c'est ainsi qu'à Reghaïa les deux moniteurs qui ont été libérés en octobre, sont remplacés par un sous-lieutenant du 5ᵉ bureau, tandis qu'à Corso un seul moniteur (employé à la SAS) seconde le moniteur d'Alma pour l'enseignement[19]

Malgré les difficultés, la SAS fait des progrès dans le domaine de l'activité sportive, c'est ainsi que le rapport périodique du 20 février au 20 mai 1960 signale la création de deux foyers sportifs dans deux camps de regroupement, suite à

---

[18] 2.SAS.147
[19] 2.SAS.148

l'arrivée de deux moniteurs. Dans ces deux camps "la jeunesse était livrée à elle-même", car elle n'était pas scolarisée. C'est ainsi que 560 jeunes âgés entre 6 à 25 ans sont pris en charge par les foyers sportifs. Cet effort n'empêche pas le capitaine Conill de faire d'autres demandes concernant le renouvellement du matériel usagé, la demande de matériel sportif pour les nouvelles annexes Il demande aussi la création d'un autre foyer sportif qui s'occupera des jeunes de Merkoud et d'Alma : "Le foyer sportif dont je demande la création depuis deux ans reste au stade de projet et sans suite à mes propositions"[20].

Tous ces rapports concernant les foyers sportifs montrent que le combat de l'officier SAS est permanent pour obtenir des moyens en hommes et en matériels, et lorsque ceux-ci sont accordés, ils peuvent à tous moments être remis en cause par le départ d'un moniteur. Dans le domaine qui concerne l'occupation du temps libre de la jeunesse, on peut constater que ce n'est pas une préoccupation secondaire, mais que l'activité des jeunes est au coeur des soucis de l'officier, ainsi que l'est aussi la promotion des femmes.

Le rapport de décembre 1958 nous signale l'existence de 4 mouvements féminins composés de 125 participantes. Le lieutenant Schoen décrit le 6 février 1959 les obstacles auxquels se heurtent les mouvements féminins : L'absence totale d'instruction des musulmanes de plus de 18 ans, l'interdiction des chefs de famille de fréquenter le mouvement féminin et la défiance des musulmanes sollicitées[21]. Un rapport du 13 février 1959 sur les ouvroirs (lieu de réunion des comités féminins) ne comptait plus que 2 mouvements féminins à Alma et à Corso comprenant un total de 102 participantes[22]. Le bulletin de pacification de novembre 1959 explique qu'un troisième mouvement s'est créé sur Reghaïa, mais si l'on ajoute au deux autres le nombre de participantes, on obtient un total de 91 participantes (par rapport à décembre 1958, une baisse de 27%).

---

[20] Ibid
[21] 2.SAS.148
[22] 2.SAS.154

Le bulletin périodique du 20 mai au 20 août 1960 constatait à propos de l'action auprès de la jeunesse et du mouvement féminin : "Créer c'est toujours facile, équiper c'est autre chose"[23]. Le manque de moyens sera la véritable épée de Damoclès de l'action menée par les officiers SAS.

---

[23] 2.SAS.148

5.4. La mission économique

La construction de l'habitat

Le rythme des constructions est indiqué consciencieusement dans les bulletins mensuels de pacification. Le lieutenant indique dans le bulletin du 20 août 1958 ses objectifs : 200 maisons à Sidi Hallou, 233 maisons à Corso, 60 maisons à Merkoud[1]. En effet le 1er décembre 1958 le lieutenant Schoen expose la situation du logement de la population : "Les familles vivent dans des conditions précaires, des gourbis insalubres, sur des terrains privés que les propriétaires veulent récupérer pour la culture (...) La réalisation de quelques logements de recasement à Alma a eu une influence heureuse sur l'état d'esprit des populations". Il demande l'acquisition de 16 hectares pour mettre en place un chantier de 25 à 30 maisons en briques et recaser 150 personnes[2]. Le bulletin mensuel de situation du 5 janvier 1959 indique que la construction des maisons du regroupement de Sidi Hallou donnera trois mois de travail pour 350 familles[3].

Telles sont les informations qui ressortent des archives sur l'action du lieutenant Schoen dans le domaine de l'habitat. Les documents d'archives reflètent mal l'ampleur de l'action de cet officier SAS comme le montre M. Cornaton dans son travail sur les camps de regroupements. Le lieutenant Schoen avait ainsi présenté un projet de constructions pour Sidi Hallou et Merkoud d'un coût de 6 millions d'anciens francs, alors que le projet du service hydraulique était de 85 millions de francs. Les projets de la SAS avaient été étudiés en concertation avec les responsables locaux et les usagers, et demandaient de faibles crédits avec une réalisation rapide et efficace. En revanche le service hydraulique voyait plus grand tout en ayant l'habitude de manier de grosses

---

[1] 2.SAS.147
[2] 2.SAS.154
[3] 2.SAS.147

sommes en les focalisant sur une région déterminée, quitte à délaisser d'autres communes[4].

Le capitaine Conill continue les constructions planifiées par le lieutenant Schoen, il se félicite, dans le bulletin périodique du 10 septembre au 20 novembre 1959 des "relations avec les services publics (qui) sont très bonnes surtout avec le commissariat à la reconstruction". En revanche dix mois plus tard le bulletin périodique du 20 mai au 20 août 1960 constate : "L'arrêt presque total des travaux de construction des maisons de l'habitat rural laisse perplexe", en effet le bulletin trimestriel du 13 juin 1960 signale que 383 maisons sur 461 ont été construites, soit un déficit de 78 maisons[5].

Deux ans après l'objectif des constructions du lieutenant Schoen qui prévoyait 493 logements, seul 78% du plan a été effectivement réalisé. Si l'on prend l'objectif du capitaine Conill, qui veut atteindre 461 logements (c'est à dire 32 logements de différence par rapport au plan du lieutenant Schoen), on obtient un pourcentage de 83% de logements réalisés. Il ne semble pas que les travaux aient considérablement avancé, comme l'explique le capitaine Conill dans le bulletin trimestriel du 10 janvier 1961 : "On en est resté pour l'ensemble au stade des études, en raison de l'inefficacité des services techniques, responsable de l'état actuel des travaux", il constate que les crédits DEL sont intacts sur le plan bancaire et que "les services techniques encombrent et ne construisent pas"[6].

On voit se dessiner deux périodes de constructions entre 1958 à 1961. Après une phase ascendante de constructions entre 1958 à 1959, on constate ensuite de 1960 à 1961 une phase de ralentissement des projets au moment même où les autorités politiques commencent les premières négociations avec les dirigeants du FLN. Le 1er juillet 1961 un projet est élaboré qui prévoyait la construction de 1280 maisons (dont 860 par l'habitat

---

[4] M.CORNATON, 1967, p. 89
[5] 2.SAS.148
[6] Ibid

rural) d'un coût de 4,4 millions de nouveaux francs. Aucun document ne permet de nous éclairer sur le devenir de ces projets, on peut émettre l'hypothèse que ce projet ne dépassera pas le stade du projet en raison de la nouvelle situation politique[7].

Les réalisations de la SAS d'Alma

Dans les quatre bilans mensuels de pacification (août 1957, décembre 1957, janvier 1958, avril 1958), on peut constater qu'une moyenne de trois à quatre chantiers ont été mis en place par la SAS pour aménager les routes ou les pistes. Ces chantiers emploient 53 à 129 ouvriers pour un total de 920 à 2086 journées de travail (soit une moyenne de 15 à 19 jours de travail par ouvrier par mois).

Le rapport du 1er décembre 1958, intitulé avancement des travaux de programme exceptionnel d'investissement (plan de Constantine), nous donne le détail des réalisations de la SAS (construction, état d'avancement des travaux) : canalisation de la cité musulmane, terminée à 85% ; ouverture de pistes, busages, fossés empierrés, 35% ; construction de la route Djelloula-Merkoud, 35% ; remplacement du bidonville d'Alma, non commencé ; pose de canalisations dans la cité des anciens combattants, terminée ; ouverture de pistes, 60%[8].

Si l'on fait le calcul des travaux, on obtient un total de 19,74 millions de travaux (197.400 nouveaux francs) pour des travaux destinés à améliorer la viabilité des voies de communication ou d'un quartier, ces travaux ont un état d'avancement de 52%. Le bilan mensuel de pacification de janvier 1959 constate que le chômage a été résorbé avec les travaux TIC (décrit ci-dessus), mais que les crédits seront épuisés incessamment. Le lieutenant Schoen demande donc la mise en place immédiate des crédits 1959-1960. Mais il ne sera pas écouté, comme le montrent deux bulletins mensuels de situation

---

[7] Ibid
[8] 2.SAS.147

de juin et août 1959 : "L'arrêt total des chantiers a créé un malaise certain",en effet il constate une absence de travail et une hausse du chômage. Le capitaine Conill explique que les pauvres fellahs critiquent le plan de Constantine : "Fabriqué pour les gros qui seuls bénéficient de crédits, les gens n'y croient plus"[9]. Moins d'un an après la mise en place du plan de Constantine, on peut donc constater les dysfonctionnements de ce plan destiné prioritairement aux industries et non aux campagnes.

Les réalisations des SAS destinées à l'ONU envoyées par la SAS d'Alma le 4 septembre 1959 expliquent que le projet de bordj a été approuvé en juillet, tandis que 18 logements du maghzen sont en finition. Il ne faut pas oublier de mentionner les constructions effectuées par la SAS dans le domaine scolaire (9 classes et 3 logements pour les instituteurs) et le domaine sportifs (terrains de foot et de basket à Corso, terrain de handball à Reghaïa) signalées par les réalisations des années 1958 et 1959[10].

Aucune archive ne nous donne des indications sur une reprise des travaux à partir du mois de septembre 1959. Le bilan de pacification de janvier, février, mars 1960, au chapitre des réalisations indique : néant. Le 4 mai 1960 le maire de Corso indique la construction d'une adduction d'eau employant 19 ouvriers pour un nombre total de 174 jours, soit 9 jours de travail en moyenne par ouvrier. Ce qui est bien loin des années 1957 et 1958 qui assuraient le double de travail aux ouvriers. Au niveau de la SAS d'Alma, on peut constater dans le domaine des réalisations, un essoufflement certain du plan de Constantine au milieu de l'année 1959.

---

[9] Ibid
[10] 2.SAS.156

Amélioration de l'agriculture

Il y a relativement peu de rapports sur l'agriculture, mais ceux-ci sont précis. Le programme de mise en valeur de la région montagneuse d'Alma et de Corso est adressé, le 29 octobre 1959 par l'ingénieur agricole au capitaine de la SAS. C'est un bilan de l'action menée sur la SAS d'Alma. Des plantations ont été effectuées : céréales, fourrage, tabac, légumes, oliviers, figuiers, caroubiers, arbres fruitiers ainsi que des plantations de broussailles pour reconstituer la forêt. La CAPER ayant acquis 200 hectares, ces terres ont été améliorées en constituant des banquettes et en reconstituant des lots. L'ingénieur préconise pour la culture de ces terres, une amélioration de l'assolement et des méthodes de récoltes, l'utilisation de semences et d'engrais appropriés, la création de jardins potagers ainsi que des méthodes de pacage et d'élevage[11].

L'acquisition des 200 hectares est mentionnée par le capitaine Conill qui dans une lettre à la CAPER explique que le propriétaire a décidé de vendre ses 200 hectares de terres. L'officier SAS se dit favorable à l'acquisition, car le regroupement a provoqué des abandon de terres et le chômage[12]. Le bilan trimestriel du 15 juin 1960 explique qu'une SCAPCO (une coopérative) a été créée permettant à 30 familles de cultiver les 200 hectares[13].

Un moniteur du paysannat a même été mis en place pour conseiller les paysans, comme nous l'indique indirectement une demande de port d'arme au sous-préfet le 9 juin 1960[14]. Ce qui montre que les paysans n'ont pas été laissés à eux-mêmes, après la redistribution des terres dans cette SAS. Ainsi l'amélioration de l'agriculture a été une préoccupation importante de la SAS.

---

[11] 2.SAS.146
[12] 2.SAS.153
[13] 2.SAS.148
[14] 2.SAS.158

5.5 La mission militaire

Contrôle de la population et lutte contre l'OPA-ALN

La SAS d'Alma a un rôle important dans le contrôle de la population, ainsi la SAS utilise un système de surveillance, qui est décrit dans le bulletin périodique du 10 septembre au 20 novembre 1959 : Surveillance des anciens internés, présence dans chaque îlot d'un groupe de contact de la SAS, présence d'un responsable de quartier, la population est contrôlée toutes les quinzaine, tout déplacement doit être signalé, tous les hommes et les femmes ont une fiche de situation personnelle classée par ordre alphabétique, une fiche a été établie pour chaque maison[1]. La SAS d'Alma utilise le système de DPU pour assurer la surveillance de la population.

La SAS donne aussi un certain nombre d'autorisations : laissez-passer métropole-Algérie ou Algérie-métropole, laissez-passer pour les salariés agricoles, déclaration de changement de résidence, certificat de recensement, autorisation de voyage[2]. Une autorisation de circulation mentionne le nom de la personne, les motifs du déplacement, la date de validité, prenons l'exemple de ce type d'autorisation : "Autorisation monsieur X de la congrégation des Amnaries à effectuer des tournées musicales sur le territoire de la SAS. Non accompagné, il doit respecter les règlements de police et de couvre-feu. Autorisation valable jusqu'au 31 décembre 1958 (inclue)"[3].

Les actions de la SAS contre l'OPA-ALN peuvent se résumer à cinq aspects : formation de GAD, renseignement, lutte contre l'OPA, opération et protection.

---

[1] 2.SAS.148
[2] 2.SAS.157
[3] 2.SAS.156

Le lieutenant Schoen forme un GAD à Merkoud, il écrit au commandant du secteur à Aïn Taya le 25 octobre 1958 pour demander 12 fusils de chasse et des munitions pour ce douar rallié, qui à la suite de six égorgements dans les années 1957 et 1958 s'est replié sur la SAS[4]. Les armes ne seront distribuées qu'en août 1959 (bulletin mensuel de pacification) "en présence de la population et des enfants de l'école"[5]. Le rapport du 20 novembre 1961 nous apprend que le GAD a été dissous le 1er août 1961 car ses meilleurs éléments se sont engagés comme harkis, ces derniers s'occuperont de la surveillance du village[6].

Le renseignement est un autre moyen utilisé par la SAS, comme le montrent les bulletins de renseignement envoyés par la SAS d'Alma. Prenons l'exemple d'un bulletin de renseignement "source : moghazni, valeur : C.3, date d'envoi : 17 février 1959, date de recueil : 16 février 1959, bande de 20 rebelles dans la journée du 12-13 février à Ahl Koudiat, habillée en tenue militaire cachée sous des burnous, lieu d'implantation des rebelles communes d'Alma-Corso, se ravitaillent dans les communes limitrophes. Deux sympathisants aperçus le 12 à (lieu précis)"[7].

La lutte contre l'OPA est un souci permanent, le lieutenant Schoen montre dans ses réponses à un questionnaire d'un bulletin de renseignement psychologique du 3 décembre 1958 qu'il connaît parfaitement la situation de l'OPA : Il explique que toutes les familles des douars voient l'ALN, et que tous les douars du sud sont contaminés sans être pourris[8]. Son successeur, le capitaine Conill dans un rapport périodique du 10 septembre au 20 novembre 1959 est plus pessimiste : "J'avais signalé à plusieurs reprises que nous avions fait un grand pas en arrière sur le plan de la pacification. Je n'étais pas dans le vrai car fait plus grave : cette pacification en surface maintenue par la présence d'un régiment de dragon, cachait en réalité un

---

[4] 2.SAS.146
[5] 2.SAS.147
[6] 2.SAS.149
[7] 2.SAS.147
[8] Ibid

pourrissement presque (ce dernier mot a été rajouté au crayon) total de la population". Le capitaine Conill explique qu'il a réagi par des arrestations, le chef de l'OPA, nommé par le FLN et qui dirigeait 90% de la population, a été arrêté. Cette reprise en main a fait que la population "penche cette fois-ci vers la SAS"[9]. Ces rapports montrent qu'il existe un rapport de force constant entre la SAS et le FLN pour le contrôle de la population et que la partie n'est jamais définitivement gagnée.

Le maghzen

La SAS participe également aux opérations et à la protection de la circonscription, comme l'explique le rapport du 16 février 1959 "Depuis un an, le maghzen de la SAS d'Alma participe aux opérations de maintien de l'ordre : surveillance et contrôle de nuit de la zone territoriale, à la protection de certains chantiers intéressant la SAS et le sous-quartier (travaux de pistes et du regroupement), fournissent des escortes pour le transport des matériaux, mettant à la disposition du commandant de sous-quartier Alma / Corso un élément de maghzen, participant régulièrement le dimanche à la surveillance du marché (police), et faisant de l'instruction du maghzen lors des sorties dans le douar"[10]. Trois jours après ce rapport, le lieutenant Schoen était tué au cours d'une opération. Le compte-rendu de la mort du lieutenant Schoen rédigé par le capitaine Thevenot, commandant le sous-quartier, le 23 février explique que le lieutenant Schoen a été tué alors qu'il effectuait la fouille d'un oued au débouché d'un virage de ravin. Cinq membres de l'ALN seront abattus lors de cette opération[11]. Lors des années 1957 à 1961, deux moghaznis de la SAS seront tués lors d'accrochages (rapport du 31/12/61)[12].

Il ne faut pas voir dans le maintien de l'ordre, un moyen de laisser la SAS faire ce qu'elle veut sans aucun contrôle, bien au

---

[9] 2.SAS.148
[10] 2.SAS.147
[11] Ibid
[12] 2.SAS.149

contraire, la SAS doit signaler aux autorités supérieures, chaque incident. C'est ainsi que le 19 avril 1959, lors des élections municipales, deux moghaznis en patrouille de sécurité aux abords de la SAS interpellent B., alors que l'intéressé met à profit une discussion pour tenter de fuir, il est blessé à l'épaule. Le chef d'escadron Aroux, du bureau de la justice militaire, demandera successivement le 4 juin 1959, le 8 octobre 1959, le 24 décembre 1959 à la SAS un compte-rendu d'opération et un extrait du journal des marches. Il sera envoyé par la SAS le 18 janvier 1960[13].

Le maghzen de la SAS, après avoir été épuré des quatre éléments médiocres (pour les motifs d'indiscipline, absence sans permission, ivrognerie, incapacité physique et mentale) en avril 1958[14], devient une bonne unité. C'est en effet en septembre 1959 que l'on confie au capitaine Conill la responsabilité du sous-quartier, en revanche il demande le rétablissement du maghzen à 30 hommes en raison de la nouvelle charge et du matériel supplémentaire. Il aura obtenu pour sa nouvelle charge un bureau de transmission, un bureau de sous-quartier, une harka, un camion[15].

L'OPA et l'ALN tenteront des actions contre la SAS d'Alma. La SAS avait reçu de la part de la préfecture le 17 août 1957 les directives du FLN contre les SAS. Les actions contre la SAS débutent en 1958 : le 16 juillet 1958 un véhicule de la SAS conduit par deux moghaznis tombent dans une embuscade. Deux armes automatiques avec 16 chargeurs et trois fusils avec 2 cartouchières sont perdus. Or écrit le lieutenant Schoen, cette action a paradoxalement "ranimé l'esprit de lutte des musulmans contre le FLN".

Une autre action est tentée par l'ALN dans la nuit du 18 au 19 novembre 1958 : les tentes du regroupement de Sidi Hallou sont incendiées. Un message est laissé sur place (message

---

[13] 2.SAS.158
[14] 2.SAS.147
[15] Ibid

envoyé par la SAS à la sous-préfecture le 19 novembre dans le rapport sur l'incident) : "Pour la SAS de Corso, CAP Schoen, tant que nous sommes ici nous resterons pas sans activité jusqu'a la dernière goutte de notre sang. Vous voulez ou pas, c'est la guerre-Vous êtes des sanguinaires-A quoi et à qu'elle intérêt vous combattez ? Pour les colons. Eh bien eux ils sont bien aux chaud (...) Vive Alma, Vive le FLN, Vive l'Algérie combattante (sic)"[16]. Ce message amène plusieurs réflexions : le FLN fait preuve de méconnaissance sur la SAS (la SAS n'est pas à Corso mais à Alma, Schoen n'est pas un capitaine mais un lieutenant). L'objectif de la missive est de montrer que le FLN n'est pas inactif, mais elle montre surtout que le rédacteur est déconcerté par l'action de la SAS comme le montre la phrase "(Que) vous (le) voulez ou pas c'est la guerre", c'est donc qu'il voit dans la SAS des militaires qui tentent d'instaurer la paix. Il perçoit mal les objectifs de la SAS, c'est pourquoi pour masquer son désarroi, il se rattache à des arguments idéologiques (le colonialisme).

Le bulletin mensuel de pacification de janvier 1959 rapporte l'assassinat d'un ancien conseiller municipal et l'enlèvement d'un CRS[17]. On peut donc constater que l'action de l'ALN est modeste sur la SAS, et semble adopter dans l'ensemble une position défensive. "La carte d'implantation de la rébellion" établie par le gouvernement général, le 21 octobre 1960, indique que la SAS est située dans la Wilaya 4, c'est à dire foyer d'indépendantiste, de musulmans politiquement dynamiques et présence de nombreux Européens[18].

La présence de nombreux Européens est une des raisons de l'activité discrète de l'OAS. La SAS sera même mise en alerte par un message téléphonique à 8 heures 45 le 16 septembre 1961 : "Suite renseignement, action OAS pourrait avoir lieu ce jour, prendre mesure : garde renforcée, patrouilles, contrôle", une note manuscrite a été rajoutée : "Quartier consigné - pas de permission". Cette attitude montre que la SAS est vigilante. Elle

---

[16] 2.SAS.147
[17] Ibid
[18] 14.CAB.238

renseigne la sous-préfecture sur toute action de la part des Européens : "11/11/61, slogan sonore Algérie française, de 20h30 à 22h15 secondé par les moyens du bord par chaque particulier"[19].

Relation de la SAS avec l'armée et les autorités militaires

La SAS envoie au général de la zone nord algérienne un état mensuel de la SAS à partir du 8 mars 1957, de même chaque semaine ont lieu des réunions au sous-secteur militaire, le 3 juin 1959 les réunions n'ont plus lieu qu'une semaine sur deux[20].

Ainsi des contacts écrits et oraux ont lieu entre la SAS et les autorités militaires. Comment la SAS est-elle perçue ? Un rapport du 14 septembre 1959 nous explique que les contacts qui étaient auparavant tendus entre la SAS et les chefs militaires s'améliorent de jour en jour "J'ai espoir que tout le monde comprendra que les SAS ne sont pas en dehors de l'armée mais bien dans le même bateau, avec le même drapeau et le même idéal"[21]. Cette réflexion du capitaine Conill montre que l'armée comprend mal l'objectif des SAS, et ne les considère pas comme des militaires. Le bulletin périodique du 10 septembre au 20 novembre 1959 explique que les fonctions de commandant de sous-secteur confiées au chef SAS, ont résolu les problèmes avec l'armée et que l'officier SAS obtient un meilleur accueil auprès des diverses unités militaires[22]. Ainsi lorsque la SAS prend une part plus importante dans le dispositif militaire, elle est beaucoup mieux perçue par l'armée que lorsqu'elle exerce des missions civiles.

---

[19] 2.SAS.150
[20] 2.SAS.146
[21] 2.SAS.147
[22] 2.SAS.148

5.6. L'état d' esprit des officiers SAS

Le rapport sur le moral du 11 février 1958 explique que l'initiative laissée, la stabilité dans le travail influencent favorablement sur le moral[1]. C'est dans cet état d'esprit que surviennent les événements de mai 1958. Le lieutenant Schoen écrit le 8 août 1958 dans un "rapport sur l'état d'esprit des populations chrétiennes et musulmanes", la création de CSP à Alma, Corso, et Reghaïa : "A Alma, il a été constitué essentiellement des candidats à la délégation spéciale qui n'ont pas été retenus parce que souvent trop violents. Ils ont quelque peu cherché noise à la délégation spéciale. Mais l'autorité du sous-secteur les a remis sur le bon chemin", tandis qu'a Corso et Reghaïa il ne constate aucune différence entre la délégation spéciale et le CSP. Il constate l'inexistence des réalisations.

Si l'on fait un bilan des CSP ont peu constater la confusion des CSP avec les délégations spéciales dans deux cas, ou l'utilisation du CSP contre la délégation spéciale, ainsi que l'absence de réalisation et l'écartement au CSP d'Alma des musulmans. Le lieutenant Schoen explique cet échec : "Le but des événements du 13 mai n'a pas été très bien compris d'autant que pour le commun des musulmans, rien n'a changer jusqu'ici. Seuls quelques évolués ont compris et se sont mis à revendiquer". Les revendications sont énumérées par le lieutenant Schoen : davantage d'aide, abaissement des délais d'obtention des secours : "le musulman remplissant les conditions lui permettant l'obtention d'un de ces secours ne comprend pas qu'on le renvoie 10 fois et qu'on lui demande d'attendre", meilleur accueil médical des tuberculeux et malades psychiques, davantage de travaux d'embauche, meilleure information sur les motifs et les délais d'internement, dégrèvement d'impôt pour les familles ayant un mort ou un disparu, simplification des formalités administratives : "Il semble inadmissible qu'il faille attendre 6 semaines pour obtenir un extrait de naissance"[2]. On

---

[1] 2.SAS.147
[2] 2.SAS.155

peut constater que ces doléances rejoignent, en général, celles de l'officier SAS, qui réclame plus de moyens débloqués plus rapidement.

Pour l'année 1959 nous n'avons aucune information. Pour l'année 1960, le bulletin périodique du 20 mai au 20 août 1960 donne l'état d'esprit du capitaine Conill : "La course en avant de la pacification est arrêtée, je dirais même qu'elle recule. Nous avons l'impression d'être en 1956". Il affirme qu'il serait facile de motiver les milieux musulmans mais que "la crainte de ne pas pouvoir la contrôler et la hantise du 24 janvier font reculer toute action"[3]. Le désenchantement semble toucher le capitaine Conill envers sa mission de pacification.

Ce désenchantement se transforme en désillusion et en crise de conscience profonde. Dans un rapport du 20 mars 1961 le capitaine Conill se justifie des irrégularités financières (ayant pour cause le manque de moyens) constatées par la trésorie générale d'Alger et conclut : "Cette insulte de l'administration à mon travail et à celui de mes collaborateurs. Ce manque total de compréhension des responsabilités, souvent ingrates que nous assumons, met fin définitivement, aux illusions que je pouvais avoir. Etant prouvé qu'une fois de plus l'abnégation ne vaut qu'à sens unique"[4].

Dans un rapport sur le moral du 25 octobre 1961, le capitaine Conill laisse éclater ses sentiments : "Ils (les personnels civils et militaires de la SAS) n'ont même plus le temps de s'adapter au renouveau de la politique qui dans un cadre normal, aurait dû être mise en ordre par de nouvelles personnes, qui sans espoir, dans une suite totale ont parlé de l'Algérie française, la loi cadre, l'intégration, le référendum et maintenant de l'Algérie algérienne liée à la France et peut-être demain liée aux fellaghas. Dans un tel cadre, il serait anormal que le personnel soit calme. Je dois ajouter qu'il est aussi anormal que le commandement demande un rapport sur le moral, car si pour nous il se pose des

---

[3] 2.SAS.148
[4] Ibid

problèmes, combien graves et délicats doivent être les leurs, eux qui nous ont mentis et qui nous dirigent à ce jour". L'idée de trahison des autorités politiques de l'idéal des SAS est sous-entendue par cette réflexion.

Nous citerons largement le chapitre consacré à l'officier d'active de ce rapport sur le moral. C'est une réflexion écrite à la troisième personne par le capitaine Conill : "Pour un officier para détaché aux SAS. On ne doit pas se demander où est son coeur lorsque ses amis, ses anciens chefs qui ont lutté avec lui durant 12 ans pour le même idéal sont enfermés pour avoir pris une position antigouvernementale. Le drame en est plus vif lorsque le même officier est originaire d'Algérie. Avoir eu tant de tués et de blessés, tant de sacrifices pour en arriver là. (...). L'abandon d'une population est facile lorsque l'on se trouve à des niveaux élevés. Elle est plus difficile lorsque l'officier est au contact". Le capitaine Conill fait référence au putsch des généraux, à ses anciens chefs enfermés, à un idéal qu'il a défendu depuis 12 ans (c'est à dire 1950, a-t-il combattu en Indochine ?) pour expliquer son sentiment de révolte devant l'abandon des populations et le drame intérieur qu'il ressent.

Il évoque successivement l'inquiétude des sous-officier, des attachés civils (qui espèrent avoir une place dans les CAA), et des moghaznis dans lesquels il distingue trois tendances, ceux qui espèrent en la paix et veulent être intégrés dans les CAA, ceux qui sont butés et espèrent que la France restera, ceux qui veulent conserver leur situation matérielle. Le capitaine Conill conclut : "Comme capitaine chef SAS, je n'aurai pas la prétention de dire ce qu'il faut faire car jusqu'à ce jour, il ne nous a jamais été demandé notre avis... excepté ces temps derniers alors que le problème est déjà réglé. Je demande tout de même au commandement de ne pas abandonner ceux qui avec coeur ont donné de leur sang, la preuve de leur attachement"[5]. Ainsi l'ultime demande formulée aux autorités par le capitaine Conill concerne le sauvetage de ses moghaznis.

---

[5] 2.SAS.149

Le 1er novembre 1961, la SAS d'Alma absorbe la SAS des Heuraouas et les communes qui en dépendent (Rouïba, Aïn Taya, Rocher Noir), le personnel civil et militaire est muté et les 20 moghaznis licenciés[6].C'est la période des regroupements des SAS secondaires sur les SAS les plus importantes.

Pour connaître le destin de la SAS d'Alma, il nous faut consulter le journal des marches de l'ELA de Maison Blanche qui nous indique que le 8 janvier 1962 le capitaine Conill est muté aux sections administratives territoriales à Paris. Il est remplacé par le capitaine Raillard (ancien chef de SAS à Bellefontaine). Le 26 mars, les moghaznis de l'antenne de Koustiat El Arais rejoignent la SAS d'Alma avec leurs familles, les autres moghaznis en permission se voient retirer armes et paquetage. Le 6 avril l'antenne d'Heuraouas est repliée sur la SAS d'Alma. Le 8 avril, le capitaine Raillard rend compte de la désertion de 2 moghaznis ayant emporté 7 fusils Mauser. Le 9 avril réunion des officiers SAS pour transformer certaines SAS en CAA. Le 17 avril le capitaine Pailland demande aux SAS le nom des moghaznis menacés dont le départ en métropole est envisagé, la composition de la famille et leur aptitude professionnelle. Le 3 mai création de CAA à Alma, Rivet et l'Arbat.

Le capitaine Pailland explique dans un rapport trimestriel de l'ELA datant du 18 mai 1962 la situation : les mouvements féminins et les foyers sportifs n'existent plus, marasme complet (arrêt du ravitaillement et des travaux), arrêt des travaux d'habitat, seul l'AMG de Merkoud (Alma) est fréquenté (les autres sont arrêtés), la scolarisation est arrêtée en raison de l'insécurité et de la désaffection des élèves. Il conclut : "L'anarchie et le chaos règnent en maître". Le 13 juin les soldes des moghaznis des CAA sont payées. Le 18 juin 1962 arrêt du cahier de l'ELA avec la dissolution du service des AA[7]. L'année 1962 aura été synonyme de regroupement de SAS et d'antennes, arrêt de la mission militaire de la SAS, de transformation en CAA et de licenciement du maghzen.

---

[6] 2.SAS.150
[7] 2.SAS.111

La SAS d'Alma est-elle une SAS modèle ? Cette question ne doit pas être négligée car si l'on prend le point de vue des AA, la SAS d'Alma est en effet une SAS modèle. Le lieutenant Schoen a été remarqué pour son énergie et son action de pacification, dont le signe tangible est l'inauguration d'une plaque à sa mémoire au Gouvernement Général en juin 1960. De même l'action du capitaine Conill n'est pas à négliger comme le montre sa pugnacité pour faire aboutir ses projets. Le capitaine Conill sera chargé par les AA de faire des cours aux officiers d'active sur son expérience de chef SAS en 1959, de faire visiter sa SAS en 1960 et ses foyers sportifs en 1961[8].En revanche au regard de toutes les difficultés rencontrées, on peut constater que cette SAS modèle s'est constituée sans aucun appui des AA et en relançant constamment les administrations. C'est en cela que l'on peut dire que les officiers SAS d'Alma ont été des officiers modèles.

---

[8] 2.SAS.150

CONCLUSION

Une des principales sources utilisées pour cette étude sur les SAS a été le témoignage oral. Les huit personnes interrogées ont dû se remémorer leur vie, en faisant appel à des souvenirs datant de plus de trente ans. La mémoire est donc un phénomène à ne pas négliger. La mémoire des groupes, on le sait, entre souvent en contradiction avec les exigences de l'histoire. Or, c'est une première constatation, à la lecture comparée des témoignages écrits, oraux et des archives, on ne distingue aucune contradiction fondamentale entre les uns et les autres.

On pourrait s'interroger sur le point de savoir pourquoi le témoignage des officiers SAS a longtemps échappé à ces processus de reconstruction collective de la mémoire, qui caractérise beaucoup plus fortement d'autres acteurs et groupes d'acteurs de la Guerre d'Algérie ?

Les Affaires Algériennes ont été, de 1955 à 1962, plus un organisme de coordination entre le Gouvernement général et les SAS, qu'un corps homogène comparable à un régiment militaire avec ses traditions et son esprit de corps. Le statut hybride des AA, à la fois mi-civil et mi-militaire, faisait que ce corps était composé, à la base, à la fois d'officiers, de sous-officiers, d'attachés civils et de moghaznis, auxquels on peut ajouter les personnes ayant travaillé prioritairement avec les SAS (instituteurs, médecins, EMSI, action psychologique, officiers de l'action psychologique, officiers de renseignements). Même le corps des officiers est très hétérogène, composé d'officiers de réserve et d'officiers d'active provenant de toutes les armes (terre, air, mer) et ayant des expériences très différentes : anciens de l'Indochine, anciens des Affaires Indigènes, jeunes appelés... Il a donc été difficile pour les AA de former une mémoire collective malgré le projet d'un livre d'or des SAS. Mais, même dans ce cas précis, il était difficile pour les AA d'homogénéiser une diversité d'expériences, d'autant plus que les SAS avaient une très grande liberté de manoeuvre. L'armée tenta l'expérience en sortant un film destiné à "l'exportation dans les années 1956-1957" : ce film fut vilipendé par A. de Montpeyroux qui n'y voyait qu'une caricature[1].

La deuxième raison de l'impossibilité de constituer une mémoire collective tient à la trop grande diversité des SAS elles-mêmes. Un certain nombre de facteurs rendent les SAS très hétérogènes : les régions et les populations très différentes, l'importance des moyens octroyés, la pression de l'ALN, la réceptivité de la population aux actions de la SAS, le caractère de l'officier SAS et les priorités qu'il accorde à ses différentes missions. C'est pourquoi, si l'on compare les ouvrages écrits par les officiers SAS (J-Y. Alquier, Y. Romanetti et P. Sas, N. d'Andoque, A. Maillard, G. Vincent), les attachés civils (L. Guiffray, F. Parisy) avec les témoignages oraux, pas un seul témoignage ne se ressemble fondamentalement.

La troisième raison pour laquelle la mémoire n'a pas été un enjeu collectif majeur tient au mode de fonctionnement de l'Association des Anciens des Affaires Algériennes (AAAA), qui a agi prioritairement comme un organisme fournissant aux moghaznis des attestations de service : "Depuis notre fondation en mai 1962, nous n'avons pensé qu'à une chose : aider nos camarades Musulmans Français, parer au plus pressé" comme l'explique le président de l'association D. Abolivier[2]. Or les statuts n°1 et n°2 de l'association mentionnent la conservation de la mémoire[3]. Les contacts de l'association avec les officiers SAS n'ont eu, jusqu'à récemment, comme objectif que de faire remplir des attestations pour leurs moghaznis, comme me l'ont expliqué les officiers SAS rencontrés.

Ce n'est que depuis quelques années (octobre 1994) que l'association a décidé de créer un bulletin de liaison destiné à

---

[1] A. de MONTPEYROUX, 1957, p. 56.
[2] *Les SAS*, n°1, octobre 1994, p. 2
[3] Ibid, p. 1.

constituer "La véritable Histoire des SAS" et adressé à tous ses adhérents [4]. On arrive donc au processus décrit par P.Joutard : "Dès qu'une communauté prend une certaine conscience d'elle-même, elle secrète sa mémoire institutionnelle et officielle"[5]. En dehors de cette association, les liens entre les officiers SAS d'une même région — dans le cas étudié ici, les Bouches du Rhône — sont inexistants. En revanche les officiers SAS gardent des liens avec certains de leurs moghaznis ou, plus rarement, avec des collègues officiers SAS ou leurs anciens supérieurs (sous-préfet ou officier supérieur à l'ELA).

L'entretien effectué avec ces officiers SAS a été pour eux un moyen de raconter pour la première fois à un intervenant extérieur leur expérience d'officier SAS. A cette occasion, un officier SAS m'a même avoué n'en avoir jamais parlé à ses enfants, ce qui prouve que le mutisme sur cette période, évoquée par le film documentaire *La guerre sans nom* de B.Tavernier et de P.Rotman[6] ne touche pas seulement les soldats des régiments mais aussi certains officiers SAS. De même, l'émotion était encore présente à l'évocation, par certains officiers SAS, de l'abandon des moghaznis et de la perte de l'Algérie. Signes que la blessure n'est pas encore refermée...

Y a-t-il eu reconstitution individuelle de la mémoire ? Nous avons un exemple où nous disposons des trois éléments de confrontation d'un témoignage oral, cités par P.Joutard : la confrontation avec un document écrit, avec d'autres témoignages et avec diverses phrases du témoin[7]. Dans le témoignage oral d'un officier SAS, nous disposons de ces éléments de confrontation à propos de deux faits : la perception du soulèvement et la fidélité du maghzen. Un officier SAS[8] affirmait n'avoir ressenti que très tardivement le soulèvement en 1958. Or,

---

[4] Ibid, p. 1.
[5] P. JOUTARD, 1983, p. 172.
[6] P. ROTMAN et B. TAVERNIER, 1992
[7] P. JOUTARD, 1983, p. 220-230.
[8] M. CONEJERO, Martigues, 2/2/95.

la lecture d'un document écrit par un de ses attachés[9], datant de 1958, démontre, courbe à l'appui, que la présence de l'ALN était perceptible à la fin de l'année 1956 et au début de l'année 1957. Si l'on analyse les paroles de cet officier SAS, celui-ci fait débuter le soulèvement à partir d'un massacre des habitants d'un douar. On peut émettre l'hypothèse que l'ALN s'exprimait en 1956 et 1957 par des harcèlements (incendies de récolte, pose de mines, embuscades faits cités par l'attaché) qui ne touchaient pas directement la SAS. En s'attaquant à une population dépendant directement de la SAS, et donc sous la responsabilité politique et militaire de l'officier SAS, ce massacre a provoqué une sorte de choc psychologique faisant entrer dans la réalité immédiate de l'officier SAS la présence de l'ALN. On peut donc comprendre que, en toute honnêteté, cet officier SAS explique n'avoir ressenti que très tardivement le soulèvement.

Ce même officier SAS affirmait avoir eu un maghzen d'une grande fidélité, tout en expliquant qu'il s'en méfiait lors de ses déplacements, n'indiquant pas, par précaution, l'itinéraire emprunté. De même, à la fin de l'entretien, il donnait l'exemple de deux moghaznis qui n'étaient pas fiables. Si l'on lit attentivement le document écrit par son attaché, on peut constater qu'en 1956-1957 régnait une certaine méfiance entre le personnel européen de la SAS et les moghaznis. Chaque groupe s'observait mutuellement, écrit-il et, le soir, les Européens montaient la garde à tour de rôle pour éviter toute trahison.

On peut donc constater que certains témoignages d'officiers SAS ne sont pas exempts de reconstruction consciente ou inconsciente, bien qu'il ne faille pas généraliser ces faits. En effet, lors des témoignages oraux, les officiers SAS ont fait preuve d'une grande prudence sur les faits (dates, nombre d'habitants sur la circonscription d'une SAS...), malgré mes demandes insistantes. Souvent, lors d'un flou ou d'un oubli, les officiers SAS préféraient ne pas répondre plutôt que d'avancer des approximations, et modéraient parfois leurs propos en

---

[9] G. MERIGNARGUES, 1957-1958, p. 69.

expliquant que leurs actions ne pouvaient être généralisées à tous les officiers SAS, en raison de certaines spécificités régionales.

A la lumière de ces témoignages, on peut constater que les récits écrits et oraux des officiers SAS complètent le plus souvent le contenu des archives : "La plupart du temps, recherches en archives et enquêtes orales se soutiennent mutuellement se renvoyant l'une à l'autre"[10]. Les archives, par leur périodicité, nous font revivre la progression des réalisations de la SAS et montrent les problèmes qui les bloquent ou les ralentissent. De leur côté, les récits écrits ou oraux des officiers SAS nous font revivre le contexte régional, les sentiments et l'état d'esprit qui les animaient, la manière dont ils appréhendaient les missions accessoires par rapport à celles qui étaient prioritaires. Ainsi, la richesse de l'expérience humaine comble l'aridité des rapports d'archives.

P. Joutard écrivait : "une des formes du caractère non institutionnel de la mémoire orale est sa relative insensibilité aux grands événements qui scandent la vie du peuple". Cette démonstration est prouvée par les témoignages oraux des officiers, qui expliquent qu'à l'époque ils ne prenaient pas en compte fondamentalement les nouvelles orientations concernant l'Algérie, qui se concrétisaient par les négociations avec le FLN, et les différents discours de de Gaulle. Insensibles à ces faits, ou après une inquiétude passagère, les officiers SAS continuaient leurs actions quotidiennes sans les modifier, comme si l'activité (ou l'activisme) quotidien leur permettaient d'oublier leurs doutes quant à l'avenir de l'Algérie.

P. Joutard constatait : "L'enquête orale permet de repérer les sensibilités différentes à l'égard de l'événement selon les individus"[11]. Cette différence des sensibilités se voit surtout dans des événements politiques (CSP, putsch) ; certains y participent, d'autres ont des ordres pour ne pas y participer, d'autres par prudence n'y assistent pas, tandis que d'autres n'ont pas ressenti

---

[10] P. JOUTARD, 1983, p. 180
[11] Ibid, p. 176

ces événements dans leurs SAS. Ainsi les témoignages oraux montrent le décalage entre "les personnes engagées à forte conscience historique et les hommes quelconques enfouis dans la vie quotidienne peu marquée par l'événement"[12]. Les témoignages écrits et oraux s'appuyant sur la mémoire ne démentent donc pas l'histoire ; ils relativisent surtout les répercussions d'un événement politique et démontrent la diversité des expériences vécues sur une même période, alors même que ces hommes effectuent les mêmes missions.

L'institution des SAS repose, de son côté, sur de nombreuses ambiguïtés. La première ambiguïté est présente dans l'idéal même des SAS : l'objectif des SAS était en effet de créer une Algérie fraternelle où les musulmans auraient les mêmes droits et les mêmes devoirs que les Européens. Cet idéal de l'intégration totale qui était celui affiché par J. Soustelle va se retrouver en porte à faux avec deux autres idéaux. Le premier est celui des Européens d'Algérie qui souhaitaient conserver en l'état la situation politique de l'Algérie : ils étaient plutôt pour une intégration partielle, qui permettaient aux musulmans d'avoir les mêmes devoirs que tout autre citoyen, mais refusaient de leur donner les mêmes droits. En effet, en donnant le droit de vote aux musulmans, c'était leur donner un poids électoral et donc leur permettre d'accéder aux responsabilités politiques. En les scolarisant, on leur donnait la possibilité de s'élever socialement, en leur remettant un certain nombre de droits économiques (allocations familiales, pensions, retraites, redistribution des terres), on demandait aux Européens un effort financier. L'idéal des SAS était combattu par certains Européens, qui refusaient d'abandonner leurs responsabilités économiques, sociales et politiques, acquises depuis plusieurs générations, pour faire accéder aux mêmes droits et au même niveau de vie huit millions et demi de musulmans.

L'autre idéal est celui du FLN, qui avait pour objectif l'indépendance de l'Algérie en coupant tout lien avec la métropole

---

[12] Ibid, p. 178

française. Il ne voyait dans les SAS qu'un subterfuge utilisé pour réduire à néant leur revendication.

L'intégration voulue par J. Soustelle, et mise en oeuvre par les SAS, ne représentait-elle pas une troisième voie sans aucune base politique ou populaire pour la soutenir et l'impulser ? Le FLN et les militants hostiles à la guerre d'Algérie, en France, ne verront dans les SAS qu'une guerre de subversion colonialiste, tandis que certains milieux européens y verront une dangereuse utopie. La marge de manoeuvre des partisans de l'intégration "intégrale" allait donc être minime. Le domaine politique sera abandonné aux gaullistes, tandis que les SAS s'investiront entièrement sur le terrain.

La deuxième ambiguïté est celle du temps. Ce temps qui avait tant manqué, il y a un siècle aux Bureaux arabes, comme le constatait J. Frémeaux : "Le temps! Mais savons nous s'il nous appartient ?"[13]. N'était-il pas irréaliste de vouloir rattraper le temps perdu ? N'était-ce pas irréaliste de vouloir faire faire par des militaires en quelques années, ce qui n'avait pas été fait en un siècle par l'administration civile ? Les réalisations des SAS pouvaient-elles suffire pour compenser un siècle d'inertie voire de quasi-absence de la France au fond des campagnes d'Algérie ? Ce désir de vouloir rattraper le temps perdu s'est concrétisé dans des actions destinées à faire évoluer rapidement un peuple en lui faisant perdre ses traditions et ses mentalités pour le faire entrer, par des moyens administratifs, dans la modernité, que ce soit dans le domaine du bien être (construction de l'habitat, adduction d'eau, hygiène, santé, scolarisation) ou des mentalités (évolution de la femme, conscience démocratique). N'était-ce pas vouloir nier les spécificités des populations d'Algérie que de vouloir imposer brutalement un genre de vie occidental ?

La troisième ambiguïté concerne la réceptivité de la population aux réalisations des SAS, alors même que celle-ci était "coincée" entre l'enclume et le marteau : accueillant l'armée et la SAS le jour, et le FLN la nuit, subissant les contrôles de l'armée

---

[13] J. FREMEAUX, 1993, p. 268

d'un côté et la pression de l'ALN de l'autre. L'immense majorité de la population ne désirait que vivre en paix. Pouvait-elle s'engager d'un côté ou de l'autre, alors même qu'aucune des deux puissances en présence, l'armée et le FLN, n'arrivait pas à prendre définitivement le dessus... Cette population n'a-t-elle pas plutôt cherché à se dédouaner envers l'armée et la SAS d'un côté, et l'ALN de l'autre, pour être tranquille ? L'adhésion définitive de cette population, largement attentiste, n'interviendrait qu'à la suite d'une victoire politique ou militaire d'une des puissances qui apporterait à nouveau la paix.

La quatrième ambiguïté concerne la mission économique et sociale envers les populations regroupées. L'action de la SAS prend toute son efficacité lorsque la population est regroupée ; la SAS peut proposer à grande échelle une aide administrative, économique, sociale, éducative et médicale, alors même que cette population a perdu son autonomie économique. Le regroupement, effectué par l'armée, fait tomber toute une population sous la dépendance totale de l'officier SAS. Il y a donc une obligation morale de la part de l'officier SAS de fournir tous les besoins de cette population déplacée de force, en réparation de ce qu'elle a perdu. On tombe alors dans un paradoxe : la SAS reconstruit un habitat moderne, alors même que l'armée a détruit l'habitat traditionnel, la SAS aide matériellement une population que l'armée a déplacé, pour des raisons stratégiques, la coupant par la même de ses ressources et la plongeant dans la misère. Cette charité spontanée de la SAS va progressivement s'organiser et faire ainsi tomber les populations regroupées dans l'assistanat !

Ce paradoxe se retrouve aussi dans le domaine économique : on construit des routes et des pistes tout en restreignant la circulation des personnes et des biens. Dans le domaine scolaire, la SAS scolarise des enfants : mais est-ce par désir d'instruction que les parents y amènent leurs progénitures ou pour bénéficier des privilèges accordés aux enfants scolarisés (distribution gratuite de vêtements, cantine scolaire gratuite, soins médicaux). L'AMG n'est pas non plus exempte de paradoxes de ce type : un camp de regroupement entraîne une promiscuité de milliers de personnes, alors même que la population n'est pas habituée à l'hygiène élémentaire, à une discipline de vie collective et que les points d'eau, les sanitaires et les canalisations sont insuffisants. Ces facteurs entraînent des épidémies ou une mortalité élevée parmi les enfants et les personnes âgées. L'AMG, dans ces conditions, devient aussi un devoir moral pour l'officier SAS envers les regroupés, alors même que l'AMG ne dépend pas directement de la SAS, qui ne fait normalement que la coordonner.

Ce rôle de coordinateur constitue une autre ambiguïté importante : la SAS doit soigner, scolariser et construire, alors même que l'AMG, la scolarisation, les foyers sportifs et les moyens de transports représentent un ensemble de moyens qui ne dépendent pas de la SAS, mais en général de l'armée (moyens de transport, instituteurs, médecins et matériaux de l'AMG, moniteurs sportifs) ou de l'éducation nationale (instituteurs et homologation des classes). L'officier SAS peut promettre à la population le déblocage de moyens financiers ou écrire des rapports critiques ; il n'obtiendra les moyens demandés que dans le cas d'une urgence absolue ou d'une volonté délibérée. Et même, lorsque ces moyens sont satisfaits, ceux-ci ne le sont que provisoirement ; les moyens octroyés ne sont jamais à l'abri d'une quelconque remise en cause : qu'une compagnie militaire soit déplacée, et c'est l'ensemble des constructions, des consultations de l'AMG, des activités sportives et éducatives qui sont remises en cause. La mutation ou le départ en congé d'un médecin, d'un moniteur sportif ou d'un instituteur peut aussi paralyser l'activité concernée. L'officier SAS est impuissant pour pouvoir y remédier.

Son rôle de coordinateur dans le domaine politique (que l'on pourrait comparer au travail d'un syndicat intercommunal) est même remis en cause par les nouvelles municipalités mises en place par la SAS. Certains maires européens ou musulmans désirant davantage d'autonomie profitent du changement de statut de l'officier SAS en septembre 1959, qui transforme celui-ci en simple représentant du sous-préfet sans réel pouvoir communal, pour court-circuiter la SAS. L'officier SAS perd alors toute possibilité de contrôle de l'action des municipalités et d'impulsion de l'action économique des communes. Les cas inverses existent aussi où l'officier SAS abandonne son rôle de coordinateur et de conseil, lorsque le maire se révèle incompétent, pour prendre en charge plus efficacement la gestion communale. Cette attitude peut mener à une sorte de paternalisme qui déresponsabilise les acteurs locaux.

La sixième ambiguïté concerne les arrières pensées qui sont présentes dans certaines actions des SAS : un recensement sert évidemment à répertorier les populations pour leur donner un état civil et, plus tard, une carte d'électeur ou de constituer des dossiers d'aide sociale. Ces recensements font donc des musulmans des citoyens comme les autres, mais ils servent aussi à mettre en place des fichiers pour contrôler la population et établir des cartes de ravitaillement.

Des réalisations comme l'AMG ou les constructions sont-elles plutôt destinées à améliorer le bien-être des populations ou à rallier celles-ci à la France ? Dans le désir d'implanter des municipalités on retrouve ces arrière-pensées (voire des contradictions) : les officiers SAS tentent de stimuler les musulmans pour qu'ils participent aux responsabilités municipales avec des résultats plus ou moins bons selon les SAS. Mais de l'autre côté, les officiers SAS tentent d'empêcher tout engagement politique en faveur du FLN au sein de la commune. Cette prise de responsabilité locale au sein du FLN est incarnée par l'OPA. Derrière la constitution de municipalités musulmanes, n'y a-t-il pas l'arrière-pensée de créer une troisième force en dehors du FLN et des Européens, et de démontrer qu'il existe des musulmans ayant une maturité politique et une conscience de leurs responsabilités, pour prendre en charge le pouvoir municipal dans une communauté de destin avec la France. A défaut de sympathisants Européens pour une troisième voie, les SAS tentent de susciter à l'échelon municipal un mouvement qui concrétise les fraternisations de mai 1958 à Alger.

La dernière ambiguïté concerne l'autonomie de l'officier SAS. Cette autonomie est pratiquement totale puisqu'elle permet à l'officier SAS de faire ce qu'il veut, de donner des priorités aux domaines qu'il juge important. L'officier SAS rend compte de son action, dans le meilleur cas, par des rapports périodiques ;

l'officier SAS est laissé à lui même pour faire les innovations les plus révolutionnaires ou ne rien faire... Toute l'efficacité de la mission des SAS va donc reposer sur la soif de responsabilité, l'idéalisme et le désir d'agir des jeunes officiers SAS. Le succès d'une SAS dépendra en grande partie de l'officier SAS qui la dirige.

Ces sept ambiguïtés vont être à l'origine des interprétations les plus divergentes sur le rôle des officiers SAS : voués aux gémonies dans un cas, encensés dans l'autre cas. Qui est réellement l'officier SAS ? Il suffit de répertorier l'ensemble des fonctions exercées par l'officier SAS pour s'en faire une idée : officier d'état civil, percepteur, intercesseur, "confesseur", "assistante sociale", juge, président de bureau de vote, délégué spécial ou conseiller du maire (ou de la délégation spéciale), représentant du sous-préfet, coordinateur de l'aide médicale, du foyer sportif et du foyer féminin, directeur d'école, conseiller d'orientation, "bonne soeur", intermédiaire des administrations, architecte, chef de chantier, transporteur, agence pour l'emploi, planificateur de travaux, inspecteur de police, inspecteur des renseignements généraux, responsable de l'îlotage et de la surveillance des villages ou des regroupements, recruteur de moghaznis et d'attachés civils, chef de maghzen, chef de l'autodéfense, officier opérationnel, chef de commando, officier de renseignement, officier de l'action psychologique, commandant de sous-quartier ou de quartier de pacification !....

Certains exercent tous ces métiers à la fois, d'autres préfèrent faire leur propre "cuisine" selon leurs goûts ou leurs compétences, privilégiant la mission civile ou militaire, l'administration, le social, l'économique, le renseignement, l'opérationnel, ou encore la lutte contre l'OPA.

Le bon officier SAS serait comparable à une sorte de funambule en équilibre entre la mission civile et militaire, entre la mission de contact avec la population et la lutte contre l'ALN, entre le règlement de "chicayas" concernant quelques personnes et le règlement des questions communales, entre le règlement de problèmes ponctuels et les prévisions économiques à long terme, entre la distribution de secours et la mise en place de travaux, entre l'action concrète sur le terrain et la rédaction de cartes, de statistiques, de rapports dans l'unique objectif d'établir l'idéal d'une Algérie fraternelle.

L'idéal de ces officiers SAS pouvait-il constituer une réelle alternative à l'indépendance voulue par le FLN ou à l'intégration de façade voulue par les Européens ? Même si cet idéal n'a pas eu d'espace politique en Algérie ou en métropole, les officiers SAS, par leur présence, ont essayé de prouver qu'ils représentaient une alternative aux méthodes de l'ALN et de l'armée. J. Frémeaux, dans sa conclusion sur les Bureaux arabes, écrivait : "Il ne s'agit plus ici d'exercer le pouvoir et de se faire redouter mais de tenter de transformer l'Algérie le plus profondément possible, transformation dont le terme doit être l'attachement de la population"[14]. Cette réflexion s'applique parfaitement aux SAS : en cela, nous pouvons constater que les SAS sont les dignes héritières de leurs aînés des Bureaux arabes.

L'expérience des SAS est-elle comparable à d'autres expériences contemporaines ? J. Frémeaux s'interrogeait sur les Bureaux arabes : "Faut-il voir dans ces hommes les ancêtres modernes des soldats de la paix qui ont essaimé de la Bosnie au Cambodge, en passant par la Somalie et dont d'aucuns pensent aujourd'hui découvrir, non sans quelques naïvetés, les vertus ?"[15]. Peut-on comparer les officiers SAS aux soldats de la paix ? Les officiers SAS (appelés par dérision, par les unités opérationnelles, "les casques bleus") ne sont pas des observateurs impartiaux, ils sont des acteurs pleinement engagés dans le conflit pour la victoire ou "la gloire de la France"[16]. Ils combattent par tous les moyens l'OPA et l'ALN, au profit d'un idéal, qui propose de dépasser l'Algérie indépendante ou "l'Algérie de papa" (expression du général de Gaulle). Lorsque les officiers SAS se sont aperçus que cet idéal était vain, ils se sont progressivement retirés. La foi en leur mission était plus importante que les réalisations elles-mêmes. Le grand défaut de

---

[14] Ibid, p. 265
[15] Ibid, p. 271
[16] 4.SAS.40.

l'institution des SAS fut d'avoir été créée et d'avoir fonctionné durant un conflit qui ne voulait pas dire son nom. C'est de ce conflit que sont nées toutes les ambiguïtés des SAS.

L'expérience des SAS fut une véritable aventure pour une partie des jeunes de 20 à 25 ans, devenus officiers et volontaires pour les SAS. Ils furent "parachutés" au fond des campagnes de l'Algérie pour mener une action auprès de la population qui n'avait jamais été tentée auparavant avec autant de moyens et à l'échelle de l'ensemble de l'Algérie, faisant des SAS un creuset de la politique d'intégration.

Cette aventure, par sa singularité, est inclassable comme toutes les expériences humaines qui ont tenté de trouver une alternative aux opinions manichéennes de leurs époques et ont tenté de les mettre en oeuvre. Fut-elle trop en avance ou trop en retard sur son temps ? Fut-elle de son époque ou hors de son époque ? L'idéàl fut assez grand pour que des officiers SAS et des moghaznis y donnent leur vie ou y sacrifient une part de leur jeunesse, ainsi que l'écrivait le cahier de marche de la SAS de Beni Bouaïche, le 19 mars 1962 : "Si la réussite n'est pas à la mesure de leurs efforts, il n'en reste pas moins que tous, ils y ont cru... "[17].

---

[17] Ibid.

ANNEXES

ANNEXE I

Notes biographiques sur les officiers SAS interrogés

M. Conejero : officier d'active des tirailleurs algériens, pied-noir. Il sert en Oranie à la SAS de Wagram (ELA Saïda) de 1956 à 1958 et à la SAS de Noisy-les-Bains (ELA Mostaganem) de la fin de l'année 1958 à 1960. Il demande sa mutation en métropole, où il sert comme officier d'active. Actuellement il est retraité.

C. Hary : officier d'active, il sert en Oranie à la SAS d'Aïn Kebira (ELA Nemours) d'avril 1958 à janvier 1959, à la SAS de Djeballa de février 1959 à août 1960 et à la SAS de Sebdou d'août 1960 à octobre 1961 (ELA Sebdou). Il fera de nombreux remplacements de permissionnaires à la SAS de Souhalia, d'El Bor et à l'antenne de Nedroma. Après un an et demi au 11e BCA, il sera réaffecté dans l'Algérie saharienne de 1963 au 12 juin 1964. Il quitte l'armée pour la vie civile. Il est actuellement directeur régional de Monoprix.

G. Hirtz : administrateur en chef de Biskra de 1952 à 1956, il travaille en collaboration avec le général Parlange (commandant civil et militaire des Aurès) dès avril 1955. Il installe les SAS de Tolga, Sidi Okba, de Zeribet El Oued. Sous-préfet à Tebessa de 1956 à la fin de 1958, il refusera de céder ses pouvoirs civils aux militaires. Après accord à l'amiable, il sera muté comme directeur de cabinet du général Allard. Il sera délégué conseiller technique chargé des affaires musulmanes et de la législation au gouvernement général. Actuellement retraité, il est l'auteur en 1989 de l'ouvrage *L'Algérie nomade et Ksourienne*.

A. Maillard : Etudiant en théologie au moment de la guerre d'Algérie. Il est officier appelé dans des SAS en Oranie du sud. Il sert successivement dans les SAS d'Oum Djerane (juillet-novembre 1960), d'Abd El Moula (novembre 1960-janvier 1961 et mars-mai 1961), Mekhmene El Mrir (janvier-mars 1961), de Bou Alam (mai-août 1961). Docteur en théologie et en histoire, il est actuellement prêtre à Sainte Clotilde à Paris. Il est l'auteur des ouvrages de *L'honneur est sauf* (1988) et *Examen de conscience politique* (1995).

C. Pothier : arabisant, officier de réserve en situation d'active. Après l'école des officiers à Cherchell (mars-août 1957), il est envoyé au 1er régiment de tirailleur algérien à Boghari (août 1957-mai 1958). Il se porte volontaire pour la Kabylie dans les SAS. Il fera un stage à la SAS d'Ali Bou Nab (juin-juillet 1958) et envoyé dans les SAS de Cap Djinet (juillet-novembre 1958) et d'Iflissen (Tigzirt sur Mer) (novembre-décembre 1959). Responsable des relations humaines à la SNCF, il est actuellement retraité.

P. Quieffin : officier d'active, il sert en AOF (Mali, Guinée) de 1941 à 1946. Après une année à Grenoble, il part en Algérie en mai 1947 avec un bataillon de sénégalais. Il est ensuite affecté 27 mois en Indochine, puis deux ans et demi au Tchad comme commandant d'une compagnie. Il demande sa mutation en Algérie pour toutes les armes, sauf pour les SAS. Il fait parti de la première promotion de SAS. Il sert dans de nombreuses SAS : Bou Halou (ELA Tlemcen) en octobre-novembre 1955, une SAS de l'ELA de Marnia de novembre à décembre 1955, à Francis Garnier (ELA Tenes) de décembre 1955 à septembre 1956, à Menerville (ELA Maison Blanche) de septembre 1956 à septembre 1957, à Aïn El Ibel d'octobre à avril 1958, à Djelfa d'avril à décembre 1958, puis comme officier supérieur à l'ELA de Djelfa de décembre 1958 à juillet 1959. Il est affecté ensuite 4 mois au bureau d'étude des AA. Après un passage au CHEAM à Paris, il revient en Algérie en juin 1960. Il demande à partir des AA et est affecté au Laos. Secrétaire général de l'université Aix-Marseille III, il est actuellement à la retraite.

Colonel R. Vermant (correspondance) : officier d'active, sert en Algérie dès 1952 dans l'arme blindée cavalerie au 2e régiment de chasseur d'Afrique à Tlemcen, 1er régiment de spahis à Medéa, à l'école de blindé à Hussein Dey (Alger), fait des opérations et des manoeuvres en Oranie, au Maroc, en Kabylie, dans les Aurès, dans les Oasis du sud, dans le Djebel Amour et le Constantinois. Il demande son affectation aux AA. Il est affecté à la SAS de Betacha (1957-1959) et à la SAS d'Oum Toub (1959-1962) dans l'ELA de Collo.

D. Warnery : éducateur spécialisé au Maroc, il sert comme officier appelé dans un régiment de transport en Oranie. Officier de renseignement à Valmy en Oranie, il demande sa mutation dans les SAS. Il sert à la SAS de Sidi Aïssa (ELA Aumale) de juillet 1960 à décembre 1960. Il sert à la SAS de Bordj Okriss en janvier 1961, puis à la SAS de la Baraque de février à novembre 1961. Responsable du service social à Marseille durant l'été 1962. Professeur à l'institut régional du travail social, il est actuellement à la retraite.

ANNEXE II

Extrait du journal des marches et d'opérations de la SAS de Beni Bouaïche à la date du 19 mars 1962 (département d'Orléansville).

(Source : archive des SAS, CAOM, carton 4.SAS.40)

BIBLIOGRAPHIE

1 OUVRAGES DE REFERENCE
(ouvrages d'attachés ou d'officiers SAS ou comportant des témoignages d'officiers SAS)

ALQUIER Jean-Yves, *Nous avons pacifié Tazalt*, Paris, Robert Laffont, 1957, 276 p.

D'ANDOQUE Nicolas, *Guerre et paix en Algérie, L'épopée silencieuse des SAS*, Paris, Société de production littéraire, 1977, 221 p.

COLLECTIF, *Paroles d'officiers 1950/1990 : des Saint Cyriens témoignent*, Toulouse, COREP, 1991, 654 p.

COURRIERE, *La guerre d'Algérie : Les fils de la Toussaint-Le temps des léopards*, 1, 936 p. , *L'heure des colonels-Les feux du désespoir*, 2, 1176 p., Paris, Robert Laffont, 1990

DUFRESNOY Claude, *Des officiers parlent*, Paris, Julliard, 1961, 198 p.

GUIFFRAY Louis, *On m'appelait Boulhaya*, Paris, France empire, 1959, 304 p.

FNACA, *Témoignages 1952/1962*, Mâcon, Mâcon imprimerie, 1989, 833 p.

HEDUY Philippe, *Algérie Française (1942-1962)*, Paris, Société de production littéraire, 1980, 376 p.

LION, "Témoignage du lieutenant Lion", *L'Armée*, Juillet-août 1960, 23 p.

MAILLARD de la MORANDAIS, Alain, *L'honneur est sauf*, Paris, Le seuil, 1990, 370 p.

MONTPEYROUX, André de Brousse, *L'Algérie aux enchères ou les clés de la paix*, Paris, ICP, 1957, 174 p.

PAILLARD Jacques, "La SAS d'Arris de mars 1960 à mars 1962", *Revue Historique des Armées*, n°187, Juin 1992, p. 54 à 58

PARISY-VINCHON, France, *Là où la piste s'arrête*, Issy-les-Moulineaux, Muller édition, 1992, 299 p.

PELLISSIER, Pierre, *Saint Cyr : Génération Indochine-Algérie*, Paris, Plon, 1992, 460 p.

PORTEU de la MORANDIERE, *Soldats du Djebel*, Paris, Société de la production littéraire, 1979, 400 p.

ROTMAN Patrick et TAVERNIER Bertrand, *La guerre sans nom : les appelés d'Algérie 1954/1962*, Paris, Le Seuil, 1992, 305 p.

SAS Pierre et ROMANETTI Yves, *Vie d'un peuple mort*, Paris, Edition du scorpion, 1961, 254 p.

TOCNAYE, Alain de la, *Comment je n'ai pas tué de Gaulle*, Saint Estève, Edition Tocnaye, 1989, 378 p.

VINCENT, Guy, *Képi bleu*, Montigny-le-Bretonneux, Edition jeune pied-noir, 1988, 272 p.

2 OUVRAGES GENERAUX ET BROCHURES

ALLEG Henri, *Des promesses de la paix à la guerre ouverte*, (La guerre d'Algérie, n°2), Paris, temps actuels, 1981, 607 p.

BERGOT Erwan, *11ᵉ Choc*, Paris, Presse de la cité, 1986, 314 p.

BONNECARRIERE Paul, *La guerre cruelle*, Paris, Fayard, 1972, 446 p.

BOUALAM le Bachaga, *Les harkis au service de la France*, Paris, France Empire, 1963, 269 p.

Cahier de recherche et de débats du centre catholique des intellectuels, "L'Armée et la nation", Paris, Fayard, 1960, 213 p.

COLLOT Claude, *Les institutions de l'Algérie durant la période coloniale (1830-1962)*, Paris, CNRS, 1987, 343 p.

CORNATON Michel, *Les regroupements de l'Algérie de la décolonisation*, Paris, Editions ouvrières, 1967, 295 p.

DEON Michel, *L'armée d'Algérie et la pacification*, Paris, Plon, 1959, 252 p.

DROZ Bernard et LEVER Evelyne, *Histoire de la guerre d'Algérie*, Paris, Point seuil histoire, 1982, 346 p.

ESTABLET Colette, *Etre Caïd dans l'Algérie coloniale*, Paris, CNRS, 1991, 385 p.

FLEURY Georges, *Le combat des harkis*, Versailles, Les 7 vents, 1989, 218 p.

FREMEAUX Jacques, *Les Bureaux arabes dans l'Algérie de la conquête*, Paris, Denoël, 1993, 306 p.

L'Afrique à l'ombre des épées (1830-1930), L'évolution des territoires militaires, 1, Vincennes, SHAT, 1993.

GOUVERNEMENT GENERAL D'ALGERIE (plaquette) : *Algérie d'aujourd'hui*, "conférence de presse du général Partiot", Alger, Baconnier, mai 1960.

Français et Françaises de bonne volonté, l'Algérie a besoin de vous, Paris, imprimerie G.Lang, 1ᵉʳ trimestre 1958.

Guide de l'officier AA, Paris, imprimerie G.Lang, 4ᵉ trimestre 1957.

Notice provisoire sur le service des AA, Alger, gouvernement général, décembre 1955.

Les périodiques : *Bulletin de liaison des AA* et le *Bulletin de liaison des Affaires sahariennes*.

HARBI Mohammed, *Le FLN entre mirages et réalités, des origines à la prise du pouvoir* Paris, Jeune Afrique, 1980, 485 p.

Histoire et Défense, les cahiers de Montpellier, n°25, 1/1992, 121 p.

Historia Magazine, Spécial Algérie, n°371, janvier 1974, p. 3212.

JAFFRE Yves-François, *Le procès du petit Clamart*, Rennes, Nouvelles éditions latines, 1963, 641 p.

JOUTARD Philippe, *Ces voix qui nous viennent du passé*, Paris, Hachette, 1983, 246 p.

LE MIRE Henri, *Histoire militaire de la guerre d'Algérie*, Paris, Albin Michel, 1988, 403 p.

MARTIN Claude, *Histoire de l'Algérie Française*, 1, Paris, Robert Laffont, 1979, 302 p.

MERAUD Marc, *Histoire des goums marocains, Histoire du service des Affaires indigènes au Maroc*, 3, Paris, Edition de la Kouma, 1990, 451 p.

MIQUEL Pierre, *La guerre d'Algérie*, Paris, Fayard, 1993, 527 p.

MONTEIL Vincent, "Les Bureaux Arabes au Maghreb (1833-1961)", Esprit, n°300, novembre 1961, p. 575 à 615.

MUS Paul, *Guerre sans visage*, Paris, Le Seuil, 1961, 188 p.

NOEL Jean, *Journal d'un administrateur*, Alger, Baconnier, 1958, 110 p.

ORR Andrew, *Ceux d'Algérie : le silence et la honte*, Paris, Payot, 1990, 245 p.

PAILLAT Claude, *Dossier secret de l'Algérie (1958-1961)*, Paris, Presse de la cité, 1961, 536 p.

Deuxième dossier secret de l'Algérie (1954-1958), Paris, Presse de la cité, 1967, 535 p.

Vingt ans qui déchirèrent la France, La liquidation (1954-1962), 2, Paris, Robert Laffont, 1972, 777 p.

PERVILLE Guy, *Les étudiants Algériens de l'université Française (1880-1962)*, Paris, édition du CNRS, 1984, 311 p.

POUGET Jean, *Bataillon RAS*, Paris, Presse de la cité, 1983, 380 p.

RIOUX Jean-Pierre, *La guerre d'Algérie et les Français*, colloque de l'Institut de l'histoire du temps présent (Paris, 15-17 décembre 1988), Paris, Fayard, 1990, 700 p.

ROUX Michel, *Les harkis : les oubliés de l'histoire*, Paris, La découverte, 1991, 420 p.

SCHNEIDER Bernard, *La Ve République et la guerre d'Algérie*, Paris, Edition Témoignage Chrétien, 1959, 151 p.

SERVIER Jean, *Dans les Aurès sur les pas des rebelles*, Paris, France empire, 1955, 301 p.

Adieu Djebels, Paris, France empire, 1958, 286 p.

Demain en Algérie, Paris, Robert Laffont, 1959, 175 p.

SOUSTELLE Jacques, *Aimée et souffrante Algérie*, Paris, Plon, 1956, 305 p.

TRIPIER Philippe, *Autopsie de la guerre d'Algérie*, Paris, France empire, 1972, 674 p.

YACONO Xavier, *Les Bureaux Arabes et l'évolution du genre de vie indigène dans l'ouest du tell algérois*, 1, Paris, Larox, 1953, 448 p.

Les journaux *Le Monde* et de *l'Express* ont été systématiquement dépouillés

3 TRAVAUX UNIVERSITAIRES

CARINI Alexandre, *Jacques Forestier, un officier Français en Indochine et en Algérie : itinéraire d'une décolonisation*, Mémoire sous la direction de H. Gerbeau, IEP d'Aix-en-Provence, 1993/1994, 303 p.

FREMEAUX Jacques, *Les Bureaux arabes dans la province d'Alger*, thèse sous la direction de X.Yacono, université de Toulouse le Mirail, 1976, 509 p.

MADOIAS Fabrice, *Les sections administratives spécialisées et l'intégration algérienne*, Mémoire sous la direction de A. Martel, IEP d'Aix-en-Provence, 1986/1987, 103 p.

MATHIAS Gregor, *Les Sections administratives spécialisées (SAS). Une institution ambiguë entre idéal et réalité (1955-1962)*, Université de Provence, IHCC, Mémoire de maîtrise sous la direction de J.L. Triaud, 1995, 373 p.

MERIGNARGUES Georges, *L'AMG dans le cadre d'une SAS en Algérie*, thèse de médecine sous la direction de L.Brumpt, Faculté de médecine de Paris, 1957-1958, 69 p.

4 ARCHIVES

Centre des archives d'outre-mer (CAOM) d'Aix-en-Provence

Archives du Gouvernement Général

14.CAB.238 Carte de l'implantation des unités de gendarmerie et des SAS, limite des Wilayas FLN avec indications des foyers MNA, UDMA, Oulamas, et des régions intellectuellement les plus profondément acquises au FLN.

Répertoire des Affaires algériennes 1955-1962 (échelon de liaisons et SAS) établi par L.Escande et T.Faugeras en septembre 1994.

DOC.SAS.3 Cours des Affaires Algériennes

DOC.SAS.4 Tableau de codification des SAS du 1er novembre 1961

4.SAS.40 SAS de Beni Bouaïche : JMO 1957-1962

5.SAS.45 ELA Bordj Menaïel : rapport trimestriel de l'ELA 1958-1962

Fiches de renseignement sur les SAS

SAS d'Alma

2.SAS.111 Instructions générales, directives, correspondances diverses 1956-1961 ; JMO de l'ELA 1961-1962 ; Chrono départ 1962

2.SAS.146 Instructions générales, documentation 1957-1960, chrono. départ 1957

2.SAS.147 Chrono départ. 1958-1959

2.SAS.148 Chrono départ. 1959-1960

2.SAS.149 Chrono départ. 1961, enregistrement du courrier arrivée/départ 1957-1961, construction du bordj de la SAS, travaux 1957-1960, personnel instructions, correspondance 1957-1960

2.SAS.150 Officiers et sous-officiers : instructions, mouvement du personnel, décision, pension, correspondance 1957-1961

2.SAS.152 Véhicule, radio, matériel divers : instructions, correspondance 1957-1961

2.SAS.153 Gestion financière de la SAS : instruction, correspondance 1957-1961 ; questions agricoles : instructions, correspondances 1957-1961 ; santé, AMG, hospitalisation : instruction, correspondance 1957-1960

2.SAS.154 Travail, main d'oeuvre, formation professionnelle, foyers sociaux : instructions, correspondance 1957-1961 ; anciens combattants : instructions, correspondance 1957-1960

2.SAS.155 Aide aux nécessiteux, pension d'invalidité : instructions, correspondance 1957-1960 ; correspondance générale, chicayas 1958-1961

2.SAS.156 Elections : instructions 1958-1961 ; regroupement de populations : instructions, correspondance 1957-1958 ; correspondance avec les autorités civiles : état civil, attestations professionnelles, recherches d'individus 1957-1961

2.SAS.157 Certificats administratifs, laissez-passer, autorisation de circuler, de voyager 1957-1961

2.SAS.158 Sécurité militaire, terrorisme : instructions, correspondance 1957-1960 ; pacification, propagande, action psychologique : instructions, correspondance 1957-1961

Service historique de l'armée de terre (SHAT) de Vincennes

Archives cabinet militaire de la délégation générale du gouvernement en Algérie

1.H.1096 P.V de réunion sur les affaires civiles

1.H.1106 Plan de Constantine

1.H.1114 Coupure de presse sur la pacification

1.H.1206 SAS : historique et organisation

1.H.1207 n°1 Réforme des SAS (création des CAA en novembre 1961) 1960-1962

n°2 Compagnie support de SAS : P.V de création et de dissolution 1959-1960

1.H.1211 Rapport sur le moral du personnel des Affaires Algériennes 1956-1959 et 1960-1961

1.H.1214 n°1 Populations nomades du Sud oranais et du Sud Algérois (confédération des Ouleds Naïls) 1960

1.H.1216 n°2 Département de Médéa, arrondissement de Boghari 1961

n°3 Département de Médéa, arrondissement de Bou Saâda 1961

n°6 Département de Médéa, arrondissement de Paul Cazelles 1961

1.H.2026 n°1 Participation de l'armée aux tâches de pacification

1.H.2027 Infrastructure de pacification

1.H.2028 Organisation des SAS

1.H.2032 Regroupement de population

1.H.2485 Coupure de presse sur les réfugiés et les SAS

1.H.4473 n°3 Bilan de pacification des SAS

Sources orales

Interview du CDHA de Paris réalisé par J. Monneret, cassettes audio. détenues au CDHA d'Aix-en-Provence

F-X. de Vivie, Paris, 10/6/89
J. Taltavull, Paris, 20/6/89

Entretiens (classés chronologiquement)
A. Maillard, Paris, 11/10/94
G. Hirtz, Luynes, 9/1/95
C. Pothier, Marseille, 12/1/95
C. Hary, Bouc Bel Air, 14/1/95
P. Quieffin, Aix-en-Provence, 26/1/95
M. Conejero, Martigues, 2/2/95
D. et M-H. Warnery, Marseille, 8/2/95

Correspondance (questionnaire) R. Vermant, Carnoux-en-Provence, 10/2/95

Emission de France Culture du 1er juin 1994: "1962 : le massacre des harkis", réalisé par P.Gelinet

TABLE DES MATIERES

Avant-Propos 8
Liste des abréviations 9
Introduction 11

Chapitre 1. Création des SAS et formation des officiers SAS 19
1.1 Circonstances de la création des SAS 19
1.2 Recrutement de l'officier SAS 29
1.3 Formations, informations et moyens 37

Chapitre 2. La mission civile des SAS 43
2.1 La mission administrative 43
2.2 La mission sociale et éducative 67
2.3 La mission économique 87

Chapitre 3. La mission militaire 107
3.1 Le contrôle de la population et la recherche du renseignement 108
3.2 La rivalité entre la SAS et l'OPA-ALN 119
3.3 Le maghzen 135
3.4 Les relations des SAS avec l'armée et les autorités militaires 145

Chapitre 4. L'état d'esprit des officiers SAS	153
4.1 Idéalisme et 13 mai 1958	153
4.2 Le temps des incertitudes et des doutes	163
4.3 L'abandon (1961-1962)	171
4.4 Rétrospectivement...	181

Etude des missions civiles et militaires d'une SAS

Chapitre 5. Une SAS " modèle " : la SAS d'Alma	187
5.1 Caractéristiques de la SAS	187
5.2 La mission administrative	193
5.3 La mission sociale et éducative	201
5.4 La mission économique	209
5.5.La mission militaire	215
5.6 L'état d'esprit des officiers SAS	221
Conclusion	227
Annexe I	241
Annexe II	244
Bibliographie	245
Table des Matières	255

Collection
Histoire et Perspectives Méditerranéennes
dirigée par Jean-Paul Chagnollaud

Dans le cadre de cette collection, créée en 1985, les éditions L'Harmattan se proposent de publier un ensemble de travaux concernant le monde méditerranéen des origines à nos jours.

Dernières parutions

René TEBOUL, *L'intégration économique du bassin méditerranéen*, 1997.
Ali Ben HADDOU, *Maroc : les élites du royaume*, 1997.
Hayète CHERIGUI, *La politique méditerranéenne de la France : entre diplomatie collective et leadership*, 1997.
Saïd SMAIL, *Mémoires torturées, un journaliste et écrivain algérien raconte*, 2 volumes, 1997.
M. REBZANI, *La vie familiale des femmes algériennes salariées*, 1997.
Chérif MAKHLOUF, *Chants de liberté. Ferhat la voix de l'Espoir. Textes berbères et français*, 1997.
Mustapha HOGGA, *Pensée et devenir du monde arabo-islamique. Valeurs et puissance*, 1997.
François CLÉMENT, *Pouvoir et légitimité en Espagne musulmane à l'époque des taifas (Vè - XIè). L'imam fictif*, 1997.
Michel CATALA, *Les relations franco-espagnoles pendant la deuxième guerre mondiale. Rapprochement nécessaire, réconciliation impossible, 1939-1944*, 1997.
Catherine GAIGNARD, *Maures et Chrétiens à Grenade, 1492-1570*, 1997.
Bernard ROUX, Driss GUERRAOUI (Sous la direction de), *Les zones défavorisées méditerranéennes. Etudes sur le développement dans les territoires marginalisés*, 1997.
Serge KASTELL, *La maquis rouge. l'aspirant Maillot et la guerre d'Algérie 1956*, 1997.
Samir BOUZID, *Mythes, topie et messianisme dans le discours politique arabe moderne et contemporain*, 1997.
Haytam MANNA, *Islam et Hérésies. L'obsession blasphématoire*, 1997.
Ghassan ASCHA, *Mariage, polygamie et répudiation en Islam*, 1997.
Patrick DANAUD, *Algérie, FIS, sa direction parle ...*, 1997.
Abderrahim LAMCHICHI, *L'Islamisme en questions*, 1997.
Omar AKALAY, *Le marchand et le philosophe*, 1997.
Abderrahim LAMCHICHI, *Le Maghreb face à l'islamisme*, 1998.
Paul SEBAG, *Tunis, histoire d'une ville*, 1998.

Collection **Recherches et Documents-Amériques Latines**
dirigée par Joëlle Chassin, Pierre Ragon
et Denis Rolland

Dernières parutions

COICAUD J.-M., *L'introuvable démocratie. Les dictatures du Cône Sud : Uruguay, Chili, Argentine (1973-1982)*, 1996.
EZQUERRO M., *Construction des identités en Espagne et en Amérique latine*, 1996.
POLICE G., *La fête noire au Brésil, L'Afro-brésilien et ses doubles*, 1997.
TARDIEU Jean, *Noirs et nouveaux maîtres dans les "vallées sanglantes" de l'Équateur (1778-1820)*, 1997.
MONTERO CASASSUS Cécilia, *Les nouveaux entrepreneurs : le cas du Chili*, 1997.
LOSONCZY Anne-Marie, *Les saints et la forêt*, 1997.
SCHPUN Monica Raisa, *Les années folles à Sao Paulo (1920-1929), hommes et femmes au temps de l'explosion urbaine*, 1997.
THIEBAUT Guy, *La contre-révolution mexicaine à travers sa littérature*, 1997.
LUTTE Gérard, *Princesses et rêveurs dans les rues au Guatemala*, 1997.
SEGUEL - BOCCARA Ingrid, *Les passions politiques au Chili durant l'unité populaire (1970-1973)*, 1997.
FAVRE Henri, LAPOINTE Marie (coord.), *Le Mexique, de la réforme néolibérale à la contre-révolution. La révolution de Carlos Salinas de Gortari 1988-1994*, 1997.
MINGUET Charles, *Alexandre de Humboldt. Historien et géographe de l'Amérique espagnole (1799-1804)*, 1997.
GILONNE Michel, *Aigle Royal et Civilisation Aztèque*, 1997.
MUZART-FONSECA DOS SANTOS Idelette, *La littérature de Cordel au Brésil. Mémoire des voix, grenier d'histoires*, 1997.
GROS Christian, *Pour une sociologie des populations indiennes et paysannes de l'Amérique Latine*, 1997.
LOBATO Rodolfo, *Les indiens du Chiapas et la forêt Lacandon*, 1997.
DE FREITAS Maria Teresa, LEROY Claude, *Brésil, L'utopialand de Blaise Cendrars*, 1998.
ROLLAND Denis, *Le Brésil et le monde*, 1998.
SANCHEZ Gonzalo, *Guerre et politique en Colombie*, 1998.
DION Michel, *Omindarewa Iyalorisa*, 1998.
LE BORGNE-DAVID Anne, *Les migrations paysannes du sud-Brésil vers l'Amazonie*, 1998.

Collection *Recherches et Documents – Espagne*
dirigée par D. Rolland
avec J. Chassin et P. Ragon

Déjà parus

BESSIÈRE Bernard, *La culture espagnole. Les mutations de l'après-Franquisme (1975-1992)*, 1992.
LAFAGE Franck, *L'Espagne de la Contre-Révolution, XVIIIe-XXe siècles* (préface de Guy Hermet), 1993.
KÜSS Danièle, GUILLÉN Jorge, *Les lumières et la Lumière* (préface de Claude Couffon), 1994.
TODÓ I TEJERO Alexandre, *La culture populaire en Catalogne*, 1995.
PLESSIER Ghislaine, *Ignacio Zuloaga et ses amis français*,1995.
SICOT Bernard, *Quête de Luis Cernuda*, 1995.
ARMINGOL Martin, *Mémoires d'un exilé espagnol insoumis*, 1995.
SALEM SZKLO Gilda, *Une pensée juive au Brésil.* Moacyr Scliar, 1995.
FRIBOURG Jeanine, *Fêtes et littérature orale en Aragon*, 1996.
CAMPUZANO Francisco, *L'élite franquiste et la sortie de la dictature*, 1997.
GARCIA Marie-Carmen, *L'identité catalane*, 1998.

631445 - Novembre 2015
Achevé d'imprimer par